Peter Schuster

Hochgebirgsjäger

Ausbildung, Einsatz und Kampf der Hochgebirgsjäger-Bataillone 1942–45

Pour le Mérite

Titelseite: Gemälde „Gebirgsjäger" von Gisbert Palmié.
Rückseite: Anderl Heckmair bei einem Kletterlehrgang in den Sextner Dolomiten.

Bibliographische Information der Deutschen Bibliothek
Die Deutsche Bibliothek verzeichnet diese Publikation in der Deutschen Nationalbibliographie;
detaillierte bibliographische Daten sind im Internet unter http://dnb.ddb.de abrufbar.

ISBN 978-3-932381-73-7

Pour le Mérite – Verlag für Militärgeschichte
Postfach 52, D-24236 Selent

Gedruckt in der Europäischen Union

Einführung

Die Gebirgsjäger zählen zu den leichten Infanteristen und sind im Heer eine eigene Waffengattung. Heere vieler Länder verfügen auch heute noch über diese Spezialisten. So nicht nur in der Bundesrepublik Deutschland und in Österreich, sondern auch in Frankreich, Italien, Polen, den Vereinigten Staaten von Amerika, Argentinien, Chile, Peru und auch Israel.

Den Ursprung hatte die Gebirgstruppe in Italien. Im Jahre 1872 wurden die sogenannten Alpini gegründet. Sie gelten als die älteste aktive Gebirgsjägereinheit der Welt.

Inoffiziell traten Tiroler Schützen beim Freiheitskampf ihrer Heimat unter Andreas Hofer gegen die napoleonische Besatzung quasi als „Gebirgsjäger" auf. Dieser Tradition gemäß übernahmen Tiroler Schützenkompanien als Miliz die Aufgaben einer Gebirgstruppe. Um 1906 wurden dann nach dem Vorbild der italienischen Alpini drei Regimenter Landesschützen und diesen folgend zusätzlich zwei Landwehr-Infanterieregimenter zu Gebirgstruppen umgewandelt. Seit 1907 tragen die österreichischen Gebirgstruppen als Zeichen ihrer Waffengattung das Edelweiß zunächst am Kragen ihrer Jacken.

Der erste größere Verband auf reichsdeutscher Seite war das Deutsche Alpenkorps des deutschen Heeres. 1915 nach österreichisch-ungarischem Vorbild aufgebaut, wurde es im Ersten Weltkrieg überwiegend im Alpenraum und auf dem Balkan zur Unterstützung der k.u.k. Gebirgstruppen eingesetzt. Im Juni desselben Jahres wurden durch das österreich-ungarische Landesverteidigungskommando Tirol als Geschenk 20.000 Edelweißabzeichen an das neugebildete Deutsche Alpenkorps übergeben. Die Tragegenehmigung für dieses neue Mützenabzeichen galt ausschließlich für das Alpenkorps und wurde durch die Kriegsministerien Bayerns und Preußens sowie die jeweiligen Landesoberhäupter der anderen beteiligten deutschen Verbände im Laufe des Jahres 1915 erteilt.

Hier sei kurz hinzugefügt, daß die bayerischen Gebirgsschützen als eigentliche Vorläufer der deutschen Gebirgsjäger zu sehen sind. Bereits 1805 wurde ein Gebirgsschützen-Korps, dessen Vorgeschichte bis 1492 zurückreicht, zum Schutz der bayerischen Südgrenze vor österreichischen Übergriffen aufgestellt. Als staatliche Einrichtung wurden die Gebirgsschützen 1869 aufgelöst, aber sie bestanden als teilweise private Traditionsverbände weiter. Einen direkten Übergang zu den modernen Gebirgsjägern gab es allerdings nicht.

Mit dem Gesetz über den Aufbau der Wehrmacht vom 16. März 1935 wurde nicht nur die Wehrpflicht wieder eingeführt. Die Reichswehr wurde in Wehrmacht umbenannt, und die Aufstellung von 36 Heeres-Divisionen, darunter eine SS-Division, wurde befohlen. Aus den bereits bestehenden wenigen Gebirgseinheiten der Reichswehr wurde zunächst eine Gebirgsbrigade gebildet. Durch die Neuaufstellung der 1. Gebirgs-Division ging die Brigade darin auf.

Nach dem Anschluß Österreichs an das Deutsche Reich im März 1938 wurden die deutschen Gebirgseinheiten durch Einheiten des österreichischen Bundesheeres verstärkt, was zur Bildung der 2. und 3. Gebirgs-Division führte. Im Laufe des Krieges wurden elf Gebirgs-Divisionen im Rahmen der Wehrmacht aufgestellt. Hinzu kamen noch die 1. Ski-Jäger-Division und weitere kleinere Gebirgseinheiten. Die Waffen-SS stellte zusätzlich im Laufe des Krieges sechs SS-Gebirgs-Divisionen, aber keine Hochgebirgseinheiten auf.

Bereits im Jahr 1939 richtete das Oberkommando des Heeres die erste Heeres-Hochgebirgsschule in Fulpmes in Tirol ein. An der Schule wurden Heeresberg- und Skiführer, auch der Waffen-SS, ausgebildet. Der spätere Kommandeur des Hochgebirgsjäger-Bataillons 2 Paul Bauer war Kommandeur an der Schule. Doch scheint es so, daß die Aufstellungen der Hochgebirgsjäger-Bataillone erst aufgrund der Anforderungen an der Front an Dringlichkeit gewannen.

Im späten Frühjahr des Jahres 1942 wurden die ersten Freiwilligen zur Aufstellung der Hochgebirgsjäger-Bataillone 1 und 2 befohlen. Die Formierung der ersten beiden Bataillone wird mit dem 20. Juli 1942 datiert, wobei aber beim Bataillon 1 die Marschbereitschaft bereits am 22. Juli befohlen wurde. Am 9. August 1942 begann die Verladung. Mit der Besteigung des Elbrus, des höchsten Berges im Kaukasus mit 5.642 Metern, verzeichnete das Bataillon 1 unter Hauptmann Heinz Groth den größten Erfolg der Hochgebirgsjäger.

Die Bataillone 3 und 4 wurden gleichzeitig aus Teilen des I. Bataillons des Gebirgsjäger-Regiments 98 mit Datum vom 20. November 1943 aufgestellt und kämpften beide am Monte Cassino in Italien.

Die Einsatzgrundsätze der Hochgebirgsjäger richteten sich grundsätzlich nach denen der Gebirgsjäger allgemein. Das Hinweisblatt „Was der Soldat vom Kampf im Hochgebirge wissen muß" fand sich auch in ihren Soldbüchern.

Und doch wurden die Soldaten speziell für diese Einheiten ausgewählt. Teilweise wurden Teilnehmer von Heeres-Bergführer-Lehrgängen zu den aufzustellenden Einheiten kommandiert. Bei der auf Fronterfahrung beruhenden Ausbildung wurde auf eine umfangreiche Kletterausbildung, speziell auch im Gletschereis, geachtet, Übungen zu Angriff, Verteidigung und Biwak im Hochgebirge wurden verstärkt durchgeführt. Märsche mit vollem Marschgepäck, teilweise Erstüberquerungen von Bergmassiven in den Alpen gehörten zur Ausbildung. Eine besondere Ausrüstung wie etwa Tarnbekleidung oder auch der Einsatz von Scharfschützen gehörten zu den Standard-Charakteristika dieser Spezialisten. Die Notwendigkeit zum Aufbau dieser Einheiten scheint mit den zu erwartenden Kämpfen im Kaukasus im Zusammenhang zu stehen. Nachdem die Offensive im Osten am 28. Juni 1942 ihren Lauf nahm, erfolgte rasch die Aufstellung der ersten beiden Bataillone.

Doch die vier Bataillone existierten nicht lange. Bereits im Winter 1942/43 wurde das Bataillon 1 aufgelöst, das Bataillon 2 wurde am 12. Februar 1943 zum Gebirgsjäger-Bataillon 54 umgegliedert.

Das Bataillon 3 wurde im Dezember 1944 in III. Bataillon, Gebirgsjäger-Regiment 296 umbenannt. Nur das Hochgebirgsjäger-Bataillon 4 existierte bis Kriegsende.

Auch nach dem Zweiten Weltkrieg kann man die Geschichte der Hochgebirgsjäger weiterverfolgen. Sie zählen auch heute noch zur Elite unter den Gebirgsjägern.

Im österreichischen Bundesheer hat die 6. Jägerbrigade den Zusatz „hochgebirgsbeweglich" erhalten. Das Jägerbataillon 24 (hochgebirgsbeweglich) mit Garnison in Lienz/Osttirol steht unter dem „Kommando Gebirgskampf" des österreichischen Bundesheeres und ist ebenfalls wie die Einheiten der Bundeswehr im internationalen Einsatz.

Als der Aufbau der Bundeswehr im Jahr 1956 anlief, wurden auch wieder Gebirgsjägereinheiten aufgestellt – dies war bei der Nationalen Volksarmee der Deutschen Demokratischen Republik (DDR) hingegen nicht der Fall. Die Hochgebirgsjägerzüge der Bundeswehr sind Sondereinheiten der Gebirgsjägerbataillone 231, 232 und 233. Die Hochgebirgsjäger qualifizieren sich nach wie vor durch hohe körperliche Leistungsfähigkeit, Ausdauer und alpinistische sowie skiläuferische Fähigkeiten. Ihre Aufgabenbereiche gehen dabei weit über das gewöhnliche Spektrum der Gebirgsjäger hinaus. Die Ausbildung sieht unter anderem befehlsmäßige und planmäßige Bergrettung vor. Die Orientierung im Gelände, das Überleben im Felde und die alpinen Fähigkeiten werden ständig geschult. Dem Aufbau der Kondition geschuldet, werden regelmäßig während des Dienstalltags Bergmärsche und -läufe unternommen. Der Gefechtsdienst im Hochgebirge sieht den Angriff, die Aufklärung und die Verteidigung mit besonderen Gefechtsszenarien vor. Einsätze im Handstreich und Jagdkampf aus dem Hinterhalt werden besonders geschult.

Demzufolge kann man davon ausgehen, daß die Erfahrungen der Wehrmacht aus dem letzten Weltkrieg die Notwendigkeit dieser Spezialtruppe auch für Bundeswehr und Bundesheer gezeigt haben und Hochgebirgsjäger auch im modernen Kriegsgeschehen wichtige Aufgaben lösen können.

Bernhard Jocher,
Historiker und Buchautor,
November 2017

*Zeitgenössisches Postkartenmotiv
mit Gebirgsjäger-Utensilien*

Hochgebirgsjäger-Bataillon 1

Aufgestellt am 20. Juli 1942 aus dem I. Ausbildungs-Bataillon für Hochgebirgstruppen in Berchtesgaden. Aufgelöst im Winter 1942/43 und auf Truppen der 1. Gebirgs-Division aufgeteilt.

Traditionsabzeichen der Kameradschaft Hochgebirgsjäger-Bataillon 1

Dieses Abzeichen zeigt im Vordergrund einen Eispickel und dahinter den Watzmann mit aufgehender Sonne. Als Grundlage diente das ehemalige taktische Zeichen des Hochgebirgs-Jäger-Bataillons 1. Umrandet ist es im oberen Teil mit dem Schriftzug „HOCHGEB.-BATL. 1“, und der untere Teil zeigt nach links und rechts emporstrebende Fichtenzweige.

Von Berchtesgaden zum Kaukasus

Von Dr. Alfred Horstkotte
(Bataillons-Adjutant des Hochgebirgsjäger-Bataillons 1)

Traum und Realität vom Hochgebirge

Anfang Mai 1942 kamen aus allen Gegenden der Alpen Freiwillige aus der Gebirgstruppe nach Berchtesgaden. Am 5. Mai erging der erste Bataillons-Stabsbefehl. Kommandeur wurde Major Reisinger, ein alter österreichischer Heeresbergführer, früher Lehrer an der Kriegsakademie in Wiener Neustadt, nach 1938 Kompanie-Chef im Gebirgsjäger-Regiment 99 in Sonthofen, mit Fronterfahrung in Polen und Frankreich. Nach dem Frankreichfeldzug wurde er alpiner Referent im OKH (Oberkommando des Heeres). Die Kompanie-Offiziere und Ausbilder kamen teils von der Hochgebirgsschule Fulpmes (Tirol), fast alle mit Fronterfahrung, einige hatten früher Touren im Himalaya und Kaukasus gemacht.

Die militärische Gliederung und Bewaffnung waren einmalig in der damaligen Wehrmacht: Zusätzlich zu der bewährten Gebirgsjägergliederung kamen eine Kompanie (schwarzer) Pioniere, ein Zug (gelber) Nachrichtler, vorgeschobene Artilleriebeobachter (rot). Hinzu traten neuartige Ausrüstungsgegenstände wie Tarnbekleidung, MG 42 (damals noch nicht allgemein eingeführt), Zielfernrohre für Scharfschützen, Schießbecher in den Jägerkompanien. Die Generalkommandos Salzburg und München bemühten sich darum, alle Bedarfswünsche unbürokratisch zu erfüllen. Die lokalen und militärischen Dienststellen zeigten eine große Hilfsbereitschaft.

Die Ausbildung sollte keine zackigen Paradesoldaten formen, sondern berggewohnte, erfahrene und einsatzbereite Frontsoldaten. Dafür braucht man keine Kaserne, sondern die Berge. Der erste Teil der Schulung bestand aus Kletterausbildung, d.h. Aufteilung der Kompanien z.B. auf das Watzmann-Haus (Watzmann-Massiv), Hinterbärenbad (Wilder Kaiser), Blaueishütte (Hochkalter), Austria-Hütte (Dachstein), Arthur-Haus (Hochkönig). Es folgte die Eisausbildung. Stützpunkte waren: Glockner-Haus (Glockner-Gruppe), Kürsinger-Hütte (Großvenediger), Fürther-Hütte (Hohe Tauern) u.a. Unser Traum vom Hochgebirge wurde Realität. Im Geiste leuchteten dahinter die Firnfelder vom Elbrus und Uschba. Kriegsmäßig bewaffnete Kompanien überschritten den Großglockner und Großvenediger. Das hatte es noch nicht gegeben! „Blaumachen" – d.h. nicht durchhalten – auf keinen Fall! Das hätte ja Ausscheiden aus unserem stolzen Hochgebirgsjäger-Bataillon bedeutet. Wer wollte das schon? Ein erfahrener älterer Kaukasus-Bergsteiger hielt vor den Führungskräften des Bataillons einen Vortrag über die militärgeographische Beschaffenheit des Kaukasus.

Die Ausbildung wurde bis Ende Juli auf Kompanie-Ebene durchgeführt. Für August war eine Verbandsübung im Bataillonsrahmen im Zugspitzgebiet vorgesehen. Aber es kam anders. Natürlich verfolgten wir höchst interessiert die Entwicklung an der Ostfront, den Beginn der Ostoffensive am 28. Juni 1942, Einnahme von Sewastopol auf der Krim am 1. Juli, Rostow am 23. Juli. Na, die werden doch nicht ohne uns in den Kaukasus ziehen? dachten viele.

Überraschend, aber aufatmend, kam am 22. Juli der Befehl: Herstellung der Marschbereitschaft, d.h. ordnen, packen, verabschieden! 9. August: Beginn der Verladung, 0.30 Uhr, unser Zug war 523 Meter lang, 53 Waggons. Auf geht's über Reichenhall–Freilassing–Regensburg–Sachsen–Kattowitz–Kielce–Radom. Unterwegs begegneten wir auf einem Bahnhof dem italienischen Alpini-Korps (drei Divisionen). Geachtete Truppe, gut ausgerüstet. Ab 19. August Ankunft und Ausladen der Kompanien in Taganrog. Wir erfuhren, daß das Hochgebirgsjäger-Bataillon 2 bereits nach Tscherkessk verladen wurde. Da keine Befehle für uns vorlagen, fuhren Kommandeur und Adjutant am 21. August nach Stalino ins Hauptquartier der Heeresgruppe A (Feldmarschall Wilhelm List).

Die große Lage

Mehr als zehn Tage lang rollten wir auf Schienen gen Osten und waren froh, in Taganrog ausgeladen zu werden. Nach dem Besuch in Stalino ging es für die Kampfkompanie mit Bussen weiter. Mulis und Troß folgten auf dem Fußmarsch. Am 28. August Meldung in Mikojan Schachar beim XXXIX. Gebirgs-Armeekorps bei General Rudolf Konrad. Wir hörten von der speziellen Lage an der zentralen Kaukasusfront. Neuer Auftrag: Fahrt zum XXXXIV. Armeekorps unter General Maximilian de Angelis, Einsatz im Rahmen der 97. Jäger-Division unter General Ernst Rupp. Im Juli/August konnte das XXXXIV. Armeekorps (97. und 101. Jäger-Division, dabei SS-Panzer-Division „Wiking") keinen weiteren Boden südlich Maikop gewinnen.

Das Schwergewicht der Operationsziele verlagerte sich vom Zentralkaukasus zum West-(Wald-)Kaukasus, zum Vorstoß über die Hochpässe nach Suchumi an die Schwarzmeerküste, zur Straße Maikop–Tuapse–Schwarzes Meer. Die Straße von Maikop nach Tuapse (Scheitelpunkt Goitsch-Paß/Schaumjan) war die einzige winterfeste Straße über den Kaukasus entlang der Bahnlinie und Ölleitung.

Zum besseren Verständnis der Lage:
- Die Weisung Nr. 45 des FHQ vom 23. Juli legte fest: Heeresgruppe A, Ziel: Kaukasus–Baku. Heeresgruppe B: Don–Wolga–Stalingrad.
- Krasnodar wurde am 3. August erobert.
- Maikop fiel am 9. August (Ölanlagen waren gründlich zerstört).
- Elbrus (5.630 Meter): Hissung der Reichskriegsflagge 21. August.
- Durchbruchsversuch ans Schwarze Meer, Küste Suchumi (Klytsch) durch 1. und 4. Gebirgs-Division, schwere Verluste, große Nachschubprobleme.
- I. Bataillon/Gebirgsjäger-Regiment 99 abgegeben an 1. Panzerarmee ostwärts.
- Drei Alpini-Divisionen wurden in Richtung Stalingrad abgedreht, statt in den Kaukasus zu verlegen.

Wenn man schon von der „Großen Lage" spricht, so darf man diese nicht nur auf den Raum der Südfront beziehen. Hingewiesen werden muß zumindest auf die großen Probleme und Schwierigkeiten, die sich von der Murmansk-Front nördlich von Leningrad, aber auch in Afrika zwischen El Alamein und weitem Ozean entwickelten. Dazu kamen noch menschlich-personelle Probleme innerhalb der Obersten Wehrmachtführung: Ablösung von Feldmarschall List als Befehlshaber der Heeresgruppe A und des Chefs des Wehrmachtführungs-Stabes General Alfred Jodl, Versetzung des Generalstabschefs Franz Halder in die sogenannte „Führerreserve". Aber auch ein Blick zur anderen Seite ist notwendig. Stalin hatte die „Rückzugsmentalität" energisch gestoppt, Strafbataillone und NKWD-Einheiten eingesetzt, sogenannte Gardetruppenteile ernannt, 6.000 Agitatoren eingesetzt. Wolga und Kaukasus-Pässe waren äußerste Grenzlinien. Es galt die Parole: „Kein Schritt zurück".

Nur wenn man diese großen Zusammenhänge sieht, kann man Einsatz und

Entwicklung unseres Hochgebirgsjäger-Bataillons verstehen. Wer aber hatte schon im Herbst 1942 über die täglichen, ja stündlichen Probleme seiner Einheit, seiner Kompanie, seines Zuges oder seiner Gruppe Zeit und Möglichkeit, über seinen engen Rahmen hinauszuschauen? Wenn man sich in Fels und Eis zwischen Wildem Kaiser und Großglockner auf den Einsatz im Hochgebirge vorbereitet hat, erzeugte der Kampf im Urwald zwischen Maikop und Tuapse Enttäuschung und Frust. Aber die Gesamtlage war äußerst ernst, sie erforderte rasches Handeln, es gab keine Zeit für sentimentale Überlegungen. Wir waren keine Alpenvereins-Expedition. Der Russe wehrte sich nicht nur hartnäckig, sondern griff auch zäh an. General Konrad kam daher zum Ergebnis, daß die Fortführung des Angriffs zur Küste jenseits des Gebirges in die „Isolierung und Vernichtung" führen würde. Der Russe hatte sowohl im Raum von Suchumi als auch im Raum vor Tuapse durch Straße, Bahn und Schiffahrt weit bessere Nachschubverbindungen und zugleich kurze Versorgungsstrecken zur Front. Der Abschnitt des Gebirgs-Armeekorps reichte vom Osten, d.h. Elbrus-Gebiet, bis zur westlichen Paßstraße Maikop–Tuapse, das waren 350 Kilometer. Das entspricht etwa der Entfernung vom Dachstein (Salzkammergut) bis zum Bodensee.

Erfolge und Opfer im Urwald

Zur Offensive aus dem Raum Maikop Richtung Tuapse waren am 25. September 1942 die Angriffskräfte (halbe 1. und 4. Gebirgs-Division, Hochgebirgsjäger-Bataillon 1) versammelt. 27. September: Beginn des Angriffs, 29. September erstürmte das Bataillon den Gajman-Berg (1.060 Meter).

Trotz der schweren Stukabomben von 500 und 1.000 Kilogramm Gewicht, deren Einschläge den ganzen Wald erzittern und dicke Baumstämme durch die Luft wirbeln ließen, hielten die Russen ihre Schützenlöcher und Waldbunker oft bis zum letzten Augenblick. Nerven kannten diese Naturburschen nicht.

Und so erlebte es unser Kamerad H. aus Klagenfurt: „26. September 1942, 1.00 Uhr Abmarsch in den Bereitstellungsraum. Mit Freiwilligen wurde eine Lücke in der Bunkerlinie entdeckt. Um 5.00 Uhr war es Zeit zum Angriff, wir rannten direkt auf die Bunker zu – Handgranaten von den Russen, von rechts schoß ein russisches MG, von links russische MPs. H., der vor mir lag, bekam einen Oberarmdurchschuß, blieb trotzdem am Platz liegen und schoß weiter. Ich nahm das MG, rief nach Munition. Gurt rein und schießen… W. blieb mit Kopfschuß liegen. Ich kroch an eine andere Stelle und jagte Gurt um Gurt hinaus. Endlich kam die Kompanie von oben, rollte den ganzen Bunkerrücken auf, der etwa 200 Bunker hatte. Kostete viele Verwundete und Gefallene. Wir sicherten die Höhe, dreimal am Tag griffen die Russen an, aber ohne Erfolg. Wir wehrten verbissen ab. Nacht, stockfinster, die Russen griffen wieder verstärkt an, aber unsere MG wehrten gut ab. Die Russen mußten nach schwerem Kampf aufgeben. 1. Oktober: Ari funkte über unsere Höhe, wir machten Spähtrupp zur 1. Gebirgs-Division rüber. Beim Kaffeefassen griffen die Russen wieder an, Tag und Nacht – wir machten Gegenstöße, unsere Verluste mehrten sich."

Tagesbefehl: General Rupp, 97. Jäger-Division, an Gruppe Reisinger: „Zu dem großen Erfolg und zum ersten Einsatz volle Anerkennung und meine Bewunderung für die Leistung der Truppe. Dank für den vorbildlichen Kampfgeist und die hervorragende Haltung in dem Ringen um den Gajman-Berg."

Etwa um die gleiche Zeit hatte die 1. Gebirgs-Division den Gunai-Berg genommen (1.076 Meter). Der Urwaldkrieg ging weiter. Goitsch-Paß und Schaumjan an der Straße nach Tuapse waren noch nicht in unserem Besitz. Auch der Russe wußte, worum es ging. Das inzwischen der 1. Gebirgs-Division zugeteilte Hochgebirgsjäger-Bataillon 1 hatte den Auftrag, nach Schaumjan vorzustoßen. Meldung 16. Oktober an 1. Gebirgs-Division: „‚Hoch 1' hat 6.45 Uhr Schaumjan durchstoßen und Westende erreicht. Flieger sofort verständigen, da leider Bombardements durch eigene Jäger." General Hubert Lanz, Befehlshaber der 1. Gebirgs-Division, meldete um 9.30 Uhr an Gruppe Reisinger: „Spreche Ihnen und Ihren Jägern besonderen Dank und Anerkennung aus für die Erstürmung des in der Gesamtlage besonders bedeutungsvollen Ortes Schaumjan. Bitte mir alsbald Vorschläge für Auszeichnungen einzureichen." Im Wehrmachtbericht vom 20. Oktober 1942 heißt es sachlich: „In dem dichtbewaldeten Gelände des westkaukasischen Gebirges wurde trotz ungünstiger Wetterverhältnisse harter feindlicher Widerstand in Bunkerstellungen gebrochen. An der Paßstraße nach Tuapse wurde die Verbindung der beiden Angriffstruppen, die sich nördlich und südlich der Straße vorgekämpft hatten, an der Straße selbst hergestellt."

Ende – Wende – Rückblick und Ausblick

Grauer Himmel, Berge verhangen im Nebel und Regen. 18. Oktober 1942: Major Reisinger kam zur Besprechung in den Divisionsgefechtsstand. Die großen Verluste der 1. Gebirgs-Division und des Hochgebirgsjäger-Bataillons 1 machten eine Konzentration aller noch vorhandenen Kräfte notwendig. Das Hochgebirgsjäger-Bataillon 1 wurde als selbständige Einheit aufgelöst, die Angehörigen auf das Gebirgsjäger-Regiment 98 aufgeteilt. Hauptmann Siebeck übernahm die 2. Kompanie, Oberleutnant Horstkotte die 3. Kompanie, Oberleutnant Mosandl die 12. Kompanie, die 5. Pionier-Kompanie Hauptmann Fäustle wurde der 1. Gebirgs-Division unterstellt. Über sie heißt es im Divisionsbericht, daß „die tapfer kämpfende Pionier-Kompanie Fäustle auf weit vorgeschobenem Posten vernichtet wurde". Die alte 1. Kompanie des Hochgebirgsjäger-Bataillons 1 unter

Hauptmann Hassenteufel blieb bei der 4. Gebirgs-Division. Jeder, der Verantwortung für Menschen, Tiere und Waffen verspürte, hatte keine Zeit, sich Gedanken über alte Träume und Ideen zu machen. Die Realität der Lage forderte Einsatz von jedem, der nicht gesundheitlich schwer angeschlagen war. Praktisch gesprochen: Bei Übernahme der 3. Kompanie durch den Verfasser hatte diese einen Bestand von 1:5:40, d.h., 1 junger Leutnant, 5 Oberjäger, 40 Jäger, dazu kamen vom ehemaligen Hochgebirgsjäger-Bataillon 1 noch 1:0:40, d.h., die Stärke der Kompanie betrug jetzt 2:5:80. Ziel Tuapse. Nahziel war der Ssemaschcho (1.036 Meter), der letzte Berg vor Tuapse. Hauptmann Siebeck und seine 2. Kompanie nahmen den Gipfel und wurden wieder von der Kuppe geworfen, Siebeck schwer verwundet. Der Gipfel wechselte mehrfach den Besitzer. Die Bergflanken waren in den Händen des I. Bataillons, Major Bader. Zeitweilig eingeschlossen, behaupteten sie ihre Stellung. Wettersturz mit Regen und Schnee! Harmlose Bäche wurden zu reißenden Wassern, der lehmige Boden im Tal wurde zu Brei, Brükken und Stege wurden weggerissen.

Am 27. Oktober 1942 stellte General Konrad fest: „Eine Besprechung beim Armeeoberbefehlshaber ergab, daß eine Fortführung des Angriffes auf Tuapse nicht mehr infrage kommt." Anfang November griffen die Sowjets mit starken Kräften unsere Bergstellung von allen Seiten an. Der Versuch, den Regiments-Gefechtsstand von Major Lawall auszuheben und die ganze Gruppe Gebirgsjäger-Regiment 98 einzuschließen, blieb ohne Erfolg.

Was hatte das alles mit dem Bataillon zu tun? Sehr viel – da die ehemaligen Angehörigen des Hochgebirgsjäger-Bataillons 1 sich auch hier in ihren neuen Kompanien bewährten.

General Lanz meldete am 14. Dezember 1942: „Das Verhängnis nimmt seinen Lauf. Die von Stunde zu Stunde erwartete Entscheidung bleibt aus. Ohne einen positiven Beweis zu besitzen, habe ich den Eindruck, daß die Meldungen von

Division und Korps nicht an die entscheidende Stelle gelangen. Was meine tapferen Männer in den vergangenen neun Monaten geleistet haben, übertrifft alles bisher Dagewesene. Man kann nur mit Dankbarkeit und Bewunderung vor diesen Soldaten stehen, denen ich jeden Einsatz schuldig bin."

Am 16./17. Dezember 1942 lösten wir uns von unserem Schicksalsberg Ssemaschcho, der vom 21. Oktober bis 13. Dezember 823 Gefallene, 2.412 Verwundete und 199 Vermißte gefordert hatte. Der Verfasser wurde Anfang Januar 1943 schwer verwundet, georgische „Hiwis", die bei uns in der Kompanie waren, schleppten ihn drei Tage lang in der Zeltbahn über den berüchtigten Pioniersattel. Was mag aus ihnen geworden sein?

Wie sah jetzt alles anders aus:
• Frühjahr 1942: Vormarsch an allen Fronten.
• Winter 1942/43: Rückzug auf breiter Front zwischen Nordkap und Afrika.
• Januar 1943: Kapitulation der 6. Armee in Stalingrad.

Der Kaukasus wurde aufgegeben. Die Gruppe Le Suirre löste sich am 4. Januar von den Hochpässen und vereinigte sich im Raum Maikop mit den anderen Teilen der 1. Gebirgs-Division. Griechenland, der Balkan, Plattensee, waren die folgenden Kriegsschauplätze.

Das Unternehmen „Edelweiß" endete vor Ordschonikidse und Tuapse. Ein sowjetisches Ehrenmal an der Rollbahn von Pjatigorsk nach Ordschonikidse erinnert (jedenfalls noch 1985, als der Verfasser dort war) daran. In einem Park von Ordschonikidse stand damals noch ein Denkmal Stalins, der laut Intouristführung hier den Widerstand leitete. Inzwischen ist aus Ordschonikidse wieder der alte russische Name „Wladikawkas" – zu deutsch „Beherrsche den Kaukasus" geworden. Ordschonikidse – der Name eines früheren kommunistischen Funktionärs, besteht nicht mehr. Auf der Grusinischen Heerstraße rollten wir nach Tiflis, Hauptstadt des nunmehr selbständigen Staates Georgien.

Auf dem letzten Gebirgsjägertreffen in Mittenwald an Pfingsten 1992 sprach der höchste Soldat der Bundeswehr, General Klaus Naumann, ehrend über die Tradition der Gebirgstruppe. Ebenso deutlich verwies er aber auch auf die Aufgaben der Zukunft. Darüber wollen wir uns klar sein. Wir aber gedenken – 75 Jahre nach Gründung des Hochgebirgsjäger-Bataillons 1 – unserer Opfer, unseres Einsatzes und unserer Kameradschaft, die wir erlebten.

Quelle: Der Bericht wurde bereits im Mitteilungsblatt DIE GEBIRGSTRUPPE des Kameradenkreises der Gebirgstruppe, Heft 6/1992, veröffentlicht.

Geschichte des ehemaligen Hochgebirgsjäger-Bataillons 1

Von Karl Sammet
(4. Kompanie / Hochgebirgsjäger-Bataillon 1)

Von Anbeginn der Aufstellung des Hochgebirgsjäger-Bataillons 1 bis zur Auflösung war ich sMG-Schütze 1 und Gewehrführer in der Gefechtseinheit der 4. Kompanie, deren Chef Ritterkreuzträger Oberleutnant Anton Mosandl war. Da der Blickwinkel eines sMG-Schützen 1 bezüglich des Bataillonsgeschehens begrenzt ist, kann ich in der Hauptsache nur über die 4. Kompanie berichten. Behilflich waren mir beim Vergleichen von Daten sowie durch die Überlassung von Fotos Karl Riedel, Troß, Dr. Rudolf Langoth, Zugführer, Willi Dietzel, Heeres-Bergführer und Zugführer der 4. Kompanie.

Vom Heeres-Bergführerlehrgang an der Heeres-Hochgebirgsschule in Fulpmes wurde ich am 4. Mai 1942 mit noch sieben Kameraden dem in Aufstellung befindlichen Hochgebirgsjäger-Bataillon 1, Gebirgsjäger-Kaserne Strub, Berchtesgaden, überstellt. Der 4. Kompanie zugewiesen, war es für mich ein gutes Omen, daß ihr Chef Anton Mosandl war, den ich schon von Garmisch her als vorbildlichen Offizier kannte. Aus verschiedenen Truppenteilen trafen täglich junge, bereits ausgebildete Soldaten ein, in der Mehrzahl Freiwillige. Gebirgsjäger mit Fronterfahrung kamen ebenfalls hinzu. Bergsteigerische Fähigkeiten in Fels und Eis waren Voraussetzung dafür, zu dieser Einheit kommandiert zu werden. In der bald folgenden Hochgebirgs-Ausbildung stellte sich schnell heraus, wer diese Fähigkeiten besaß. Weiterbildung an den Waffen, Scharfschießen mit lMG, sMG und sGrW., auch gefechtsmäßige Bergmärsche mit

Gefechtsübungen bestimmten den Tagesablauf, bis die Kompanie ihre Sollstärke erreicht hatte.

Der Befehl: Kompanie packen und Abmarsch zur Feldausbildung – Bereich Übergossene Alm, Stützpunkt Arthurhaus – brachte Abwechslung und freute uns. Spezialisten in Fels und Eis, Männer mit Bergerfahrung in den Westalpen, im Kaukasus und Himalaya (in der 4. Kompanie Fritz Bechtold, Nanga-Parbat-Expedition) sowie Heeres-Bergführer gehörten zum Ausbildungspersonal. Mit Begeisterung folgten wir ihren Anweisungen. Wer den Anforderungen nicht genügte, wurde zu seiner vorherigen Einheit zurückgeschickt. Dafür kam Ersatz, bis beisammen war, was zusammenpaßte.

Als einmal Generalmajor Johannes Schlemmer, Kommandeur des Ausbildungsstabes für Hochgebirgstruppen, auf dem Weg zu unseren Ausbildungsplätzen einem Trupp von etwa 30 Mann, welche zurückgeschickt wurden, begegnete, war er entrüstet. Unser Chef, Oberleutnant Mosandl, aber verteidigte seine Entscheidung: Für ihn zählte nur Leistung und Ausdauer, er selbst war uns dafür Vorbild.

Bei einem gefechtsmäßigen Bergmarsch zum Matrashaus-Hochkönig (2.941 Meter) überraschte uns am 1. Juni ein Schneesturm. Sicht weg. Von der Spitzengruppe, welche Mosandl führte, kam die Durchsage: Freiwillige aufschließen, dieses Unternehmen wird nicht wie sonst leistungsbewertet. Dienstgrade, welche den Abstieg der nicht Weitersteigenden zu führen hatten, wurden bestimmt. Etwa Zugstärke, Offiziere, Unteroffiziers-Dienstgrade und Mannschaften, kamen am Matrashaus an.

Nach dieser Ausbildung Rückmarsch mit Biwaks über das Steinerne Meer, runter zum Obersee, dort Rast und Bad, dann weiter zum Königssee, wo in Salet bereits die Boote bereitstanden, welche uns über den See brachten. Wieder auf der Strub, die Kasernenluft schmeckte nicht, Appelle, Waffenausbildung, Scharfschießen, Gefechtsübungen und Bergmärsche waren an der Tagesordnung.

Ende Juni 1942 erfuhren wir aus den Wehrmachtberichten vom Vormarsch aller Truppenverbände im Osten. Wir verfolgten mit Spannung den Weg der 1. und 4. Gebirgs-Division, waren doch die meisten, welche schon im Fronteinsatz standen, Angehörige dieser Gebirgsdivisionen, die nun am Donez kämpften und weiter nach Süden vordrangen. Was hat man mit uns vor, wo werden wir gebraucht aufgrund unserer jetzigen Ausbildung? Wir konnten nur raten, Gerüchte machten die Runde.

Froh waren wir über den Befehl: „Fertigmachen, Packen und Abmarsch zur Eisausbildung in die Hohen Tauern, Gebiet Glocknergruppe!" Das lenkte ab. Im Bahntransport bis Bruck, dann Marsch zum Glockner-Haus auf 2.131 Metern Höhe, dort Unterbringung unserer 4. Kompanie. Soviel ich erfahren konnte, war die 1. Kompanie zur Eis-Ausbildung im Gebiet des Großvenedigers, die 5. Kompanie in der Hofmannshütte auf 2.438 Meter und der Oberwalderhütte auf 2.873 Meter untergebracht. Das Ausbildungsgebiet der anderen Kompanien kenne ich nicht.

Eingeteilt in Dreier-Seilschaften lernten wir zu Anfang am Pasterzen-Gletscher Verhalten und Seigen im Eis, in Gruppen und Zugformation. Da herrschten andere Regeln, als bisher im zivilen Steigen gewohnt; wir lernten es. Die Ausbilder hatten es nicht leicht, unseren Drang nach Höhe zu bremsen, jede Seilschaft wollte die bessere sein; verständlich in einer Bergwelt, von der wir vor dem Soldatsein nur träumen konnten.

Es folgte der Aufstieg zur Adlersruhe (3.400 Meter) mit Übernachtung auf der Erzherzog-Johann-Hütte. Gipfelmannschaften bestiegen von da aus mit und ohne Waffen den Großglockner (3.798 Meter), dies in Gruppen- und Zugstärke. In kurzer Zeit wurde ein hoher Ausbildungsstand erreicht.

Ende Juli. Aus den Wehrmachtberichten hörten wir vom Kampf und Vormarsch unserer Truppen im Südabschnitt, die Kampfverbände, unter ihnen die 1. und 4. Gebirgs-Division, standen im Kampf um Rostow und Donübergang. Da tauchte der Name Kaukasus auf. Das ist Gebirge, werden wir etwa dort eingesetzt? Vermutungen.

Wir verloren unseren ersten Kameraden. Vor einem Vollzähligkeits-Appell vermißte er seinen Eispickel. Ohne sich abzumelden, ging er an der Pasterze suchen; er kam nicht zurück. Sofortige Suchaktionen bei Nacht und am folgenden Tag wurden ergebnislos abgebrochen. Vermutlich war er in den Gletscherbach gestürzt.

28. Juli, Befehl: Aufräumen, Hütte säubern, Packen, zum Abmarsch fertigmachen. Im Eilmarsch mit Sturmgepäck ging es zurück nach Berchtesgaden. Zwei Tage Kasernenleben, vor allem Waffen und Bekleidung instandsetzen, zwischendurch Untersuchung im Sanitätsbereich, anschließend marschierten wir ins Wimbach-Gries. Biwak in bereitgestellten Großzelten, welche teils in Zugstärke belegt werden konnten. Gruppen- und Zugausbildung an den Waffen, auch Klettern in Gruppenstärke.

Etwa vier Tage und Nächte verbrachten wir dort, dann zurück in die Kaserne. Alarmbereitschaft wurde durchgegeben, ein sicheres Zeichen zum baldigen Aufbruch. Wieder Raterei, wohin es geht. Unsere Truppen waren bereits über den Don bei Rostow und marschierten, voraus Panzerverbände, dem Kaukasus entgegen. Sicher würde das unser Einsatzgebiet werden. Wir konnten es nicht erwarten bis es abging, wußten wir doch, was unsere Truppenverbände im Vormarsch leisteten und nun wieder leisten werden. Es wurde schon gemunkelt, bis wir kommen, sind die Gebirgs-Divisionen in den Bergen des Kaukasus und wir kommen zu spät. Wie sollte sich dieses Ahnen noch bewahrheiten!

11. August 1942, früh morgens, 2.00 Uhr: Wecken! In Alarmbereitschaft war schon alles gepackt, schnell rückten wir ab nach Berchtesgaden, wo schon außerhalb des Bahnhofes die Waggons zur Verladung bereitstanden. Noch am Vormittag setzte sich der Transport in Bewegung. Transportstrecke: Freilassing, Dresden, Krakau, Minsk, Konotop. Dort längerer Aufenthalt im Bereich des Verschiebebahnhofs. Neben uns stand der Transport einer Alpini-Division, voll ausgerüstet führten sie Waffen, Gerät und Tragtiere mit. Wir erfuhren, daß auch sie zum Gebirgseinsatz unterwegs waren. Also war es auch für uns nicht zu spät.

Wie anders aber sollte es kommen. Die Alpini verbluteten in Stalingrad, und wir kamen zu spät zum Einsatz in die Fels- und Gletscherregionen des Zentral-Kaukasus. Unser Transport rollte weiter über Sinowits nach Taganrog, wo wir am 21. August ankamen. Nach Entladung unseres Transportes marschierten wir in den Unterkunftsbereich nahe der Küste des Asowschen Meeres, dort bauten wir die Zelte auf. Noch in der Nacht erfuhren wir von unseren Nachrichtlern, daß Gebirgsjäger der 1. und 4. Gebirgs-Division den Elbrus, den höchsten Berg im Zentral-Kaukasus (5.630 Meter), in Besitz genommen und dort den Edelweiß- und Enzian-Stander, die taktischen Zeichen dieser Divisionen, ins ewige Eis gerammt hatten. Wir wollten dies nicht glauben; die Bestätigung kam am folgenden Tag durch unseren Kompanie-Chef. Was hatte man bloß mit uns vor? Ein für den Hochgebirgseinsatz bestens ausgebildetes Bataillon verweilte hier am Meer, machte an den folgenden Tagen Märsche in und um Taganrog, übte an den Waffen und erfreute sich auch beim Baden im Meer.

25. August: Mit Waffen und kleinem Gepäck stiegen wir in bereitstehende Busse und Lkw. Der Troß blieb zurück. Wir fuhren durch Rostow. Den Don über die Kriegsbrücke überquerend, kamen wir durch Bataisk. Auf staubiger Rollbahn gings vorbei an vielen, in der Gluthitze marschierenden Troßeinheiten aller Waffengattungen. Nachts Biwak in Zelten. Am 29. August erreichten wir Tscherkessk.

Nach Verlassen der Fahrzeuge marschierten wir den Kuban aufwärts. Wir erfuhren, daß die 1. und 4. Gebirgs-Division die wichtigsten Pässe bereits eingenommen hatte und diese verteidigte. Erstmals hörten wir, daß bei diesen Kämpfen das Hochgebirgsjäger-Bataillon 2 (Bauer) sich bestens bewährte.

In Ordschonikidschewski erfuhren wir von der beginnenden Umgruppierung der 1. und 4. Gebirgs-Division. Den Kuban verlassend, ging es westwärts über Berge, die Täler entlang überschritten wir den Aksaut, den Bolschoj Zelentsuk, bei Pregradnaja den Urup, kamen an die Bolschaja Laba, marschierten an ihr entlang talauswärts und trafen am 6. September in Labinskaja ein. Weiter gings über Maikop. Außerhalb der Stadt am Belaja-Fluß errichteten wir am 8. September das Zeltlager. Ab Tscherkessk hatten wir nun rund 300 Kilometer Marsch hinter uns gebracht. Unser Troß marschierte am 26. August in Taganrog ab.

Herrliches, sonniges Wetter herrschte am Ufer der Belaja, nachts brummte zwar der russische Störbomber, auch Nähmaschine genannt, am Himmel, Ausfälle erlitten wir durch seine Bombenabwürfe aber nicht. Tagsüber gefechtsmäßige Märsche in der näheren Umgebung, Bekleidung instandsetzen, Waffen reinigen, auch Baden im Fluß.

Am letzten Tag war Feldgottesdienst angesagt. Es war nicht Pflicht teilzunehmen, doch glaube ich, alle waren anwesend. Wer Zelebrant war, weiß ich nicht mehr, doch an Worte der Predigt erinnere ich mich noch gut, sie lauteten etwa: Wieder steht ein schwerer Kampf bevor, große Aufgaben haben wir zu erfüllen. Könnten wir nach diesem Geschehen so beisammen stehen, es wären Lükken sichtbar. Da wurde uns bewußt, was wir bisher verdrängt hatten.

Vor Abmarsch am 13. September teilte uns der Kompanie-Chef mit, daß wir nunmehr der neu aufgestellten Gebirgsdivision Lanz, welche aus Einheiten der 1. und 4. Gebirgs-Division bestand, angehörten. Komisch, unsere Bergausrüstung, Kletterseile, Eispickel, Steigeisen, Mauer- und Eishaken blieben beim Troß; wir sahen nie mehr etwas davon.

Wir marschierten wieder, bald umgab uns Wald, urwaldähnlich mit subtropischer Vegetation. Nur gut, daß so schönes Wetter herrschte. Es ging über Berge, wir überschritten modrige Einschnitte. Nachts Biwak und Sicherung. Am 26. September zogen wir in der Gegend von Neftenaja an einer Sägemühle im Wald vorbeikommend in die Bereitschaftsstellung ein. Nun wurde es ernst.

Am 27. September, nach heftigem Artilleriefeuer auf die unmittelbar vor uns liegenden Stellungen des Gegners, verloren wir acht Kameraden durch Kurzschüsse, noch bevor wir zum Sturm antraten. Ziel war der 1.060 Meter hohe Gajman-Berg, welchen das Hochgebirgsjäger-Bataillon 1 am 29. September unter hohen Verlusten gegen einen gut getarnten, sich verbissen wehrenden Gegner im Sturmangriff Mann gegen Mann einnahm. Auf der Bergkuppe gruben wir uns, so gut es möglich war, ein. Unmittelbare Gegenangriffe wehrten wir ab.

Weiter ging es, wir stießen auf kaum erkennbare, bestens getarnte Bunkeranlagen, welche immer wieder im Nahkampf Mann gegen Mann genommen wurden. Entscheidungen lagen vielmals beim Einzelkämpfer und dem Geschick kleiner Gruppen. Für diesen Kampf waren wir nicht ausgebildet. Täglich erlitten wir große Verluste an Toten und Verwundeten, die Kompanie schmolz zusammen. Gut, daß im Hochgebirgsjäger-Bataillon 1 jede Kompanie ihren Arzt mit einer Sanitätsstaffel hatte. Diese leistete mit unse-

rem Unterarzt Dr. Singer Unbeschreibliches; durch schnelle Versorgung der Verwundeten konnte vielen das Leben gerettet werden. Hochachtung verdienen unsere Tragtierstaffeln, welche kaum zur Ruhe kommend, uns Tag und Nacht mit Munition und Verpflegung versorgten. Ihre Wege wurden immer weiter, feindliche Artillerie und durchgesickerte Kampfgruppen, gegen die sie sich wehren mußten, brachten ihnen viele Verluste. Was wären wir vorne ohne ihren Einsatz gewesen!

Täglich im Angriff, nachts Eingraben und Abwehr feindlicher Gegenstöße, Ruhepausen waren selten. Der Gegner mußte nicht wie wir mit Munition sparen, seine Versorgungswege waren kurz und gut, wir bekamen das zu spüren, unsere Ausfälle mehrten sich. Bei Erkennung klarer Ziele, ausgemacht durch Luftaufklärung oder Spähtrupps, kamen zur Sturmreifmachung Stukaverbände zum Einsatz. Nach Abdrehen der Stukas traten wir an im Glauben, da ist nicht mehr viel übriggeblieben. Wir waren immer wieder überrascht, einen Gegner anzutreffen, der die erlittenen Verluste verkraften konnte und sich verbissen wehrte.

Am 15. Oktober nahmen wir die letzte Höhe ostwärts der Ortschaft Schaumjan. Im Talkessel sahen wir das langgestreckte Dorf. Nachdem wir uns gesammelt hatten, stießen wir sofort nach. Beim Durchkämmen des Ortes, ein Kampf oft Mann gegen Mann, plötzlich über uns Flieger, Stukas. Sie kippten ab und klinkten unter nervenaufreibendem Geheul ihre Bomben aus. Ich konnte mich mit meinem Schützen 1 in ein Kellerloch retten. Vor Staub konnten wir nichts sehen, Husten plagte uns. Als die Stukas ihre Bomben abgeworfen hatten, drehten sie ab und verschwanden. Der Staub legte sich. Siehe da, im selben Keller kauerten fünf mit MP bewaffnete russische Soldaten, nur unser schnelleres Reagieren zwang sie, die Hände zu heben. Durch einen Melder erfuhren wir von unseren schweren Verlusten, welche wir durch die frühe Einnahme des Ortes erlitten hatten. Russische Artillerie beherrschte den gesamten Talkessel, ein langanhaltendes Trommelfeuer ging auf uns nieder. Nach dem Säubern des Ortes grub sich der schwache Rest der Kompanie ein. Die nächsten Tage hatten wir den immer wieder angreifenden Gegner bei Tag und Nacht abzuwehren.

Am 19. Oktober wurde unsere 4. Kompanie aus der Stellung genommen. Unser verehrter Kompanie-Chef Anton Mosandl zählte, soweit ich mich noch erinnere, 36 Mann seiner 4. Kompanie. Den anderen Kompanien des Hochgebirgsjäger-Bataillon 1 war es nicht anders ergangen. Der Ton seiner Stimme war uns unbekannt. Ausdruck großer Trauer um die Gefallenen, Verwundeten, Vermißten und schwer Erkrankten sahen wir in seinem Gesicht, als er uns die Auflösung unseres Hochgebirgsjäger-Bataillons 1 bekanntgab.

Wir, der Rest der 4. Kompanie, wurden dem II. Bataillon des Gebirgsjäger-Regiments 98 zugewiesen. Mit einigen Kameraden kam ich zur 12. Kompanie des III. Bataillons des Gebirgsjäger-Regiments 98, deren Chef Mosandl wurde. Wir empfanden das als Genugtuung. Noch am selben Tag marschierten wir das Pschischtal einwärts. Am 21. Oktober wurden die Orte Goitsch und Perewalni im Pschischtal eingenommen. Am 22. Oktober fing es an zu regnen; es regnete ohne Unterlaß. Bald war der Boden aufgeweicht – Morast. Wir gehörten nun zur Kampfgruppe Lavall, I. und III. Bataillon des Gebirgsjäger-Regiments 98, mit dieser nahmen wir bei strömenden Regen Bereitschaftsstellung zum Angriff auf den 1.035 Meter hohen Ssemaschcho-Berg ein. Der Ssemaschcho wurde der blutgetränkte Berg der Ge-

birgs-Division Lanz. Am 23. Oktober traten wir zum Sturm auf den Berg an. Heftiges Infanterie- und MG-Feuer schlug uns entgegen. Querschläger und Explosivgeschoße surrten an uns vorbei. Die ersten Verwundeten und Gefallenen blieben liegen. Wir stürmten weiter. Am Spätnachmittag erreichten wir die vorgeschobene Gipfelkuppe. Wir sahen das Meer, den Hafen und einige Häuser von Tuapse. Unsere Verluste waren beträchtlich.

Am Nachmittag des folgenden Tages traten wir wieder zum Kampf um den Berg an. Wilder Kampflärm tönte ringsumher, nur zögernd kamen wir voran. Wir sollten über eine freie Fläche, doch diese einzunehmen, kostete uns viele Verluste. Nun bekamen wir Unterstützung durch unsere Stukas, trotzdem kamen wir nicht über die Fläche und gruben uns zur Verteidigung des gewonnenen Geländes ein.

Der Berg wechselte nun oft den Besitzer. Täglich Ausfälle, Nachersatz bekamen wir nicht mehr. Ende November besuchte uns in vorderster Stellung der Kommandierende General, aber helfen konnte er uns auch nicht. Am 2. Dezember fiel unser verehrter Kompanie-Chef Anton Mosandl. Wir trauerten über den Verlust. Er war uns immer Vorbild; mir bleibt er unvergessen. Am 13. Dezember wurde ich bei einem Gegenstoß durch Oberschenkel-Durchschuß verwundet. Drei Tage und Nächte schleppte ich mich mit Hilfe einer Astgabel als Krücke zum Hauptverbandsplatz.

Quelle: Der Bericht wurde bereits im Mitteilungsblatt DIE GEBIRGSTRUPPE des Kameradenkreises der Gebirgstruppe, Heft 3/1990, veröffentlicht.

Tagebuchaufzeichnungen

Von Obergefreiter G.
(4. Kompanie / Hochgebirgsjäger-Bataillon 1)

Inzwischen war der Polenfeldzug zu Ende gegangen. Unsere Truppen standen am Atlantik, und das Ende des Krieges war, wie wir alle meinten, greifbar nahe gerückt. Es war wohl diese Annahme, die meinen Vater bewog, nach langem Drängen von mir, meine Freiwilligen-Meldung zu unterschreiben. Ich hatte mich zur Gebirgstruppe gemeldet, bei der auch er gedient hatte und die schon früh unvergänglichen Ruhm an ihre Fahnen geheftet hatte. Ich war gerade erst 18 Jahre alt geworden, als ich zum Arbeitsdienst einberufen wurde. Meine Dienstzeit dort war nur kurz, und ich lebte immer in der Angst, nun doch noch zu spät zu kommen.

Eine Woche vor Ausbruch des Krieges mit Rußland erhielt ich meinen Stellungsbefehl zum Ersatztruppenteil des Gebirgsjäger-Regiments 98 in Garmisch-Partenkirchen auf den 1. Juli 1941. Mein sehnlichster Wunsch ging in Erfüllung.

Gemeinsam mit noch zwei Kameraden, Heini Grab aus Bühlertal und Alois Herrmann von Neusatz, ging es auf die Reise, die in einen neuen Lebensabschnitt führte. Erst heute kann ich es meinen Eltern nachfühlen, mit welch schwerem Herzen sie mich scheiden sahen.

Der Dienstbetrieb in Garmisch machte mir keine großen Schwierigkeiten. Was Formal- und Exerzierdienst anbelangte, war ich ja durch die HJ und den RAD schon gut vorbereitet. Sportlich gab es für mich auch keine Hindernisse, und wenn es an den Gefechtsdienst ging, waren wir alle mit Leib und Seele dabei. Wir waren eine Rekrutenkompanie mit lauter Kriegsfreiwilligen. Es herrschte ein Geist, der eine Mißstimmung nicht aufkommen ließ. Das Durchschnittsalter betrug mit wenigen Ausnahmen 18 bis 19 Jahre. Ein großes Glück war es für uns, daß wir vernünftige Ausbilder und Kompanieoffiziere bekamen, die alle Schleiferei beiseite ließen, dafür aber auf Märschen und im Gelände das Letzte von uns verlangten. Bereits nach sechs Wochen wurden die ersten von uns an die Front abgestellt. Auf die Anfrage des Kompanie-Chefs wer sich freiwillig melde, trat die ganze Kompanie geschlossen vor, und das Los mußte entscheiden. Ich war, leider, wie ich damals meinte, nicht unter diesen Glücklichen.

So ging ein Monat nach dem anderen vorüber, und langsam wurde es uns ungemütlich. Wir hatten uns ja schließlich nicht freiwillig gemeldet, um dann monatelang in der Kaserne herumzusitzen. So schön Garmisch und seine Umgebung ist, uns war alles verleidet, und auch die anerkannt feschen Garmischer Madeln konnten uns nicht über unseren Kummer hinweghelfen.

Im Oktober rückte ein neuer Rekrutenjahrgang ein, und mein Pech stieg ins Uferlose – ich wurde zum Hilfsausbilder bestimmt. Einige Tage zuvor war ich bei einer Hochgebirgsübung positiv aufgefallen, und das wurde mir zum „Verhängnis". Die Chance, an die Front zu kommen, rückte immer weiter weg. Also mußt du auffallen, sagte ich mir. Aber das war leichter gesagt als getan. Beim Zapfenwichsen wurde ich nicht geschnappt, und bei vielen anderen Kleinigkeiten sah man mir durch die Finger, denn ich hatte mir im Scharfschießen die Kompaniemeisterschaft geholt, und daher konnte ich mir so manches erlauben.

Mit dem neuen Rekrutenjahrgang war auch Hans Eckelle, der nach mir Stift in unserer Werkstatt zu Hause war, eingerückt. Auch er verließ im Februar Garmisch, und als im März neue Rekruten kamen, war mein Schulkamerad Tschung dabei. Von unserem Rekrutenjahrgang waren nur noch höchstens sieben bis acht Mann da, denen es allen so ging wie mir, und wir hatten uns alle schon damit abgefunden, das Kriegsende in Garmisch als Ausbilder zu erleben.

Aber wir sollten noch drankommen. Im Mai 1942 wurden Freiwillige für ein aufzustellendes Hochgebirgsjäger-Bataillon gesucht. Grundbedingung war die unbedingte Bergtauglichkeit. Ohne große Hoffnung meldeten wir uns zur Untersuchung. Daß wir bergtauglich waren, wußten wir, aber wir konnten mit ziemlicher Sicherheit annehmen, daß uns unser Chef doch nicht gehen ließ. Aber diesmal klappte es.

Schon nach einer Woche sagten wir frohen Herzens Garmisch Ade und fuhren nach Berchtesgaden zum Hochgebirgsjäger-Bataillon 1. Wir kamen zur 4. Kompanie, die der uns von Garmisch her wohlbekannte Ritterkreuzträger Oberleutnant Mosandl führte. Er hatte in Garmisch schon für einige Monate unsere Rekrutenkompanie geführt und war erfreut, uns in Berchtesgaden wiederzusehen.

Die Ausbildung in Berchtesgaden war ganz auf den Kampf im Hochgebirge zugeschnitten und demzufolge sehr hart. Schon nach zwei Tagen ging es auf das Arthurhaus am Hochkönig zur Kletterausbildung. Es folgten zwei Wochen, die vom frühen Morgen bis zum Abend ausgefüllt waren mit einem unerhört strapazenreichen Dienst. Wir bekamen da einen ersten leisen Begriff von den Dingen, die uns bevorstanden. Doch je länger die Ausbildung dauerte, um so mehr Spaß machte uns das alles, und langsam wurden wir hart und so zäh, daß uns einfach nichts mehr umbringen konnte. Die Gefahren des Hochgebirges wurden uns

vertraut, und wenn uns einmal eine kurze Rast Zeit ließ, erkannten wir so recht die Schönheit der Bergwelt, in der wir uns befanden.

Wie im Fluge gingen die Tage vorüber, und viel zu rasch führte uns unser Weg wieder nach Berchtesgaden. Wenn ich heute an diese Zeit zurückdenke, dann fühle ich ein tiefes Bedauern darüber, daß uns die Härte des Dienstes fast gar keine Zeit ließ, die vielfältigen und manchesmal einzigartig schönen Eindrücke in uns aufzunehmen. Ich habe während meiner ganzen Soldatenzeit nirgends so viel Schimpfen und Fluchen gehört wie während unserer Hochgebirgsausbildung. Und trotzdem, wenn es galt, war ein jeder bemüht, das Letzte herzugeben und unter gar keinen Umständen „blauzumachen".

Wieder in Berchtesgaden, hatten wir nur einige Tage Zeit, unsere vom Berg arg mitgenommenen Klamotten wieder in Ordnung zu bringen, und schon ging es nach kurzem Aufenthalt zur Eisausbildung ins Großglocknergebiet. Bis nach Bruck brachte uns die Bahn. Von dort aus ging es dann zu Fuß das Ferleitental hinauf und über die Pfandelscharte hinüber zum Glocknerhaus, das unser Stützpunkt war.

Diese kurzen vierzehn Tage zählen mit zu den schönsten meiner ganzen Soldatenzeit. Wohl war der Dienst nach wie vor hart und unerbittlich, aber wir hatten uns doch schon an die Strapazen gewöhnt. Es war ein unvergeßliches Bild, als wir, von Ferleiten kommend, über die Pfandelscharte stiegen und, fast zum Greifen nahe, die stolze Eispyramide des Großglockners, des höchsten Berges Großdeutschlands, in den Himmel wuchs.

Die Ausbildung im Eis war etwas gänzlich Ungewohntes. Aber bald waren wir auch mit dieser Technik vertraut und bewegten uns im Eis so sicher wie im Fels. Als Ausbilder hatten wir beste Kräfte bei uns, einheimische Bergführer und Leute mit Kaukasus- und Himalayaerfahrung. Am 6. Juli 1942, an einem strahlend schönen Sonnentage, erstiegen wir – ausnahmsweise einmal mit leichtem Gepäck – den Großglockner. Ein Erlebnis, das für uns einmalig wurde. Es war noch Nacht, als wir aufbrachen und uns den schmalen Pfad zum Pasterzengletscher hinuntertasteten. Doch schon als wir die Pasterze überquert hatten und vor dem Einstieg in den Hoffmannsgletscher standen, lachte die Sonne am wolkenlos blauen Himmel. Über steile Firn- und Eishänge ging es aufwärts, und nach vier Stunden hatten wir die Erzherzog-Johann-Hütte, das höchstgelegene Schutzhaus Deutschlands, erreicht. Von hier aus ging es nur mit Steigeisen weiter, und nach einem letzten kurzen Anstieg standen wir auf dem Gipfel. Schon so manchen Gipfel hatten wir unter unseren Füßen gehabt, aber eine solch prachtvolle Fernsicht war uns noch nirgends beschert worden. In unvergleichlicher Schönheit erstreckte sich das Gipfelmeer rings am Horizont. Tief unten im Süden grüßten die Zinnen der Dolomiten. Der Blick schweifte hinüber zu den Riesen der Schweizer Alpen, es war fast unmöglich, in der kurzen Zeit, die uns blieb, das alles in uns aufzunehmen. Tief unter unseren Füßen lag die einzig schöne Landschaft des herrlichen Kärntner Landes. Viel zu rasch war die Gipfelrast zu Ende, und in rasantem Abstieg – über die Schneefelder abfahrend – ging es wieder hinunter ins Tal.

Inzwischen war in Rußland die Sommeroffensive 1942 losgebrochen, und die deutschen Truppen stießen in schnellem Vormarsch auf den Kaukasus zu. In Afrika standen die Panzer Rommels vor Alexandria. Nun glaubten wir, endgültig zu spät zu kommen, und warteten nach unserer Rückkehr nach Berchtesgaden jeden Tag auf den Befehl zum Abmarsch. Wie inzwischen durchgesickert war, waren wir dazu bestimmt, die Hochpässe des Kaukasus aus der Luft zu nehmen, dem Feind, der sich noch nördlich der Kammlinie befand, den Rückzug abzuschneiden und die Pässe zu halten, bis die Truppen aus dem Tal herangekommen waren.

Ein kühner Plan, so richtig nach unserem Geschmack, der dann aber leider durch den schnellen Vormarsch der 1. Gebirgs-Division nicht mehr zur Ausführung kam. Als sich die Vorausabteilung der 1. Gebirgs-Division bereits den Eingang in den Kaukasus erkämpft hatte, erreichte uns endlich der Abmarschbefehl in Berchtesgaden. Am Samstag zuvor waren wir alle noch, soweit es sich ermöglichen ließ, über das Wochenende nach Hause gefahren. Kurze Stunden nur, von denen wir lange zehren mußten, und der Abschied war schon überschattet von der Ungewißheit des Kommenden.

Für sehr viele von uns sollte es der Abschied für immer sein. Aber noch wußten wir nichts von der Schwere der kommenden Monate, und mit einem unserer schönen Jägerlieder auf den Lippen marschierten wir am 12. August 1942 durch das Kasernentor hinaus, hinunter zum Bahnhof nach Berchtesgaden zur Verladung. Alles verlief reibungslos, und unter dem Winken der Bevölkerung fuhren wir zum schönen Berchtesgadener Land hinaus. Ohne Wehmut blickten wir zurück. Allzulang schon warteten wir auf diesen Tag. Wir waren ja noch so jung, und wohl den wenigsten kam der Gedanke, daß es vielleicht keine Wiederkehr gebe.

Einmal im Rollen, brachte uns unser Transportzug rasch vorwärts. In zügiger Fahrt passierten wir Regensburg und, die Tschechei umfahrend, näherten wir uns über Dresden, Görlitz, Hirschberg der Reichsgrenze, die wir bereits einen Tag nach unserer Abfahrt überschritten. Während hinter uns die rauchenden Schlote des oberschlesischen Industriegebietes zurückblieben, tat sich vor uns die endlose Weite der östlichen Steppe auf. Ohne Aufenthalt ging es weiter: Krakau, Radom, Deblin. Immer weiter zog die Maschine nach Osten, und bei Baranowitschi ging es über die alte polnisch-russische Grenze. Und damit begann das berüchtigte Partisanengebiet. Es dauerte nicht lange, bis wir das merkten, denn schon in der ersten größeren Ortschaft nach der Grenze, in Stolpce, lagen wir für eine

Nacht fest, weil einige Kilometer vor uns die Strecke in die Luft gegangen war. Ein lettisches Sicherungsbataillon war den Partisanen auf den Fersen, und im Schneckentempo schlich unser Zug über die gesprengte Stelle.

Bei uns gingen die tollsten Gerüchte um. Dadurch, daß wir immer weiter nach Norden zogen, kamen ein paar ganz Schlaue auf die Idee, daß man uns im Süden nicht mehr brauche und wir nun zum Einsatz nach dem Norden kämen. Aber diese Zweifler wurden rasch eines Besseren belehrt, als in Minsk die Lok nach Süden abbog und in rascher Fahrt über Bobruisk und Gomel schließlich Charkow passierte. Am 23. August wurden wir in Taganrog am Asowschen Meer ausgeladen. Die Zeit drängte. Bereits am 21. August hatten Einheiten unserer Gebirgstruppe den höchsten Berg des Kaukasus, den Elbrus mit 5.630 Metern, bestiegen, und schon 14 Hochpässe befanden sich in ihrer Hand, darunter die strategisch wichtigen Kaukasusübergänge. Unsere ursprüngliche Aufgabe, deren Wegnahme aus der Luft, fiel damit weg. Das einzige war jetzt, so schnell wie möglich vor zur Truppe, die schwere Ausfälle hatte, um mit unseren unverbrauchten frischen Kräften die Lücken zu schließen. Volle drei Tage lang mußten wir auf ein Transportregiment warten. Am frühen Morgen des 27. August ging es endlich los. Die Gefechtskompanie wurde in große Omnibusse verladen, die Tragtiere und Troßeinheiten mußten sich zu Fuß auf den Weg machen. Unser Bestimmungsort lag 1.200 Kilometer südlicher.

Nach kurzer Fahrtzeit lag schon das halbzerstörte Rostow vor uns. Die feste Brücke über den Don lag im Wasser, und auf einer schwankenden Behelfsbrücke mußten wir hinüber. Als wir nach Bataisk das mehrere Kilometer breite Don-Delta durchquert hatten, hatten wir die fruchtbare Kornkammer Rußlands, das Kubangebiet, betreten. Bis zum Horizont zogen sich die bestellten Felder hin. Kilometerlange Kornfelder wechselten ab mit ebenso großen Sonnenblumen- und Maisfel-

dern. Für uns, die wir aus dem engen Mitteleuropa kamen, war das ein gänzlich ungewohntes Bild. In weiten Abständen eingestreut lagen die Höfe der Kosaken. Und was nun kam, wurde vielen von uns zur großen Überraschung.

In Polen hatten wir eine verborgene Feindseligkeit gespürt, die in Weißrußland von kühler beobachtender Haltung abgelöst wurde. Jedoch hier im Süden nahmen uns die Menschen mit unverhohlener Freude und Herzlichkeit auf. Für alle diese Völkerstämme kamen wir als Befreier vom bolschewistischen Joch. Dazu kam, daß schon im Ersten Weltkrieg deutsche Truppen dieses Gebiet besetzt und die Kubankosaken in ihrem Freiheitskampf unterstützt hatten. Doch leider blieb uns nicht viel Zeit, und immer weiter führte uns unser Weg den Kuban aufwärts, der zu unserem ständigen Wegbegleiter wurde.

Tscherkessk wurde erreicht, und schon sahen wir in der Ferne die Schneegipfel des Zentralkaukasus aufleuchten, bis uns die mächtig aufstrebenden Vorberge beiderseits des Kuban die Sicht nach vorne versperrten. Hellgrün und ungebändigt, mit reißender Kraft strömte uns der mächtige Fluß entgegen. Bald eingezwängt von schroff aufsteigenden Felswänden, die kaum Platz ließen für die schmale Straße, und in einer Flußbiegung lag hin und wieder ein kleines Dörflein.

Fast immer wurde uns bei der Durchfahrt der Weg versperrt von einer jubelnden Menschenmenge, die uns mit Obst und gutgemeinten Geschenken überschüttete. Es war für uns unfaßbar. Nach unserer bisherigen Auffassung waren das ja alles Russen, und nun mußten wir erkennen, daß diese Völker, schon seit Jahrzehnten unterdrückt, mit ganzer Leidenschaft denselben Gegner haßten, den wir bekämpften und in uns die Befreier von der bolschewistischen Knute sahen. Es gab manches nachdenkliche Gesicht bei uns, und nicht wenige haben wohl ihre Meinung über Land und Leute geändert.

Aufgrund meiner Ausbildung war ich dem Kompanietrupp als Melder zugeteilt worden. Das war eine Tätigkeit, die einerseits sehr interessant war und auch manche Annehmlichkeit mit sich brachte, andererseits aber im Einsatz eine gute Portion Mut und Einsatzfreudigkeit verlangte. Denn wenn beim Beschuß alles den Kopf in den Dreck stecken konnte, dann war es ganz sicher der Melder, der die Befehle dorthin bringen mußte, wo sonst nichts mehr hinreichte.

Bald sollte es soweit sein. Mit jedem Kilometer näherten wir uns unserem Ziel, Mikojan Schachar, der Hauptstadt der Karatschai, am Zusammenfluß von Kuban und Teberda. Unser Chef, Oberleutnant Mosandl, war schon mit dem Motorrad vorausgefahren, um beim Divisionsstab der 1. Gebirgs-Division genaue Anweisungen über unseren Einsatz einzuholen. Als er zurückkam, sahen wir seinem Gesicht schon an, daß irgend etwas nicht stimmte. Es sollte nicht lange dauern, bis wir den Grund seiner Mißstimmung erfuhren. Man hatte ihm beim Stab zu verstehen gegeben, daß man uns „nicht benötige". Grund war anscheinend Furcht, wir könnten ihren Lorbeer schmälern. Daher schickte man uns achselzuckend weiter zur 4. Gebirgs-Division, die rechts angeschlossen im großen Labatal in Richtung Suchumi vorstieß. Das war eine große Enttäuschung für uns. Waren doch die meisten unserer Dienstgrade aus der 1. Gebirgs-Division hervorgegangen, und auch wir Jungen waren nicht erbaut von dieser Wendung. Fühlten wir uns doch als vollwertige Gebirgsjäger und demzufolge zur 1. gehörend, während die 4. als ehemalige Infanterie-Division nicht ganz voll genommen wurde. Aber leider war daran nichts zu ändern, und so machten wir uns grollend auf den Weg.

Wieder wurde der Kuban überquert, und nach mühseliger Fahrt gelangten wir nach Selentschukskaja. Hier erhielten wir den Befehl, zur Aufklärungsabteilung vorzufahren. In Psepasskaja stießen wir zu ihr und wurden mit offenen Armen aufgenommen. Man hatte schon versucht, ins Tal der Malaja Laba einzudringen. Je-

doch durch starke Gegenwehr war der Angriff steckengeblieben. Es gab Ausfälle. Eine Pak, die nicht mehr rechtzeitig zurückgebracht werden konnte, hatten die Russen über das Steilufer in den Fluß geworfen, wo sie noch lag, als wir am nächsten Tag vorbeikamen. Nun sollte mit unserer Unterstützung am nächsten Morgen ein neuer Angriff stattfinden. Es war noch stockfinster, als wir antraten. Ein eigenartiges Gefühl bewegte uns, als der Befehl „Laden und sichern" gegeben wurde. Wir standen vor unserer Feuertaufe.

Unsere Feuerkraft war beträchtlich. Die Gruppen waren überstark und alle mit dem neuen MG 42 ausgerüstet. Außerdem hatte jede Gruppe ihr Schießgerät für Gewehrgranaten. Und wir brannten darauf, es mit dem Gegner aufzunehmen.

Mit angespannten Sinnen bewegten wir uns vorwärts, jeden Moment einen Feuerüberfall des Gegners abwartend. Doch alles blieb still. Langsam wurde es hell, und bald stellten wir fest, daß sich der Gegner kampflos zurückgezogen hatte. Trotzdem ging es mit aller Vorsicht vorwärts. Immer enger wurde das Tal, nur noch Platz lassend für die schmale Straße und den tobenden Fluß zu unserer Linken. Hätten die Russen das jenseitige Ufer besetzt gehabt, wir wären auf der Straße keinen Meter vorwärtsgekommen. So ging es den ganzen Tag hindurch immer tiefer in das Tal hinein. Die Dämmerung begann sich schon zu senken, als wir unser Tagesziel, fast hinten am Talende, die kleine Ortschaft Tschernoretschenskaja erreichten. Ausgepumpt und fertig hauten wir uns in der kleinen Schule auf den Boden. Die Nacht verlief wider Erwarten ruhig.

Die nächsten Tage dienten der Sicherung und Aufklärung. Täglich gingen Spähtrupps hinaus, ohne jemals auf Feind zu stoßen. Der Russe war wie vom Erdboden verschwunden, und doch hatten wir ständig das Gefühl, beobachtet zu werden. Das Dorf war rings umgeben von uraltem Hochwald. Buchen von einer Mächtigkeit, wie wir sie in Mitteleuropa längst nicht mehr kennen, mit einem derart verfilzten Unterholz, daß ein Durchkommen oft unmöglich war. Ein Gelände, in dem ganze Divisionen spurlos verschwunden waren. Ab und zu stießen wir auf angefangene Stellungen. Aber das war auch alles. Nach zehn Tagen kam die Ablösung, und wir marschierten wieder zurück nach Psepasskaja.

Nach kurzer Rast bestiegen wir schon wartende Lkw, die uns über Labinskaja nach Maikop brachten. Am Ortsrand von Maikop, am Ufer der Bjelaja, folgten vom 9. bis 12. September einige kurze Tage der Ruhe.

Von der Front, die sich 60 Kilometer vor uns im Vorrücken auf Tuapse befand, sahen und hörten wir nichts. Nur so viel sickerte durch, daß es vorne nur langsam und unter großen Verlusten vorwärts ging. Aber nach unserem so unblutig verlaufenen Abenteuer im Labatal waren wir alle munter und zuversichtlich. In diesen Tagen erreichte uns auch unser Troß, der von Taganrog aus in Märschen mit Tagesleistungen von durchschnittlich 30 bis 40 Kilometer direkt nach Maikop marschiert war. Für uns war das für den kommenden Einsatz eine große Erleichterung, denn bisher hatten wir unser ganzes Gepäck selbst schleppen müssen.

Nachdem der Troß nun eingetroffen war, verließen wir gleich am nächsten Morgen unser Biwak und marschierten auf der recht guten Straße in Richtung Front. Nach zwei Tagesmärschen hatten wir Neftegorsk, das Zentrum des Erdölgebietes um Maikop, erreicht. Als erste Aufgabe wurde uns die Flankensicherung der 97. Jäger-Division zugewiesen. Dieser Auftrag, der uns noch einige Tage der Ruhe brachte, war bald erledigt, und in der Nacht auf den 21. September marschierten wir weiter nach Neftjanaja. Fast gleichzeitig mit uns trafen Teile des Gebirgsjäger-Regiments 98 ein, die auch aus dem Zentralkaukasus kamen und mit uns gemeinsam dem stockenden Angriff auf Tuapse zum Durchbruch verhelfen sollten. Hier erhielten wir auch die erste Post von zu Hause seit unserem Auszug aus Berchtesgaden.

Ein Offiziersspähtrupp erkundete unseren Angriffsstreifen, und in der Nacht auf den 26. September rückten wir in die Bereitstellung ein. Der 26. sah unseren Angriff auf den Lysaja. Die sorgsame Erkundung ersparte uns schwere Verluste. Der Russe erwartete unseren Angriff frontal und wurde von uns durch unsere nächtliche Umgehung in der Flanke gepackt. Die ganze Bergstellung, die beiderseits eines schmalen Grates lag, wurde Bunker für Bunker von der Seite her aufgerollt.

Leider begann dieser Tag für uns mit traurigen Vorzeichen und war gleichzeitig ein böses Omen für die kommenden Einsatzmonate. Vor dem Angriff gingen einige Volltreffer der eigenen Artillerievorbereitung mitten in unseren ersten Zug und setzten den halben Zug außer Gefecht. Unfaßbar war uns, daß in diesem kilometerweiten Waldgebiet die verhängnisvolle Salve ausgerechnet an der Stelle niederging, an der wir uns bereitstellten.

Der Russe wehrte sich anfänglich verbissen, war aber durch unser flankierendes Angreifen sehr im Nachteil und räumte nach kurzem Kampf die Lysajastellung. Sofort gruben wir uns ein, denn daß der Iwan nichts unversucht lassen würde, diese beherrschende Bergstellung wieder in die Hand zu bekommen, war uns allen klar.

Eine warme, sternenklare Nacht zog auf. Niemand konnte ahnen, daß hier alles gespannt in den Löchern lag und der Dinge harrte, die da kommen sollten. Die tiefe Stille der Nacht wurde auf einmal von einem klagenden Tierschrei unterbrochen, und dann kamen sie. Ein höllischer Feuerzauber brach los. Unsere Werfer und sMG schossen Sperrfeuer. Trotzdem kamen sie heran bis auf Nahkampfnähe. Ein Zielen in der dunklen Nacht war unmöglich, wo sich etwas bewegte, wurde hingehalten. Weiter zurück, den Hang hinunter, hörten wir das Schreien und Fluchen der russischen Kommissare und Offiziere. Aber der Einbruch gelang an keiner Stelle. In der nächsten Nacht versuchten sie es wieder. Aber wieder ohne Erfolg. Den ganzen Tag über konnten wir nicht aus den Löchern, denn dauernd lagen Granatwerferüberfälle auf unserer Stellung, die fast immer ihr Ziel fanden. Wir hörten im Tal die Abschüsse, und nach einigen Sekunden fauchte es bei uns heran, daß wir gerne den Kopf ganz tief in den Dreck steckten. Es war das Ekelhafteste, daß man den Kopf in den Dreck stecken und warten mußte, bis die Dinger ankamen. Der Iwan schoß mit hochempfindlichen Zündern, und die meisten Granaten krepierten schon in den Baumkronen, so daß der ganze Segen von oben kam. Eine Deckung dagegen gab es so gut wie gar keine.

Wir atmeten auf, als uns am 28. der Befehl erreichte, bei Anbruch der Dunkelheit durch die russischen Linien zu brechen und Verbindung zu dem links von uns vorstoßenden Regiment 98 aufzunehmen. Mit Feuerunterstützung der eigenen Granatwerfer traten wir an. In einem Schwung wurde die feindliche Stellung durchbrochen, und wir befanden uns bald darauf tief im Rücken der russischen HKL. Der Iwan, der nun auch im Rücken bedroht war, legte einen wahnsinnigen Feuerzauber um sich. Aber trotzdem gewannen wir zügig Boden und ließen den Lysaja weit hinter uns. Nach vierstündigem Marsch in ständiger Gefechtsbereitschaft durch den nachtdunklen Wald, stießen wir auf die ersten Sicherungen der 98er. Es wurde uns spürbar leichter, denn ein Abweichen von nur einem Strich auf der Kompaßrose hätte genügt, und wir wären statt beim Regiment 98 beim Iwan gelandet.

Doch nun war alles gut. Ab sofort wurden wir in den Verband der 1. Gebirgs-Division eingegliedert und fühlten uns nun, da wir wußten, wohin wir gehörten, wieder etwas wohler.

Am 29. September 1942 stürmte unsere 2. Kompanie unter schweren Verlusten den vom Iwan erbittert verteidigten 1.060 Meter hohen Gajman. Wir rückten nach und besetzten den Osthang. Überall Spuren schweren Kampfes. Ein leises Ahnen beschlich uns, daß es nun zu Ende sei

mit dem Vorwärtsstürmen und den gesteckten Tageszielen von 30 bis 40 Kilometern. In der Nacht griff der Feind wieder an. Erfolglos.

Vom freien Kamm des Berges sahen wir tief unter uns im Tal Gunaika liegen, in dem noch der Russe saß. Wir lagen oben und sahen den Vorbereitungsangriffen unserer Stukas zu, die die russischen Stellungen vor unseren Linien bombardierten. Der Erfolg war, wie wir nachher feststellen konnten, nicht gerade überwältigend. Von oben war nichts weiter zu sehen als ein wogendes Wipfelmeer, und weder Freund noch Feind war zu erkennen. An den abgeschossenen Leuchtsignalen und Rauchzeichen konnten wir erkennen, wie der Angriff der 98er ins Tal hinunterstieg und sich Gunaika näherte.

Da erhielten wir am 3. Oktober den Befehl, talwärts anzugreifen. Angriffsziel Gunaika. Nach kurzer Stukavorbereitung traten wir an. Anfänglich harte Gegenwehr wurde gebrochen, und bald waren wir in zügigem Vorgehen. Mit einbrechender Nacht stockte der Angriff, und wir gruben uns in der Erwartung des russischen Gegenangriffes ein. Wider Erwartung blieb die Nacht ruhig. Wir hatten es aber auch nötig. Der Tag hatte uns schwere Ausfälle gebracht. Ein großer Teil unserer Gruppenführer und Schützen 1 war ausgefallen. Ich selbst hatte einige Male ganz unwahrscheinliches Glück gehabt. Einmal hatte ich einem Kameraden meinen Dolch geliehen. Er wollte einige Drähte durchschneiden, von denen er annahm, es seien Fernsprechleitungen. Es waren aber mit Handgranaten verbundene Stolperdrähte. Ich stand hinter ihm und schaute interessiert zu. Auf einmal gingen die Dinger los, und er bekam den ganzen Segen in den Unterleib. Ich selbst erhielt keinen Kratzer. So ging es noch verschiedene Male. Wir konnten uns schon das Ende unseres stolzen Hochgebirgsjäger-Bataillons ausmalen, wenn es jeden Tag so weiterging.

Den folgenden Tag blieben wir in der erreichten Stellung, immer wieder in Deckung gejagt von plötzlichen Werferüberfällen oder dem ekelhaften Klatschen einer Explosivgeschoßgarbe über uns in den Baumkronen. Gegenüber ahnte man den Feind. Sehen konnte man ihn nicht. Der Urwald war undurchdringlich. Die Sicht begrenzt auf 5 bis 10 Meter. Ein gut getarnter Feind war in diesem Gelände unsichtbar. Bei Angriffen ließ uns der Iwan auf Nahkampfnähe herankommen, bevor er das Feuer eröffnete. Die Verluste waren dadurch sehr schwer. Im umgekehrten Falle machten wir es genauso.

Der 5. Oktober 1942 war ein schwarzer Tag für mich. Am Nachmittag sollte unser Angriff die russischen Linien durchstoßen und nach Gunaika durchbrechen. Kurz vor dem Angriff rief mich der Chef zu einem Kontrollgang durch unsere Bereitstellung. Wir befanden uns im Anstieg zu unseren Werferstellungen, als wie aus heiterem Himmel, wir hatten keinen Abschuß gehört, eine Werfergranate rechts neben uns krepierte. Ich erhielt mehrere Splitter in die Beine, Gesäß und Nacken, während der Chef, der links von mir ging, unverletzt blieb. Ich konnte noch gehen und schleppte mich zum Verbandsplatz. Unser San-Unteroffizier legte mir den ersten Verband an, und während die Kompanie zu neuem Angriff antrat, machte ich mich auf den Weg zurück zum HVP. Gehen konnte ich nur langsam. Ein gefangener Russe trug meinen Rucksack, und stützte mich an steilen Stellen. Den ganzen bisherigen Angriffsstreifen mußte ich zurück. Von der Höhe des Gajman blickte ich verschaufend noch einmal hinunter ins Gunaikatal, aus dem lebhafter Gefechtslärm zu mir heraufdrang. War ich einerseits froh, der Hölle des Waldkampfes entkommen zu sein, so war ich doch tief niedergeschlagen, meine Kameraden und die Kompanie verlassen zu müssen.

Früh wurde es Nacht. Die beiderseits des Nachschubweges liegenden verendeten Tragtiere verbreiteten einen infernalischen Gestank. Ich war heilfroh, als das Waldlager unseres Trosses vor mir auftauchte. Erschöpft sank ich auf den Boden und war trotz heftiger Schmerzen bald eingeschlafen.

Als der Morgen graute, war ich wach. Im Laufe der Nacht hatten sich noch mehr Verwundete eingefunden, meistens leichtere Fälle. Mir war es nicht mehr möglich, aus eigener Kraft zu gehen, und so wurde ich zu den anderen Gehunfähigen auf einen Panjewagen geladen, und ab ging es mit der jammernden und stöhnenden Last den Berg hinunter zum HVP Trawljewa. Dort bekam jeder seine Tetanusspritze. Bald darauf nahm uns eine Leerkolonne mit zurück über Chadyschenskaja nach Maikop. Hier nahm uns eine Krankensammelstelle auf. Die schweren Fälle wurden gleich zurückgeflogen. Darunter auch unser Oberjäger Bindl, der kurz nach mir einen Ellbogendurchschuß erhalten hatte.

In Maikop blieb ich nicht lange. Schon am Tag darauf ging die Reise weiter. Mit Lkw auf guter Straße bis Ustj-Labinskaja am Kuban, und bis dahin war die Bahn schon wieder in Ordnung gebracht worden. Ein behelfsmäßiger Lazarettzug wartete schon auf uns. Es dauerte nicht lange, bis er gefüllt war. Ohne Unterbrechung schleppten Sankas und Lkws ihre blutige, jammernde Last heran. Als ich sah, wie schwer es viele Kameraden erwischt hatte, war ich ordentlich froh, noch so glimpflich davongekommen zu sein. In der Nacht setzte sich der endlose Transport in Bewegung, und bereits am 10. Oktober landete ich wieder in Taganrog, von dem ich sechs Wochen vorher mit so hochgespannten Erwartungen abgefahren war.

Was lag nicht an Ereignissen in dieser kurzen Zeitspanne beschlossen. Großartige Landschaftszenerien, zermürbende Strapazen und erbitterte Kämpfe hatten sich abgewechselt, und ich bin mir heute durchaus im Klaren, daß ein großer Glücksfall für mich war, so verhältnismäßig billig davongekommen zu sein. Aber vorläufig war ich tief niedergeschlagen, daß es mich erwischt hatte und ich von der Kompanie weg mußte.

Eine Woche später, am 17. Oktober 1942 wurde unser stolzes Hochgebirgsjäger-Bataillon aufgelöst. Die Reste wurden auf das Regiment 98 aufgeteilt. Unsere 4. kam zur 12. Kompanie. Die meisten engeren Kameraden waren gefallen oder verwundet. Ich war tief niedergeschlagen, als ich dies alles erfuhr. Mit welchen Erwartungen waren wir alle hinausgezogen, aufgrund unserer Ausbildung zu einem phantastisch tollkühnen Einsatz bestimmt, um dann im undurchdringlichen Dschungel des Waldkaukasus zu verbluten.

Kurze Zeit später erhielt ich die Nachricht, daß mein Kompanie-Chef Oberleutnant Mosandl am 2. Dezember am Ssemaschcho gefallen war. Er war ein Offizier, wie man ihn nicht häufig antraf. In der Ausbildung verlangte er das Letzte von uns und schulte uns für den bevorstehenden Einsatz nach bestem Können. Im Einsatz führte er uns umsichtig und erfahren, so daß unsere Verluste in erträglichen Grenzen blieben. Ehre seinem Andenken!

Doch wieder zurück nach Taganrog. Hier nahm uns wieder die Krankensammelstelle auf. Hier waren nur noch Feldwebel Kammerer und Losch bei mir. Kammerer war von derselben Granate wie ich verwundet worden. Losch war Offiziersanwärter und sah durch seine Verwundung alle Aussichten dahinschwinden. Er verließ uns und ging trotz seiner Verwundung wieder zur Kompanie zurück. Eine Woche später war er tot.

In Taganrog war unser Bleiben nicht lange. Schon am nächsten Morgen flog uns eine Junkers Ju 52 in die Ukraine ins Ortslazarett 1 nach Neu-Saporoschje. Schon aus der Luft sahen wir die Stadt am Ufer des Dnjepr liegen, moderne Wohnblocks von breiten Straßen durchzogen. Die Stadt war in den dreißiger Jahren entstanden, als die Russen den großen Dnjepr-Staudamm, eines ihrer großen Renommierbauwerke, erstellten.

Im Lazarett waren wir gut untergebracht. Die Splitterwunden verheilten ohne Komplikationen, und nach kurzer Zeit war ich wieder einigermaßen auf der Höhe. Am 2. Dezember wurde ich aus dem Lazarett zur Feld-Genesungskompanie entlassen, die in Alt-Saporoschje lag. Hier verlebte ich die erste Weihnacht fern der Heimat.

Quelle: Tagebuchaufzeichnungen von G.

27

Kaukasus-Erinnerungen 1942

Von Gefreiter B.
(4. Kompanie / Hochgebirgsjäger-Bataillon 1)

Endlos breiten sich die riesigen russischen Räume; endlos sind die Wiederholungen der Landschaft: Hinter dem Horizont findet man staunend immer das Gleiche wiederkehren mit Unterschieden, die nichts unterscheiden und mit Hinzufügungen, die nichts ergänzen.

Ein alpines Gegenstück zu diesen uferlosen Steppenweiten sind die Waldhügel des Pontischen Kaukasus. Bis hoch hinauf zu den etwa 1.000 Meter hohen Kuppen stehen die mächtigen Stämme. Aus der grünen, dichten Kuppel der Laubbäume wird nirgends der Blick zu einer freien Sicht geführt. Man fürchtet zuerst, und dann weiß man, daß hinter jedem Berg wieder andere kommen werden mit neuem Abstieg, mit neuem Angriff und Kampf.

Seit Wochen haben wir einen harten Waldkrieg geführt. Langsam färbt sich der mächtige Laubdom über unserem Schlachtenlärm vom zarten Gelb der Eschen bis zum schreienden Zinnober der Rotbuchen. Nie habe ich einen Herbst erlebt, der so umarmend war und so abschiedszärtlich. Herrlich das violette Leuchten des jungen Tages, wenn wir in den rasch hergestellten Löchern auf den Angriffsbefehl warten; schön das letzte Vergluten der kurzen Abenddämmerung zwischen den Stämmen. Die Oktobertage sind noch höllisch warm, der lehmige Waldboden ist rissig wie gesprungene Lippen. Das Wasser für die kämpfende Truppe muß weit herauf aus den Tälern gebracht werden. Ein riesiger Transportapparat von gefangenen Russen ist dauernd unterwegs, um die Getränke vorzubringen; pro Kopf und Tag ein Liter Tee oder Kaffee. Welche Freude, wenn der Troß nach vorne kommt.

Von Berg zu Berg zieht der wilde Schlachtenlärm, von einer Talseite auf die andere, wie es das Kampfgeschehen verlangt. Eines Tages aber ist in unserem Abschnitt der Widerstand gebrochen; der Feind ist geworfen. Wir haben die Bahnlinie und die wichtige Hauptstraße erreicht, die zum nahen Hafen führen. Die erste große, uns gestellte Aufgabe ist damit erreicht.

Bald aber zeigt sich, daß die vor uns liegende Paßhöhe mit den stark befestigten Straßenwindungen frontal nicht genommen werden kann.

[…]

Der Feind ist bis auf Steinwurfweite vor uns. Jede unvorsichtige Bewegung bedeutet den Tod. Die ersten Kameraden zahlen diese Erkenntnis mit ihrem jungen Leben. Erst allmählich lernen wir die toten Winkel des Feuerbereichs kennen und legen entsprechend unsere Wege. Wir sind von überhöhten Feindstellungen eingesehen, und die russischen Scharfschützen sind mit einer bewunderungswürdigen Sturheit auf dem Posten.

Mit unseren Erdlöchern kommen wir nicht tief: Unter der von zähen Wurzeln durchzogenen Humusschicht kommt gewachsener Fels zu Tage. So entstehen die ersten flachen Wannen, gerade tief genug, um im ausgestreckten Zustand die Nasenspitze in Deckung zu bringen. Für eine tiefer schürfende Arbeit sind wir nicht eingerichtet. Der Feind arbeitet die ganze Nacht. Ein metallisches Hämmern klingt zu uns herüber; die Kerle müssen schwere Brecheisen haben. Beim ersten Morgengrauen sehen wir die Bescherung. Uns gegenüber auf dem Schotterhaufen steht ein festungsartiger Bunker aus Steinen errichtet und mit schweren Baumstämmen abgestützt; eine gefährliche Nahbedrohung.

Ganz nahe dem Gipfel, im freien Hang, steht verlassen ein russisches sMG, das sich der Feind im Bereich unserer Feuerwirkung nicht zu bergen wagte. Heute Nacht wollen wir es holen. Im vordersten Schützenloch, das wir wegen seiner gefährlichen Lage nur bei Tag besetzt halten können, liegen wir mit einem Zielfernrohr auf der Lauer. Da und dort schießen wir einige Russen ab, die sich zu frech bewegen. Zu unserem Erstaunen aber steigen ganz unbefangen, knapp vor unseren Augen, einige Russen mit Gefäßen aus ihrer Stellung herab zum Wasserloch, das die Kaskaden unseres Tobel-Baches speist. Sie kehren nicht wieder zurück. So grenzen wir schon am ersten Tag gegenseitig unsere Machtbereiche ab. Wir bauen weiter an unseren Stellungen, richten in der Nähe des Kompaniegefechtsstandes eine Feuerstelle ein und suchen uns einen sicheren Weg hinunter zum Tobel zum Wasserholen.

Mitten in unserer Arbeit hauen die ersten Werfereinschläge hinüber zu dem Nachbarköpfel des ersten Zuges, hinunter in den Tobel und auf unsere eigene Stellung. Der Feind schießt sich mit seiner gefährlichsten Waffe ein, doppelt gefährlich in dem dichten Hochwald, wo beinahe jede Granate einen Baumkrepierer bedeutet. Mächtige Stämme knicken, Holz splittert. Wir liegen eng aneinander gepreßt in unserer flachen Wanne und zählen die bangen Sekunden zwischen Abschuß und Einschlag. Ich muß an ein Bild auf der Münchner Kunstausstellung denken, „Trommelfeuer", das mir erst jetzt richtig Erlebnis wird. Vor unserem Erdloch wird mein Rucksack zerfetzt. Wir beklagen die ersten Toten durch Werferbeschuß und bringen einige Schwerverwundete zurück. Dann bereiten wir das erste Grab auf unserem Berg. Bei der Auswahl des Platzes nehmen wir Bedacht auf Ruhe und Schönheit des Platzes. Es liegt am Waldrand, wo man am Südabbruch des Berges einen freien Blick hat hinaus auf das Meer. Mit kargen Mitteln zwar – einer kleinen Steinumzäunung, einem schönen Naturkreuz,

einer mit Liebe gemalten Schrift, einigen Tannenreisern – haben wir das Grab unserer Kameraden geschmückt.

Bei völliger Dunkelheit machen wir uns in Kletterschuhen auf den Weg, um das russische sMG vom Gipfelhang zu holen, Heini und unser Gruppenführer geben uns aus dem vordersten Schützenloch Feuerschutz. Am Wasserloch sind wir erstaunt, keinen Toten mehr zu finden; die Russen hatten sie schon weggebracht. Auf dem sumpfigen Boden um die Wasserstelle rutscht einer in seinen Patschen aus und haut der Länge nach hin. Bange horchen wir nach der Feindseite. Aber wir kommen gut hinauf zur russischen MG-Stellung. Davor liegt ein Toter. Rasch bauen wir das sMG aus und schleppen das schwere, wassergekühlte Gerät zurück in unsere Stellung, wo wir freudig begrüßt werden.

In tiefer Nacht wecken mich zwei harte Detonationen von Handgranaten, die in der Nähe geworfen wurden. Der Feind fühlt sich vor, aber unsere Posten sind auf Draht. Schon vor der ersten Dämmerung kommt der Kompaniechef nach vorne und befiehlt höchste Alarmbereitschaft. Wir machen uns bereit mit gefüllten Patronentaschen, Handgranaten im Gürtel und die Taschen voll Gewehrgranaten. In unsere etwas ungläubige Spannung kommt der vorderste Posten gelaufen und schreit: „Sie kommen!" Mit einem Male beginnt ein mörderisches Feuer. Die ganze Hölle des russischen Waldkrieges ist losgebrochen. Wimmelnd kommt der Feind durch die Bäume mit vielfacher Übermacht. Frontal über den flachen Rücken greifen sie an, zugleich wollen sie den tiefen Tobel in die Hand bekommen, um die Verbindung zwischen den korrespondierenden Stellungen der zwei Bergköpfel abzuschneiden. Der erste Eindruck angesichts der anrollenden Lawine ist lähmend. Bald zeigt sich aber, daß unsere MG-Stellungen ausgezeichnet postiert sind. Der erste Zug gibt uns gutliegende Feuerunterstützung aus der Flanke. Die Gesamtwirkung ist für den Feind verheerend. Vor unseren Erdlöchern liegen die Toten, allmählich wird der Kampflärm leiser. Schon hört man die Verwundeten wimmern, der Russe zieht sich zurück. Der erste Angriff auf unsere Stellung ist abgeschlagen. Wir aber erkennen die große Gefahr, wenn es dem zahlenmäßig weit überlegenen Feind einmal im Nebel oder bei Regenwetter gelingt, in unsere Stellung überraschend einzudingen. Diesmal waren wir vorbereitet. Wenn nur endlich die notwendige Verstärkung eintreffen wollte.

Wo der Berg steil nach Süden abbricht, liegen einige Kameraden aus meiner Heimat in Felsenstellungen. Man hat hier einen freien Blick auf das Meer und auf die weite Bergwelt. Wir gehen gerne hin zu dem sonnigen Plätzchen – wir haben es „Sonnenhof" getauft –, wenn in den frühen Morgenstunden unsere Stuka-Geschwader kommen. Welch ein Schauspiel. Täglich kommen sie mit dem ersten Frühlicht. Mit vornehmer Ruhe ziehen die Staffeln zwischen den Bergen ihren befohlenen Zielen entgegen. Wenn der erste Vogel zum Sturzflug ansetzt, halten wir den Atem an. Da, jetzt öffnet die Maschine ihren Bombenschacht. Ein Stuka nach dem anderen stürzt. Drunten im Hafen, auf der Straße oder auf der Eisenbahnlinie schießen mächtige Rauchpilze empor; die Erde erbebt bis herauf zu unserer hochgelegenen Warte. Man kann nichts Überzeugenderes über die gewaltige Wirkung der Bombeneinschläge sagen. Wütend schießt die starke russische Flak ein mörderisches Abwehrfeuer; der Feind sucht, mit eisernen Gardinen seinen wichtigen Hafen abzuschirmen. Doch umsonst: Die Luftherrschaft in unserem Raum ist überzeugend in unserer Hand. Solange die Stukas da sind, schweigen die Batterien der feindlichen Ari, die der Russe in die vielen Seitentäler des Hafenvorgeländes gelegt hat; es schweigen die Granatwerfer, die kleinen und die überschweren und die „Stalinorgeln" warten nur darauf, ihr brausendes Register zu ziehen. Mit dem Abzug der letzten Maschine aber geht der furchtgebietende Feuerzauber los. Dicht über unsere Köpfe hinweg rollen die schweren Brocken, die weit hinten ihr Ziel suchen

auf ausgezeichnete Punkte unseres Nachschubs.

Nun hat sich die russische Ari auf unsere Stellungen eingeschossen. Noch liegen die Einschläge zu tief im Hang, oder sie mähen nur die Wipfel unserer Bäume. Aber mit grausamer Sicherheit kommt das Feuer näher. Drüben am jenseitigen Köpfl schlagen die ersten Granaten in die Stellungen. Verwundete klagen und werden auf den langen, schweren Weg gebracht. Das Heldenlied dieser Verwundetentransporte im Gebirgskrieg hat noch kein Menschenmund gebührend gesungen. Im Tal brauen dichte Nebel, worin die Berggipfel inselgleich schwimmen; das immer wieder herrliche Bild, das jedem Bergsteiger schon beglückendes Erlebnis wurde. Uns gegenüber ragen die scharfen Felstürme des Zweifingerberges. Darauf sitzt der russische Regimentskommandeur und leitet das Feuer. Vier Granatwerfer schießen auf unsere Stellung, zwei leichte und zwei überschwere. Sie schießen auf jeden einzelnen Mann, der sich zeigt, und sie wissen, wann und wo wir das Wasser holen und das Holz fällen, sie kennen unsere Feuerstelle und den Platz, wo wir unsere Wäsche trocknen. Wer hier oben stirbt, stirbt einen mehrfachen Tod; unsere Gräber werden durch Werfereinschläge grausam umgepflügt.

Des Nachts stehen wir manchmal am „Sonnenhof" und schauen hinunter zum Meer. Im Hafen fingern aufgeregt die langen Lichtbündel der Scheinwerfer den nächtlichen Himmel ab. Auf dem weiten Vorgelände aber bewegt sich eine flimmernde Lichterprozession: Der Nachschub des Feindes rollt; hinein in die entlegensten Täler. Die Schiffsladungen des Gegners gehen auf Lkw oder anderen Fahrzeugen nach vorne. Nacht für Nacht. Kein Wunder, daß die Munitionsvorräte des Feindes in diesem Abschnitt unerschöpflich sind.

Eines Morgens liegt dichter Nebel zwischen den Bäumen, eine richtige Waschküche. Heini und ich robben uns vorsichtig über das vorderste Schützenloch hinaus. Bald stoßen wir auf ein raffiniert getarntes, augenblicklich unbesetztes Erdloch des Feindes. Darin finden wir freudig überrascht eine schwere Brechstange, drei Baumsägen und ein lMG. Behutsam kehren wir mit unserer Beute zurück. Sofort beginnen wir mit dem Bunkerbau großen Stils. Brechstange und Baumsäge werden zu begehrten Artikeln, die nach einem bestimmten Turnus die Runde machen. Die gefällten Bäume müssen wir zwar tief drunten aus dem tiefen Tobel heraufschleppen, um uns nicht der eigenen Deckung zu berauben. Unsere flachen Erdwannen werden tiefer; wir können uns schon in gebückter Haltung aufsetzen. Darüber legen wir schwere Baumstämme und schaufeln darauf die Erde des Aushubs. Den Boden polstern wir mit trockenem Laub. Noch in den ersten Nachtstunden arbeiten wir an unserem Bunker. Dann sind wir unter Dach. Mit größerer Ruhe können wir nun den Feuerüberfällen entgegensehen.

Und doch kriecht jeden Abend die schwere Sorge zu uns auf das Lager; wir wissen, daß zum Erwachen die Russen wiederkommen werden. Mit der ihnen eigenen Sturheit greifen sie jeden Morgen genau um 5.00 Uhr an. Einmal, an einem regnerischen Nebelmorgen, klingt ihr durchdringendes „Urräh" von der gegenüberliegenden Stellung herüber. Sie sind tief in unsere Stellungen eingebrochen, ein Großteil des Köpfels ist schon in ihrer Hand. Laut schallt die Stimme des Leutnants vom ersten Zug herüber: „Schickt Verstärkung, so viel und so rasch als möglich. Unser Werfer schießt gutliegendes Sperrfeuer." Wir wissen nicht, ob wir feuern sollen. Im diesigen Nebellicht des Morgens sind Freund und Feind nicht voneinander zu unterscheiden. Endlich ist das festgestellt. Der Chef befiehlt, den Grat mit Gewehrbechern zu beschießen. Die Wirkung zwischen den Bäumen ist verheerend. Das siegessichere „Urräh" hat dem Wehgeschrei der Verwundeten Platz gemacht. Der Feind muß sich unter schwersten Verlusten zurückziehen. Die Gefangenen machen einen kläglichen Eindruck: Handwerker, Schuster, Schneider,

vor wenigen Tagen aus ihren Werkstätten in der Hafenstadt weggeholt und ohne jeglicher militärischer Ausbildung hier zum Angriff eingesetzt. Der Russe ist schwer angeschlagen. Nein, sie werden nicht durchkommen.

Hinter unserem Rücken, auf dem Kamm, besonders aber drunten im Tal wächst der Kampflärm. Er ist dort zuweilen stärker als vorne bei uns. Der Gegner ist in Stärke von zwei Bataillonen über den Bergkamm durchgebrochen. Die große Ortschaft, über die unser weiter und beschwerlicher Nachschub führt, ist in seine Hand gefallen. Tagelang sind wir abgeschnitten. Ein Troßzug fiel in die Hände des Feindes. Der Proviant wird rationiert und, was noch schlimmer ist, mit Munition muß äußerst sparsam umgegangen werden. Die Werfermunition, ohnehin hier oben angesichts des langen schwierigen Transportweges wertvollstes Gut, darf nur mehr zu dem vordringlichstem Sperrfeuer Verwendung finden. Nun richtet der Russe wütende Angriffe auf unsere Tobelstellung. Es ist klar, er will mit den nach dem Tal durchgebrochenen Truppenteilen Verbindung herstellen, er will das kleine verlorene Häuflein auf dem Köpfel abheben. Die Stimmung in unseren Bunkern ist recht gedrückt. Unsere Stellung hat längst die Bezeichnung „Pulverkiste". In diesen Tagen glauben wir, daß das uns zugemessene Maß voll ist bis und über den Rand menschlicher Leidensfähigkeit. Wie wenig kennt man doch seine eigenen Grenzen. Wir leiden, weil sich Körper und Geist nach dem Trägheitsgesetz nicht in der alten Richtung fortbewegen können. Die neue, gänzlich veränderte Lage versetzt uns in einen Zustand der Lähmung. Der Mut muß sich eben jeden neuen Tag von neuem gebären; er ist nichts Unveränderliches, das der eine hat und dem anderen versagt bleibt. Gewöhnung und Erkenntnis der Gefahr erleichtern den Vorgang nicht unbedingt.

Der Troß ist unter unsäglichen Mühen und Gefahren wieder durchgekommen. Die Wunschträume unserer Bunkergespräche werden mit einem Male Erfüllung: Wir haben wieder Munition, Essen und Zigaretten, und ein großer, schwerer Postsack ist eingetroffen; welche Freude. Mit den Briefen ist wieder überlaut die ferne Heimat wach. Heini und ich, jeder, hat ein 2-Kilo-Paket erhalten. Wir schwelgen in den wundervollsten Köstlichkeiten. Heute zum Abendkaffee wird es Kuchen geben. Einige Windlichter liegen bei und einige Zeitungen. In die Qual der langen Bunkernächte kommt wieder Licht und freundliche Kürzung.

Wir warten auf die in Aussicht gestellte Verstärkung. Sie kommt nicht; die für unsere Stellung vorgesehenen Truppenteile sind längst in rückwärtigen Aktionen gebunden. Der Feind hält uns in Atem; er hat neue Waffen in Stellung gebracht. Ein nicht auszumachendes Pakgeschütz feuert in direktem Beschuß auf unser Köpfel. Unser sMG-Bunker, aus Baumstämmen zusammengefügt, fliegt in Trümmer. Wir können ihn nur in mühsamer Nachtarbeit wiedererrichten. Längst dürfen wir uns nicht mehr aufrichten zwischen den Bäumen. Mit dem fallenden Laub wird unsere Stellung immer deckungsärmer. Die Ausfälle durch feindliche Scharfschützen mehren sich. Jeden Bunkereingang müssen wir mit dichten Zweigen abblenden. Unsere Stellung liegt jetzt wie ein aufgeschlagenes Buch unter den überhöhten Feindbunkern im Gipfelhang.

Das strahlende schöne Herbstwetter ist nun endgültig dahin. Tief jagen die Wolken am schwarzen Novemberhimmel, und in den Baumruinen des zerschossenen Waldes orgelt der Sturm. Die Angriffe des Feindes sind sparsamer geworden. Wir wissen nicht, ob der ihre Nutzlosigkeit einsieht oder eine neue Überraschung vorbereitet. Zum Tag der Roten Armee erwarten wir einen Nachtangriff, und der Chef befiehlt höchste Alarmbereitschaft. Die Posten sind verstärkt; wir warten. Gegen Mitternacht setzt ein wolkenbruchartiger Regen ein. Sie kommen nicht. Diesen Wasserfluten ist die Dichtheit unseres Bunkers nicht gewachsen. Zuerst kriecht die Nässe die Beine entlang bis zu den Knien empor. Als noch Wasser durch die Kopfwand

bricht und über Nacken und Schultern rieselt, flüchten wir hinaus in den rauschenden Regen. Beim Bunkerausgang müssen wir schon durch einen riesigen See robben. Grausam springt uns der Sturm an; einige Augenblicke sehen wir uns hilflos um. Dann setzen wir uns mit Biwakerinnerungen an so manche Sturmnacht im Hochgebirge auf unsere Rucksäcke und hauen uns den Zeltsack über den Kopf. Eng aneinander gepreßt horchen wir hinaus nach den brüllenden Lauten des Sturms. Endlos rinnen die Stunden. Wir sind völlig durchnäßt und frieren großzügig. Mit einem gewaltsamen Ruck überwinden wir uns und wechseln unsere nassen Socken gegen trockene. Wie wohl dies tut.

Im dichten Nebel der nächsten Tage bauen wir fieberhaft an neuen Bunkern, die dichter sein sollen als die alten. Aber der Erfolg ist wenig überzeugend. Längst haben wir keine trockenen Kleider mehr am Leib. Das Feuermachen zum Bereiten der Mahlzeiten wird zum Problem. In meernahen Bergen des Kaukasus fällt kaum Schnee. Der Regenwinter setzt ein, es regnet wochenlang in Strömen. In den Nächten wird es oft bitterkalt, und bisweilen sind am Morgen die Bäume mit glasigem Rauhreif überzogen. Die meisten Leute haben Erfrierungen an den Füßen. Viele quälen sich mit permanentem Durchfall; blutiger Schleim läuft aus ihren Hosenbeinen, sie verrichten ihre Notdurft unbewußt in die nassen Kleider.

Doch die Stellung wird gehalten, niemand geht hinab, jeder bleibt auf seinem Posten. Wie eine Geißel überkommen uns die Läuse. Unser Körper ist mit krätzeartigem Ausschlag überzogen. Wir haben wenig Zeit zum Entlausen, manchmal vergehen darüber Tage…

Quelle: Abschrift eines Aufsatzes von B., der vor 1945 in einer Werkszeitung erschienen ist. Da nur Fragmente des Aufsatzes vorliegen, konnte die genaue Quelle nicht ermittelt werden. Dieser Aufsatz stellt eindringlich, dramatisch und auf anschauliche Weise das Geschehen im Urwald des Kaukasus dar. Leider fehlen bei der Vorlage einige Seiten und wohl auch der Schluß, was aber dem Wert des Geschriebenen nicht im geringsten schadet. B. erkrankte an Ruhr und Gelbsucht und mußte seine Kompanie am Ssemaschcho verlassen.

Der Kommandeur des Hochgebirgsjäger-Bataillons 1

Oberst Josef Reisinger (hier als Hauptmann)

Josef Reisinger

* 15.9.1906 Gmunden/Oberösterreich
† 21.9.1949 in Zagreb/Jugoslawien zum Tode verurteilt und hingerichtet

1916–1925	Absolvierung des Realgymnasiums in Gmunden
1925	Reifeprüfung
7.4.1926	Eintritt beim österreichischen Alpenjäger-Regiment 7
1.9.1930	Leutnant
20.10.1932	Kurs für Nahkampfausbildung an der Infanterie-Fachschule Wien
10.11.1932	Heeresbergführergehilfe, Bataillons-Adjutant und Alpinreferent

1.7.1933	Oberleutnant
22.8.1935	Ernennung zum Heeresbergführer
13.3.1938	Kriegsschule Wiener Neustadt
1.6.1938	Hauptmann
1.7.1938	zum Gebirgsjäger-Regiment 99 kommandiert
6.9.1939–24.9.1939	Polenfeldzug
4.10.1939	Eisernes Kreuz 2. Klasse
10.5.1940–25.6.1940	Frankreichfeldzug
1.9.1939–29.5.1940	Chef 12. Kompanie / Gebirgsjäger-Regiment 99
30.5.1940–10.6.1940	Führer Feld-Ersatz-Bataillon 54
11.6.1940–10.7.1940	Kommandeur II. Bataillon / Gebirgsjäger-Regiment 99
11.7.1940–8.11.1940	Chef 12. Kompanie / Gebirgsjäger-Regiment 99
9.11.1940–15.12.1940	Hauptmann beim Stab und Lehrgangsleiter beim Gebirgsjäger-Ersatz-Bataillon 99
5.1.1941–31.3.1941	Taktiklehrer am Kompanieführer-Lehrgang
13.12.1941	Major
1.4.1941–11.5.1942	Gebirgssachbearbeiter im OKH
12.5.1942–29.7.1942	beim Ausbildungsstab für Hochgebirgstruppen; Aufstellung des Hochgebirgsjäger-Bataillons 1 in Berchtesgaden
30.7.1942–18.10.1942	Kommandeur Hochgebirgsjäger-Bataillon 1
2.10.1942	Eisernes Kreuz 1. Klasse
19.10.1942–24.10.1942	Führer II. Bataillon / Gebirgsjäger-Regiment 98
25.10.1942–7.12.1942	Lazarett
8.12.1942–1.3.1943	Führer II. Bataillon / Gebirgsjäger-Regiment 98
16.4.1943	Infanteriesturmabzeichen
2.3.1943–17.9.1943	Kommandeur II. Bataillon / Gebirgsjäger-Regiment 98
5.9.1943	Nahkampfspange in Bronze
18.9.1943	Regiments-Kommandeur Grenadier-Regiment 847 (kroat.)
12.10.1943	Deutsches Kreuz in Gold als Kommandeur II. Bataillon / Gebirgsjäger-Regiment 98
1.12.1943	Oberstleutnant
ab 10.1.1944	Bekämpfung der Bandenbewegung im Südostraum
1.10.1944	Oberst

Quelle: Bundesarchiv Zentralnachweisstelle Kornelimünster

Bataillonsangehörige mit Ritterkreuz und Deutschem Kreuz in Gold

Hauptmann (hier Leutnant) Anton Mosandl

Foto: Archiv Franz Thomas

Anton Mosandl

* 5.5.1912 Aschbuch b. Eichstätt
† 3.12.1942 auf einem Hauptverbandsplatz in Rußland

31.3.1932–1.10.1934	6., dann 1. Kompanie/Infanterie-Regiment 19, Augsburg
15.10.1935–25.1.1937	5. Kompanie/Gebirgsjäger-Regiment 99, Füssen
10.11.1938	6. Kompanie/Gebirgsjäger-Regiment 99
23.12.1939	Eisernes Kreuz 2. Klasse
1.5.1940	Leutnant
26.8.1940	10. (Stabs-)Kompanie/Gebirgsjäger-Regiment 99
16.10.1940	Eisernes Kreuz 1. Klasse

28.11.1940	Ritterkreuz als Oberfeldwebel und Zugführer 6. Kompanie/Gebirgsjäger-Regiment 99
29.6.1941	Führer 3. Kompanie/Gebirgsjäger-Regiment 99
11.8.1941	I. Bataillon/Gebirgsjäger-Regiment 99
11.9.1941	Verwundung (Ostfront)
7.10.1941	1. Genesenden-Kompanie/Gebirgsjäger-Regiment 99
18.1.1942	Oberleutnant
8.2.1942	Deutsches Kreuz in Gold als Leutnant und Führer 2. Kompanie/Gebirgsjäger-Regiment 99
20.3.1942–12.5.1942	Führerreserve OKH, gleichzeitig Kommandierung an die Heeres-Hochgebirgsschule Fulpmes. Kompanie-Chef im Ausbildungs-Bataillon für Hochgebirgstruppen.
12.5.1942–18.10.1942	Führer 4. Kompanie/Hochgebirgsjäger-Bataillon 1
19.10.1942	Führer 12. Kompanie/Gebirgsjäger-Regiment 98
2.12.1942	bei Tuapse an der Ostfront verwundet (Bauchschuß und Oberschenkel-Schußbruch)
3.12.1942	der am 2.12.42 erlittenen Verwundung auf dem Hauptverbandsplatz der Gebirgs-Sanitäts-Abteilung 1/54 erlegen.
26.1.1943	Ehrenblattspange (posthum) als Oberleutnant und Führer 12. Kompanie/Gebirgsjäger-Regiment 98 für seine am 25.10.1942 begangene Tat bei Ssemaschcho.
6.4.1943	Hauptmann mit Wirkung vom 1.12.1942

Quelle: Bundesarchiv Zentralnachweisstelle Kornelimünster/
Militärarchiv Freiburg/Deutsche Dienststelle Berlin/Archiv Franz Thomas

```
1.Gebirgs-Division                          St.Qu., den 4.12.40
(Stab Wintergerst)
      II a

                    Divisionstagesbefehl

Der Führer und Oberste Befehlshaber der Wehrmacht hat unter
dem 28.11.40 das Ritterkreuz des Eisernen Kreuzes an

                    Leutnant Mosandl
             Zugführer der 6./Geb.Jäg.Rgt. 99
verliehen.

Leutnant Mosandl hat am 8.6.40 mit seinem Zug im Nahkampf die
sich verbissen verteidigende Besatzung des feindlichen Stütz-
punktes an der St. Amand-Ferme genommen und damit in erster
Linie dazu beigetragen, den entscheidenden Einbruch in die
feindliche Stellung zu erzwingen.
Beim Angriff über und südlich der Aisne hat sich Leutnant Mo-
sandl an der Spitze seines Zuges durch besonders umsichtige
Führung und hervorragende persönliche Tapferkeit ausgezeichnet.
Ich beglückwünsche Leutnant Mosandl zu dieser höchsten Aus-
zeichnung.

                                        Wintergerst
```

ICH SPRECHE DEM
OBERLEUTNANT
ANTON MOSANDL
FÜR SEINE HERVORRAGENDEN
LEISTUNGEN
AUF DEM SCHLACHTFELDE
AM SSEMASCHCHO AM 25.10.1942
MEINE
BESONDERE ANERKENNUNG AUS.

HAUPTQUARTIER·DEN 26.JANUAR 1943

DER FÜHRER

*Anerkennungs-
urkunde des
Oberbefehlshabers
des Heeres für
hervorragende
Leistungen auf
dem Schlachtfeld*

*Zeitungsausschnitt
(Quelle nicht
ermittelt), der über
den Tod von Anton
Mosandl berichtet.*

Ritterkreuzträger Mosandl gefallen

Ritterkreuzträger Anton Mosandl, Oberleutnant und Kompaniechef in einem Gebirgsjäger-Regiment, ist am 2. Dezember 1942 seinen am Vortage bei Tuapse erlittenen schweren Verwundungen erlegen.

Anton Mosandl hat allen, die unter seinem schneidigen Befehl kämpfen und an seiner Seite durch die Tage des Soldatenlebens gehen durften, ein großes und unvergeßliches Beispiel gegeben. Durch sein reines und idealistisches Streben und durch die Lauterkeit seiner Gesinnung wurde er vielen jungen Menschen zum Vorbild einer bewußten, deutschen Haltung. Seine herrliche Tapferkeit, sein furchtloses Draufgängertum und seine Unerschrockenheit im Kampf gegen den Feind erhoben ihn schon früh in die Reihe der Tapfersten. Er war einer der ersten schwäbischen Soldaten, die aus dem Mannschaftsstand kommend, mit dem Ritterkreuz zum Eisernen Kreuz ausgezeichnet wurden.

Er wurde dann Kompanieführer, bildete Rekruten aus, erzog sie zu Männern und Soldaten und im Sommer 1941 war er wieder dabei. Seine im September 1941 erlittene Verwundung ging der normalen Heilung entgegen und Mosandl, inzwischen zum Oberleutnant befördert, trat mit Begeisterung an neue, größere Aufgaben heran. Wenn alle müde werden wollten, sein Wort riß wieder mit, seine Ueberzeugung und seine innere Bereitschaft, sein Glaube an die Gerechtigkeit unseres Kampfes übertrug sich auf seine Soldaten, die ihn in stolzer Bewunderung achteten, verehrten und liebten.

In den Bergen des Kaukasus hat Toni Mosandl, der so oft furchtlos und mutig dem Tode ins Auge schaute, sein großes Leben erfüllt. Sein Vater ging ihm im Weltkrieg und ein Bruder im Frankreichfeldzug diesen Weg der deutschen Treue voraus. Das ruhmreiche Gebirgsjägerregiment und Hunderte von Jägern, denen er Vorgesetzter und Führer war, sehen in Toni Mosandl immer einen Kameraden und einen Helden, den uns der Tod nicht nehmen kann, der unvergessen bleibt.

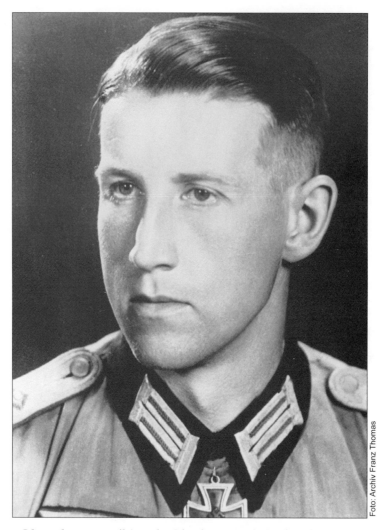

Oberstleutnant (hier als Oberleutnant) Gerhard Werner

Gerhard Werner

* 21.5.1916 Baden-Baden
† 8.9.1944 West-Griechenland

15.10.1936	Eintritt ins Gebirgsjäger-Regiment 99
1.9.1938	Leutnant
10.11.1938	Gebirgsjäger-Regiment 137
15.6.1940–15.10.1940	Lazarett, dann Infanterie-Ersatz-Bataillon 499
19.7.1940	Oberleutnant
2.9.1940	Eisernes Kreuz 2. Klasse
16.10.1940–23.5.1941	Chef 3., dann 1. (IG) und 8. Kompanie / Infanterie-Regiment 499
16.12.1941–5.3.1942	Chef 3. Kompanie / Jagd-Kommando 8 und Bataillons-Führer
1.2.1942	Eisernes Kreuz 1. Klasse
15.2.1942	Verwundung (Schulter- und Armdurchschuß)
18.2.1942	Verwundung (Schulter-Durchschuß rechts)
21.2.1942	Verwundung (Oberschenkel-Durchschuß rechts)

23.2.1942	Ritterkreuz als Oberleutnant und Chef 3. Kompanie / Jagd-Kommando 8/21
15.6.1942	Hochgebirgsschule Berchtesgaden, gleichzeitig Kommandierung zum Ausbildungsstab für Hochgebirgstruppen
22.6.1942	Hauptmann
30.7.1942–22.10.1942	Chef 3. Kompanie / Hochgebirgsjäger-Bataillon 1
23.10.1942	Führer II. Bataillon / Gebirgsjäger-Regiment 98
10.11.1942	Verwundetenabzeichen in Gold
11.1.1943	zum Stab 1. Gebirgs-Division kommandiert, Führer des Erkundungs-Kommandos und Vorkommandos der 1. Gebirgs-Division, Führer Aufklärungs-Abteilung der 1. Gebirgs-Division
9.5.1943–22.8.1943	Führer I., dann II. und III. Bataillon / Gebirgsjäger-Regiment 99
13.7.1943	Deutsches Kreuz in Gold als Führer I. Bataillon / Gebirgsjäger-Regiment 99
1.11.1943–30.1.1944	Führer I. Bataillon / Jäger-Regiment 734
20.7.1944	Major
1.9.1944	Oberstleutnant
8.9.1944	beim Sturmangriff gegen die Mecovon-Straße bei Mon Peristeri durch Infanterie-Geschoß in Brust und Bauch tödlich verwundet. Beigesetzt auf dem Soldatenfriedhof Joannina (West-Griechenland).
23.3.1945	Eichenlaub zum Ritterkreuz (posthum) als Major und Kommandeur I. Bataillon / Jäger-Regiment 734 der 104. Jäger-Division

Quelle: Bundesarchiv Zentralnachweisstelle Kornelimünster / Militärarchiv Freiburg / Deutsche Dienststelle Berlin / Archiv Franz Thomas

Begründung zur Verleihung des Ritterkreuzes (Auszug):

Oberleutnant Werner, Jagd-Kommando 8, führte trotz zweifacher schwerer Schulterverletzung die Verteidigung im entscheidend wichtigen Abschnitt von Cholm. Erfolgreiche Abwehr aller Angriffe ist in hohem Maße seiner überragenden persönlichen Tapferkeit und Entschlußkraft zuzuschreiben.

Oberleutnant Hermann Delacher

Hermann Delacher

* 7.12.1918 Burgfrieden

28.10.1939	2. Kompanie / Infanterie-Ersatz-Bataillon 217 der 57. Infanterie-Division (Lenggries)
16.8.1940	Gefreiter
17.8.1940	Reservelazarett IIa Salzburg (Erkrankung)
6.9.1941	Genesenden-Kompanie / Infanterie-Ersatz-Bataillon 217
18.7.1941	bei Pustocha verwundet (Artilleriegeschoßsplitter im Kiefer)
18.7.1941	Unteroffizier
27.7.1941	Reserve-Kriegslazarett II Krakau (Infanteriegeschoß-Steck-schuß im Hals, Weichteildurchschuß rechte Wange), mit Lazarettzug nach Striegau / Schlesien
22.8.1941	Reservelazarett Striegau / Schlesien
4.8.1942	Hochgebebirgsjäger-Bataillon 1 der 1. Gebirgs-Division, Führer II. Zug / 4. Kompanie / Hochgebirgsjäger-Bataillon 1
4.8.1942	Leutnant

19.10.1942	Gebirgsjäger-Regiment 98 / 1. Gebirgs-Division
25.10.1942	bei Ssemaschcho verwundet (Artilleriegeschoßsplitter im rechten Unterschenkel), bei der Truppe verblieben
5.11.1942	bei Ssemaschcho verwundet (Artilleriegeschoßsplitter in beiden Unterschenkeln, Granatsplitter über dem Kreuzbein links)
10.1.1943	mit Lazarettzug ins rückwärtige Reservelazarett Mauer-Öhling verlegt
1.2.1943	zur weiteren Behandlung ins Reservelazarett I Salzburg
8.2.1943	mit Lazarettzug Transport nach Garmisch
20.9.1943	Reservelazarett Kallithea (Erkrankung)
6.1.1944	Reservelazarett I Salzburg (Erkrankung)
1.7.1944	Chef 12. Kompanie / Gebirgsjäger-Regiment 98
1.7.1944	Oberleutnant d.R.
6.3.1945	Verwundung (ohne Ortsangabe)
9.3.1945	Deutsches Kreuz in Gold als Oberleutnant d.R. und Chef 12. Kompanie / Gebirgsjäger-Regiment 98

Quelle: Bundesarchiv Zentralnachweisstelle Kornelimünster /
Militärarchiv Freiburg / Deutsche Dienststelle Berlin / Archiv Franz Thomas

Eberhard Siebeck

* 13.2.1915 Tübingen

28.11.1941	als Lehr-Offizier an die Heeres-Hochgebirgsschule Fulpmes kommandiert
5.12.1941	Adjutant (Oberleutnant) beim Stab Heeres-Hochgebirgsschule Fulpmes
21.5.1942	Führer 2. Ausbildungs-Kompanie / II. Ausbildungs-Bataillon an der Heeres-Hochgebirgsschule Fulpmes
1.8.1942	Hauptmann
30.7.1942–8.10.1942	Chef 2. Kompanie / Hochgebirgsjäger-Bataillon 1
1.12.1943	Deutsches Kreuz in Gold als Hauptmann und Kommandeur Gebirgsjäger-Bataillon 94

Quelle: Bundesarchiv Zentralnachweisstelle Kornelimünster /
Militärarchiv Freiburg / Deutsche Dienststelle Berlin / Archiv Franz Thomas

Oskar Mugler

27.1.1945	Chef 5. (Stabs)Kompanie / Hochgebirgsjäger-Bataillon 1 Deutsches Kreuz in Gold als Hauptmann d.R. und Chef 8. Kompanie / Gebirgs-Artillerie-Regiment 112

Quelle: Bundesarchiv Zentralnachweisstelle Kornelimünster /
Militärarchiv Freiburg / Deutsche Dienststelle Berlin / Archiv Franz Thomas

Anerkennungsurkunde für die Besteigung des Elbrus-Gipfels

Bernhard Fäustle

* 8.7.1915 Traunstein
† 1.11.1942 gefallen südlich Perewalnoje im Kaukasus

27.3.1941	Eisernes Kreuz 2. Klasse
17.8.1941	Eisernes Kreuz 1. Klasse
1.7.1942–18.10.1942	Hauptmann und Chef 5. Pionier-Kompanie / Hochgebirgsjäger-Bataillon 1
9.10.1942	Vorschlag zur Verleihung der Anerkennungsurkunde für die Besteigung des Elbrus-Gipfels eingereicht durch Heeresgruppe A
14.10.1942	Vorschlag abgelehnt
19.10.1942–1.11.1942	Chef der selbständigen Hochgebirgs-Pionier-Kompanie der 1. Gebirgs-Division
9.1.1943	doch Urkunde versandt für 1. und 4. Gebirgs-Division
27.3.1943	Urkunde an Angehörige (Heimatanschrift) versandt

Tagesmeldung (Auszug-Op-Meldung) vom 23. August 1942:

```
Die über den Vetrin-Paß nach Süden vorgestoßenen Teile der
4. Gebirgs-Division haben sich mit von Osten kommenden Teilen der
Division getroffen und stehen nördlich des Ssantscharo-Passes.
Am 21. August, 10 Uhr vormittags, nahm eine Hochgebirgstruppe
unter Führung des Hauptmann Groth im wechselvollen Kampf mit
dem Feind in Schnee und Eis den ELBRUS und hißte auf dem Gipfel
(5.630 Meter) im heftigen Schneesturm die Reichskriegsflagge.
```

Das Oberkommando der Wehrmacht gibt bekannt:

```
Dienstag, den 25. August 1942: Deutsche Gebirgstruppen haben
mehrere Pässe des WESTLICHEN KAUKASUS-GEBIRGES bezwungen, zum
Teil im Angriff genommen. Am 21. August, 11 Uhr vormittags,
hißte eine Hochgebirgstruppe auf dem ELBRUS (5.630 Meter), dem
höchsten Gipfel des Kaukasusgebirges, die Reichskriegsflagge.
```

Quelle: Archiv Franz Thomas

Stellenbesetzung/Kriegsgliederung Hochgebirgsjäger-Bataillon 1

Diese (nicht vollständige) Stellenbesetzung bzw. Kriegsgliederung des Bataillons wurde nach schriftlichen Unterlagen und mündlichen Aussagen von Hermann Delacher und anderen ehemaligen Angehörigen des Bataillons zusammengestellt.

Kommandeur	Major Josef Reisinger
Adjutant	Oberstleutnant Dr. Alfred Horstkotte
IV c	Stabsveterinär Dr. Hofmann
1. Kompanie	Hauptmann Hassenteufel
2. Kompanie	Hauptmann Eberhard Siebeck
3. Kompanie	Oberleutnant Rudolf Peters (während der Ausbildung)
	Oberleutnant Gerhard Werner
4. Kompanie	Oberleutnant Anton Mosandl
Offiziere/Zugführer	Leutnant Hans Ruths (1. Zug)
	Leutnant Hermann Delacher (2. Zug)
	Feldwebel Willi Dietzel (3. Zug)
	Feldwebel Haushofer (sMG-Zug)
	Feldwebel Schülein (sMG-Zug)
	Leutnant Steinhart (sGrW-Zug)
	Feldwebel Max Ilg (sGrW-Zug)
	Oberjäger Kaiser (San.-Staffel)
	Dr. Singer (Kp.-Arzt)
	Feldwebel Kammerer (Kp.-Truppführer)
5. (Stabs-)Kompanie	Hauptmann Oskar Mugler (während der Ausbildung)
	Hauptmann Bernhard Fäustle (Pi.-Kp.)

Kriegsgliederung:
1. Kp.: 3 Jägerzüge, 1 sGrW.-Zug, 1 sMG-Zug, 1 San.-Staffel mit Arzt.
2. Kp.: 3 Jägerzüge, 1 sGrW.-Zug, 1 sMG-Zug, 1 San.-Staffel mit Arzt.
3. Kp.: 3 Jägerzüge, 1 sGrW.-Zug, 1 sMG-Zug, 1 San.-Staffel mit Arzt.
4. Kp.: 3 Jägerzüge, 1 sGrW.-Zug, 1 sMG-Zug, 1 San.-Staffel mit Arzt.
5. Kp.: 2 Pi.-Züge mit je 2 lMG und 1 sMG, 1 Nachr.-Zug mit 4 lMG.

Weitere Ausrüstung: Karabiner 98 k, MPs, Gewehre mit Zielfernrohr und Pistole 38.

Eine eigene Batterie war nicht vorhanden.

Troßeinheiten	a) Gefechtstroß
	b) Mot.-Troß

Verluste an Toten und Verwundeten der 2. Kp./Hochgeb.Jäg.Btl. 1 vom 26.9. bis 17.10.1942

Höhe 768/1 Kaukasus	gefallen	26.9.	Ogfr. Lammer Johann
Höhe 768/1 Kaukasus	gefallen	26.9.	Ogfr. Böhm Franz
Höhe 768/1 Kaukasus	gefallen	26.9.	Jg. Rutter Erich
Höhe 768/1 Kaukasus	gefallen	26.9.	Jg. Manhart Johann
Höhe 768/1 Kaukasus	gefallen	26.9.	Jg. List Albrecht
Höhe 768/1 Kaukasus	gefallen	26.9.	Jg. Ruppert Oskar
Höhe 768/1 Kaukasus	gefallen	26.9.	Jg. Lerchner Leonhard
Höhe 768/1 Kaukasus	gefallen	26.9.	Jg. Kittel Hans
Höhe 768/1 Kaukasus	verwundet	26.9.	Ogfr. Noack Paul
Höhe 768/1 Kaukasus	verwundet	26.9.	Ogfr. Haller Alfred
Höhe 768/1 Kaukasus	verwundet	26.9.	Ogfr. Schmidbauer Xaver
Höhe 768/1 Kaukasus	verwundet	26.9.	Ogfr. Schönmaier Erich
Höhe 768/1 Kaukasus	verwundet	26.9.	Ogfr. Scherbaum Anton
Höhe 768/1 Kaukasus	verwundet	26.9.	Fw. Schlosser Adolf
Höhe 768/1 Kaukasus	verwundet	26.9.	Ojg. Prettenhofer Johann
Höhe 768/1 Kaukasus	verwundet	26.9.	Ogfr. Koplenig August
Höhe 768/1 Kaukasus	verwundet	26.9.	Ogfr. Pilsl Fritz
Höhe 768/1 Kaukasus	verwundet	26.9.	Gfr. Vasold Walter
Höhe 768/1 Kaukasus	verwundet	26.9.	Gfr. Knaus Walter
Höhe 768/1 Kaukasus	verwundet	26.9.	Gfr. Löbel Rudolf
Höhe 768/1 Kaukasus	verwundet	26.9.	Jg. Schuler Josef
Höhe 768/1 Kaukasus	verwundet	26.9.	Jg. Alfersamer Johann
Höhe 768/1 Kaukasus	verwundet	26.9.	Jg. Zeller Johann
Gajmanberg/Kaukasus	gefallen	27.9.	Fw. Huber Othmar
Gajmanberg/Kaukasus	gefallen	27.9.	Gfr. Freudenthaler Franz
Gajmanberg/Kaukasus	gefallen	27.9.	Jg. Bleidl Ernst
Gajmanberg/Kaukasus	gefallen	27.9.	Jg. Schlagholz Karl
Gajmanberg/Kaukasus	gefallen	27.9.	Jg. Sicklinger Hermann
Gajmanberg/Kaukasus	gefallen	27.9.	Gfr. Mößlberger Hermann
Gajmanberg/Kaukasus	gefallen	27.9.	Jg. Diringer Leo
Gajmanberg/Kaukasus	gefallen	27.9.	Ogfr. Metzler Guntram
Gajmanberg/Kaukasus	gefallen	27.9.	Jg. Leibfritz Willi
Gajmanberg/Kaukasus	gefallen	27.9.	Jg. Kasbeizer Johann
Gajmanberg/Kaukasus	gefallen	27.9.	Ogfr. Renner Bruno
Gajmanberg/Kaukasus	gefallen	27.9.	Gfr. Oltzinger Paul
Gajmanberg/Kaukasus	gefallen	27.9.	Ogfr. Tappeiner Bruno
Gajmanberg/Kaukasus	gefallen	27.9.	Ogfr. Pirner Anton
Gajmanberg/Kaukasus	verwundet	27.9.	Ogfr. Peter Josef
Gajmanberg/Kaukasus	verwundet	27.9.	Ogfr. Scholl Martin
Gajmanberg/Kaukasus	verwundet	27.9.	Ojg. Herbst Ludwig
Gajmanberg/Kaukasus	verwundet	27.9.	Hptm. Somvi Anton
Gajmanberg/Kaukasus	verwundet	27.9.	Jg. Haucke Heinrich

Gajmanberg/Kaukasus	verwundet	27.9.	Ojg. Schweiger Xaver
Gajmanberg/Kaukasus	verwundet	27.9.	Jg. Egger Rupert
Gajmanberg/Kaukasus	verwundet	27.9.	Jg. Koch Josef
Gajmanberg/Kaukasus	verwundet	27.9.	Ojg. Haslinger Josef
Gajmanberg/Kaukasus	verwundet	27.9.	Jg. Klausberger Franz
Gajmanberg/Kaukasus	verwundet	27.9.	Ogfr. Huss Josef
Gajmanberg/Kaukasus	verwundet	27.9.	Jg. Meyer Georg
Gajmanberg/Kaukasus	verwundet	27.9.	Jg. Zott Peter
Gajmanberg/Kaukasus	verwundet	27.9.	Ojg. Ratzinger Franz
Gajmanberg/Kaukasus	verwundet	27.9.	Ltn. Hödl Josef
Gajmanberg/Kaukasus	gefallen	28.9.	Ojg. Noflaner Alois
Gajmanberg/Kaukasus	gefallen	28.9.	Ojg. Christ Wilhelm
Gajmanberg/Kaukasus	gefallen	28.9.	Jg. Koller Ingmar
Gajmanberg/Kaukasus	gefallen	28.9.	Ogfr. Schmidt Ludwig
Gajmanberg/Kaukasus	gefallen	28.9.	Jg. Gastl Johann
Gajmanberg/Kaukasus	gefallen	28.9.	Jg. Schögler Hermann
Gajmanberg/Kaukasus	gefallen	28.9.	Jg. Innerbichler Josef
Gajmanberg/Kaukasus	gefallen	28.9.	Jg. Lechner Franz
Gajmanberg/Kaukasus	gefallen	28.9.	Jg. Seidner Herbert
Gajmanberg/Kaukasus	verwundet	28.9.	Gfr. Bilsky Oskar gest. 2.10.1942 Lazarett
Gajmanberg/Kaukasus	verwundet	28.9.	Jg. Klotz Adalbert
Gajmanberg/Kaukasus	verwundet	28.9.	Jg. Fritz Johann
Gajmanberg/Kaukasus	verwundet	28.9.	Jg. Ebser Josef
Gajmanberg/Kaukasus	verwundet	28.9.	San.Uffz. Lang Kurt
Gajmanberg/Kaukasus	verwundet	28.9.	Gfr. Grau Stefan
Gajmanberg/Kaukasus	verwundet	28.9.	Ogfr. Winter Josef
Gajmanberg/Kaukasus	verwundet	28.9.	Ojg. Keck Luitpold
Gajmanberg/Kaukasus	verwundet	28.9.	Gfr. Wolferstetter Josef
Gajmanberg/Kaukasus	verwundet	28.9.	Jg. Ziegelfest Richard
Gajmanberg/Kaukasus	verwundet	28.9.	Jg. Nikischer Julius
Gajmanberg/Kaukasus	verwundet	28.9.	Ogfr. Nindl Heini
Gajmanberg/Kaukasus	verwundet	28.9.	Jg. Laminit Anton
Gajmanberg/Kaukasus	verwundet	28.9.	Jg. Widmann Alois
Gajmanberg/Kaukasus	gefallen	29.9.	Jg. Kreuzer Max
Gajmanberg/Kaukasus	gefallen	29.9	Uffz. Schnitzer Florian
Gajmanberg/Kaukasus	verwundet	29.9	Ogfr. Kendler Engelhard
Gajmanberg/Kaukasus	verwundet	29.9	Jg. Lainer Georg
Gajmanberg/Kaukasus	verwundet	29.9	Jg. Stöger Rudolf
Gajmanberg/Kaukasus	verwundet	29.9	Gfr. Thum Franz
Gajmanberg/Kaukasus	verwundet	29.9	Ojg. Striedner Johann
Gajmanberg/Kaukasus	verwundet	29.9	Ogfr. Meisl Pankraz
Gajmanberg/Kaukasus	verwundet	29.9	Ojg. Weberpals Max
Gajmanberg/Kaukasus	verwundet	29.9	Ogfr. Reban Johann
Gajmanberg/Kaukasus	verwundet	29.9	Ojg. Mayer Michael
Gajmanberg/Kaukasus	verwundet	29.9	Ltn. Harb Peter
Gajmanberg/Kaukasus	verwundet	30.9.	Ojg. Kloss Johann
Gajmanberg/Kaukasus	gefallen	1.10.	Ogfr. Fuchsbichler Konrad
Gajmanberg/Kaukasus	gefallen	1.10.	Jg. Platzer Friedrich
Gajmanberg/Kaukasus	verwundet	1.10.	Gfr. Newyhosteny Leopold
Gajmanberg/Kaukasus	verwundet	1.10.	Gfr. Kuhn Emil

Gajmanberg/Kaukasus	verwundet	1.10.	Jg. Töfferl Hubert
Gajmanberg/Kaukasus	verwundet	1.10.	Ogfr. Egger Franz
Gajmanberg/Kaukasus	verwundet	2.10.	Jg. Falkner Siegfried
Gajmanberg/Kaukasus	verwundet	2.10.	Jg. Spörk Heinrich
Gajmanberg/Kaukasus	verwundet	2.10.	Gfr. Gächter Karl
Gajmanberg/Kaukasus	verwundet	3.10.	Gfr. Ganser Liberat
Gajmanberg/Kaukasus	verwundet	3.10.	Jg. Spiegl Franz
Höhe 426,7 Kaukasus	gefallen	9.10.	Gfr. Tischhart Hermann
Höhe 426,7 Kaukasus	gefallen	9.10.	Jg. Bernsteiner Gottfried
Höhe 426,7 Kaukasus	verwundet	9.10.	Gfr. Langer Leopold
Höhe 426,7 Kaukasus	verwundet	9.10.	Ogfr. Reschreiter Matthias
Höhe 426,7 Kaukasus	verwundet	9.10.	Gfr. Loferer Gegor
Höhe 426,7 Kaukasus	verwundet	10.10.	Gfr. Krause Herbert
Höhe 426,7 Kaukasus	verwundet	10.10.	Jg. Schrametei Siegfried
West-Kaukasus	verwundet	11.10.	Gfr. König Harald
West-Kaukasus	verwundet	11.10.	Osch. Seifert Johann
re. Höhe, Hof/Kaukasus	verwundet	13.10.	Ofw. Trebitsch Fritz
re. Höhe, Hof/Kaukasus	verwundet	13.10.	Ogfr. Klotz Adalbert
re. Höhe, Hof/Kaukasus	verwundet	14.10.	Jg. Markert Alfred
re. Höhe, Hof/Kaukasus	verwundet	14.10.	Jg. Pertl Johann
re. Höhe, Hof/Kaukasus	verwundet	14.10.	Gfr. Pollhammer Johann
re. Höhe, Hof/Kaukasus	verwundet	14.10.	Osch. Staimer Johann
re. Höhe, Hof/Kaukasus	verwundet	14.10.	Gfr. Zuber Richard
Schaumian/Kaukasus	gefallen	16.10.	Jg. Zeiß Eduard
Pschisch/Kaukasus	gefallen	17.10.	Ofw. Kasper August
Pschisch/Kaukasus	gefallen	17.10.	Gfr. Duttine Erich
Pschisch/Kaukasus	gefallen	17.10.	Ojg. Parino Ferdinand
Pschisch/Kaukasus	gefallen	17.10.	Jg. Franz Willibald
Pschisch/Kaukasus	gefallen	17.10.	Jg. Scheiber Hugo
Pschisch/Kaukasus	verwundet	17.10.	Jg. Lederle Hermann

Quelle: Privat

Bildteil
Hochgebirgsjäger-Bataillon 1

Ausbildung Juni 1942: Anton Mosandl am Matrashaus – Hochkönig

Foto: Archiv Franz Thomas

47

Ausbildung in Schnee und Eis, Februar 1941

Juni 1942: Auf dem Weg ins Hochköniggebiet

Ausbildung im Bereich Berchtesgaden–Wimbachgries. Rast nach anstrengendem Bergmarsch

Ausbildung im Gebiet Großglockner. Vor dem Glocknerhaus

Foto: Privat

*Nach Einteilung in Dreierseilschaften
Aufstieg über den Klein- zum Großglockner*

Foto: Privat

Foto: Privat

Aufstieg über den Hoffmanngletscher zum Großglockner

Foto: Hermann Delacher

*Rast im Gletscherbruch. In der Mitte Anton Mosandl, rechts neben Mosandl
sitzt Hermann Delacher (hier noch Feldwebel).*

Der Gipfel des Großglockners ist erreicht.

11. August 1942: Abfahrt vom Bahnhof Berchtesgaden nach Taganrog, dort Ankunft am 21. August. Links im Bild Oberleutnant Anton Mosandl, daneben Hauptfeldwebel Maurer und Feldwebel Dietzel

Rast während des Marsches in das Einsatzgebiet. Von links: Leutnant Margreiter, Oberleutnant Anton Mosandl, Feldwebel Dietzel und Feldwebel Ilg

Fotos dieser Doppelseite: Privat

Anton Mosandl im Oktober 1942 während des Einsatzes im Westkaukasus

Gebirgsgeschütz im Kaukasus

Granatwerfer 8,1 cm im Hochkaukasus

Fotos dieser Seite: Alex Buchner

Foto: Privat

*Der Kommandeur des Hochgebirgsjäger-Bataillons 1 Major Josef Reisinger (vorne rechts)
bei der 4. Kompanie. Die weiteren Personen von links (lt. Aussage Hermann Delacher):
Leutnant Steinhart, Oberleutnant Anton Mosandl, Leutnant Hermann Delacher,
Feldwebel Dietzel und rechts hinter Reisinger Feldwebel Kammerer*

Das Vorgebirge des
Kaukasus wird zu Eurem
Grabe!

Lesen und an die Kameraden weitergeben!

AN DIE SOLDATEN UND OFFIZIERE DER KAMPFGRUPPE LANZ!

War irgendwo Not an Mann, so wurdet Ihr, Gebirgsjäger der 1. und 4. Division stets eingesetzt. So war es im blutigen sinnlosen Einsatz am Kluchorpass, der das Edelweiss mit dem Blute der gefallenen Gebirgsjäger rot färbte.

Ende September—Anfang Oktober wurde aus den Regimentern 98. der 1. Division und 13. der 4. Division die sogenannte Kampfgruppe LANZ gebildet.

KAMPFGRUPPEN — STOSSGRUPPEN WIRD IMMER DIE SCHWIERIGSTE AUFGABE GESTELLT.

Ihr, Eure Kampfgruppe soll, koste was es wolle, ohne Rücksicht auf die Verluste an Menschen und Material auf Tuapse durchstossen.

Jetzt steht Ihr, Gebirgsjäger der 1. und 4. Gebirgsdivision, Ihr, Soldaten der Kampfgruppe LANZ bereits über 6 Wochen hier, an diesem Abschnitt im blutigsten Einsatz.

EURE VERLUSTE STEIGEN MIT JEDEM TAG, MIT JEDEM GEFECHT.—UND IHR KOMMT KEINEN SCHRITT VORWÄRTS.

Die Einheiten der Roten Armee versetzen Euch die blutigsten Schläge, fügen Euch die grössten Verluste bei.

*Ein von den
russischen
Streitkräften
am Ssemaschcho
abgeworfenes
Flugblatt*

Das taktische Zeichen des Hochgebirgsjäger-Bataillons 1 auf einem Lkw

*Oktober 1942: Am Lazarettzug erkennt man das von verwundeten Hochgebirgsjägern
mit Kreide angebrachte taktische Zeichen*

Verwundete Hochgebirgsjäger

4. September 1942: Beerdigung von Karl Zappold in Tschernoretschenskaja im Malaja-Laba-Tal

Fotos dieser Seite: Alex Buchner

Hochgebirgsjäger-Bataillon 2

Aufgestellt am 20. Juli 1942 aus dem II. Ausbildungs-Bataillon für Hochgebirgs-truppen in Innsbruck. Am 12. Februar 1943 im Kuban-Brückenkopf unter Zusammen-legung mit dem Gebirgsjäger-Feldersatz-Bataillon 54 umgegliedert in Gebirgsjäger-Bataillon 54. Im Sommer 1943 wurde es in Griechenland eingesetzt. Untergang im Oktober 1944 bei Belgrad.

Traditionsabzeichen der Kameradschaft Hochgebirgsjäger-Bataillon 2 Paul Bauer (1992)

Ebenso wie auf dem Traditionsabzeichen des Hochgebirgsjäger-Bataillons 1
ist auch auf diesem der Eispickel mit Watzmann und aufgehender Sonne zu sehen.
Dazu aber noch ein Edelweiß in der Mitte eines Bergseiles. Im oberen Teil trägt das Abzeichen
den Schriftzug „HOCH.GEB.JG.BTL. 2 PAUL BAUER", und im unteren Teil befinden sich
links Tannenzweige und rechts Eichenlaubblätter.

Hoch.Geb. Jg.Btl.2
Paul Bauer

Entwurf Paul Bauers für das Traditions-abzeichen der Kameradschaft Hochgebirgs-jäger-Bataillon 2

Über die Geschichte des Abzeichens schreibt Willy Merkle: „Pfingsttreffen in Mittenwald Brendten 1992, am Nachmittag im Hause Treichl, zusammen mit Sattler Hans und Heeresbergführern. Gesprächsthema: das Fahnenband an der Standarte der Heeres-bergführer, gestiftet von Artur Treichl (3. Kompanie) und Frau Bauer. Auf die Frage an Artur Treichl, woher die Zeichnung stammt, antwortet er: Von Paul Bauer! Er hatte die Idee, den Kameraden zum 50jähri-gen Jubiläum des Bataillons ein Abzeichen machen zu lassen. Nach diesem Entwurf wurde eine Firma beauftragt, 100 Stück anzufertigen, die alle verteilt wurden."

Erinnerungsabzeichen der Kameradschaft Hochgebirgsjäger-Bataillon 2 Paul Bauer (1996)

Dieses Abzeichen zeigt einen auf einem Bergseil liegenden Eispickel und darüber ein Edelweiß. Im Hintergrund ist die Kara Kaja-Scharte dargestellt. Im oberen Teil des Abzeichens befindet sich der Schriftzug „2. HOCHGEB. JÄG. HIMALAYA BAUER". Der untere Teil zeigt nach links und rechts auseinanderlaufende Eichenlaubblätter. Das Abzeichen wurde zum hundertsten Geburtstag Paul Bauers am 29. Dezem-ber 1996 herausgegeben.

Aufstellung und Ausbildung des Hochgebirgsjäger-Bataillons 2

Alfred Richter
(Stab Hochgebirgsjäger-Bataillon 2)

30. April 1942: Der künftige Adjutant des Bataillons, Leutnant von Können, wird mit Neuigkeiten über die Neuaufstellung aus Berlin erwartet. Der als „Himalaya-Bauer" bekannte und berühmte Nanga Parbat-Bezwinger Paul Bauer aus München soll Chef des Bataillons werden. Die Bezeichnung „Ausbildungsbataillon" sei nur Tarnung, tatsächlich soll es eine Feldeinheit für den Einsatz im Kaukasus werden.

1. Mai 1942: Mein künftiger Vorgesetzter wird Oberzahlmeister Mirwald aus Bayern, Blutordensträger, dem ersten Eindruck nach menschlich fühlend und sympathisch. Die Aufstellung des Bataillons und Ausbildung der Männer soll in der Wattener Lizum [Wattentaler Lizum, östlicher Talschluß des Wattentals/Tirol, das bei Wattens vom Unterinntal abzweigt] erfolgen.

4. Mai 1942: Mit kleinem Fuhrwerk geht es bis Wattens, dann zu Fuß gemütlich weiter, in Gesellschaft des ebenfalls zum neuen Bataillon versetzten Rechnungsführers Beingrübl. Beim Mühlen- und Sägewirt kehren wir ein und stillen Hunger und Durst. Das Barakkenlager Walchen im unteren Bereich der Lizum erreichen wir erst um 21.30 Uhr.

5. Mai 1942: Vorläufig sind wir beide Rechnungsführer hier die einzigen Arbeitenden des Bataillons. Wir haben alle Hände voll zu tun mit der Erfassung der Leute, die bereits hier und in den Lizumer Hütten sind, und den Neuankommenden.

11. Mai 1945: Der Stand des Bataillons hat sich kaum geändert. Der Zugang ist spärlich. Man spricht davon, daß das Bataillon 1.400 Mann stark werden soll. Offiziere seien im Land unterwegs, um Werbevorträge zu halten. Der Deutsche Alpenverein habe 2.000 Mann zur Auswahl namhaft gemacht. Es wird aber noch sehr viel Arbeit kosten, bis aus dem Haufen eine Kampfeinheit wird.

23. Mai 1942: Die ersten Freiwilligen treffen ein. Die Hauptlast der Arbeit in der Zahlmeisterei fällt auf mich.

24. Mai 1942: Pfingstsonntag. Heute erreicht das Durcheinander im Bataillon seinen Höhepunkt. Zu Hunderten kommen Leute, werden hin- und hergeschickt, und oft auch gleich wieder zurück, ohne daß wir in der Zahlmeisterei alle Bewegungen registrieren können.

26. Mai 1942: Der Stand des Bataillons ist auf 1.200 Mann angewachsen.

28. Mai 1942: Die Mannschaften werden nun ausgiebig bewegt: Ausbildung im Klettergarten in der Lizum. Die Männer der 7. und 11. Kompanie, die in Walchen liegen, sind dabei im Nachteil, da sie täglich 1½ Stunden Anmarsch in die Lizum haben.

2. Juni 1942: Die Kompanien rücken in zwei Transporten auf Schutzhütten im

Gebiet von Sonthofen, Garmisch und Reutte ab. Ich muß gemäß Tagesbefehl zurückbleiben.

5. Juni 1942: Von den Hütten hört man, daß die Ausbildung gut verlaufe, die Leistungen der Männer beachtlich und bisher nahezu keine Unfälle passiert seien.

15. Juni 1942: Die Kompanien kehren von den ersten Kletterlehrgängen zurück.

16. Juni 1942: Ein neuer Versetzungsrummel geht los, begleitet von allerlei Gerüchten. Die Aufstellung des Bataillons soll mit 15. August befristet sein.

18. Juni 1942: Die 10. Kompanie wird nach Hall verlegt. Zwei Artillerie- und zwei Nachrichtenzüge kommen nach Wörgl, wo man sie mit gleichen aus Berchtesgaden in einen eigenen Verband zusammenziehen wird. Ein Stabsnachrichtenzug von 90 Mann wird nach Volders verlegt.

24. Juni 1942: Meine auf dem Papier stehende Zugehörigkeit zur 11. Kompanie als Rechnungsführer ist aufgehoben und die Versetzung zum Bataillonsstab und Kommandierung zur Zahlmeisterei ausgesprochen.

10. Juli 1942: Der Bataillonsstab übersiedelt nach Innsbruck in die Eugen-Kaserne.

23. Juli 1942: Ins Bataillon ist frischer Wind gefahren, es gleicht einem Ameisenhaufen. Marschbereitschaft! Es soll bis zum 28. verladebereit sein.

30. Juli 1942: Die MG-Ausbildung macht Spaß. [...] Das MG 42 ist heuer herausgekommen, ist noch weitgehend unbekannt, seine Leistung großartig.

1. August 1942: Scharfschießen in der Taurer Mur, natürlich auch mit dem MG

42. Ich mache mit Interesse mit, denn für mich sind auch die Kommandos, Ziel- und Geländeansprache und das Handgranatenwerfen neu.

3. August 1942: Der Kommandeur sagt mir, daß das Bataillon schon übermorgen abgehen werde. Es heißt, jetzt schnell zu handeln, um alles, was ich künftig brauchen werde, zusammenzutragen. In erster Linie handelt es sich um die Einrichtung einer Kartenstelle. Ich übernehme eine große Kiste mit Kartenmaterial. Bei flüchtiger Durchsicht stelle ich fest, daß die Karten im Gebirge (Kaukasus) wenig Wert haben werden. Es sind nämlich zum größten Teil nur nach russischen Karten gedruckte 200.000er [Maßstab 1 : 200.000] mit zweisprachiger Beschriftung, in ihrer Art unseren Wanderkarten vergleichbar, aber auch noch größere Übersichtskarten. Es wird daher wahrscheinlich viel zu zeichnen geben, weshalb ich Transparentpapier, Lichtpauspapier, ein Tageslichtpausgerät, Tusche, Lineale und zwei Präzisionsreißzeuge kaufe, natürlich auch Zeichenpapier und Pastellkreiden für mich persönlich. Ich lasse für all dies Kistchen machen, außerdem auf Wunsch des Kommandeurs für Karten, die unterwegs rasch zur Hand sein sollen, eine Blechrolle und ein Klappbrettchen, beide mit Tragriemen versehen. Ich fasse eine Maschinenpistole aus.

Ritter berichtet weiter, daß das Bataillon am 6. August 1942 in Innsbruck auf die Bahn verladen wird und Richtung Norden über München, in einem Bogen um Böhmen herum, über Dresden, Hirschberg, Kattowitz, Kielce, Brest-Litowsk, Minsk, Bobruisk, Konotop, Charkow, Stalino nach Taganrog fährt, wo der Transport am 17. August eintrifft. Von hier geht es in 60 Omnibussen der Reichspost dem Kaukasus entgegen. Der Troß folgt nach. Am 24. August erreicht das Bataillon den Kurort Teberda.

Angriff in 3.000 Metern Höhe

Von Alex Buchner

Bei ihrem Angriff gegen den Hochkaukasus im Sommer 1942 hatte die am Ostflügel des XXXXIX. Armeekorps (General Konrad) eingesetzte 1. Gebirgs-Division (General Lanz) in immer wieder umfassenden Vorstößen bereits die Hochpässe des Kluchor, des Nachar und Elbrus genommen. Seit dem 20. August kämpften Teile des Gebirgsjäger-Regiments 98 schon im südlichen Klydsch-Tal erbittert gegen überlegenen Feind um den Austritt aus dem Gebirge. Als sich hier der eigene Vorstoß festzulaufen drohte, sollte durch einen neu angesetzten Angriff über den Maruchskoj-Paß und das Adange-Tal abwärts der Kampfgruppe Luft verschafft werden. So war das I. Bataillon/Gebirgsjäger-Regiment 98 (I./98) von Norden her gegen diesen Paß angesetzt worden. Noch während das Bataillon im Vorgehen war, schlug bereits durch Luftaufklärung zur selben Zeit aus dem Süden im Anmarsch gemeldeter Gegner zu. Im Morgengrauen des 25. August überrumpelten die Sowjets in einem energisch geführten Unternehmen die kleine deutsche, vorgeschobene Besatzung auf dem Maruchskoj-Paß und konnten ihn nach kurzem Kampf besetzen. Der Gegner schob daraufhin, sich laufend verstärkend, Kräfte nach Norden und Osten gegen den Nordrand des Maruchskoj-Gletschers vor und setzte sich dort fest. Gleichzeitig drang er über den Paß hinaus in Richtung des Marucha-Tales weiter vorwärts. Mit diesem feindlichen Einbruch war nicht nur die Flanke, sondern auch der Rücken der schwerringenden Kampfgruppe im Klydsch-Tal ernstlich bedroht.

In dieser kritischen Lage erteilte am 26. August früh die 1. Gebirgs-Division die Weisung, durch angriffsweises Vorgehen gegen den Paß erst den feindlichen Einbruch abzuriegeln und dann den Paß wieder zurückzunehmen. Für die Aufgabe wurde die Kampfgruppe Eisgruber gebildet, der das I./98 und das neu eingetroffene Hochgebirgsjäger-Bataillon 2 (Major Bauer, bekannt durch seine Himalaya-Fahrten) ohne 1. Kompanie unterstellt wurde. Der Kampfplan zur Zurücknahme des Passes sah – in kurzen Zügen – vor, daß I./98 langsam frontal im Marucha-Tal vordrücken und das Hochgebirgsjäger-Bataillon 2 von links ausholend über die Berge den Paß überraschend aus der Flanke wiedergewinnen sollte.

Noch während das I./98 säubernd und bald in zunehmend heftigere Kämpfe mit den in Wald und Fels versteckten und eingenisteten Sowjets verwickelt, langsam durch das Marucha-Tal vordrang, rückte das Hochgebirgsjäger-Bataillon 2 in einem mörderischen, kräftezehrenden Gewaltmarsch über Höhen und durch Täler dem Akssaut-Tal entgegen. Eine wildschöne, mächtige Hochgebirgswelt tat sich zu beiden Seiten des ferneinsamen Tales auf. Mitten hinein ging es in das Zentralmassiv des Hochkaukasus, in dem auch zu Friedenszeiten nur vereinzelte Hirten und Jäger hausen mochten. Da zogen sich in endlosen Ketten Berge und Gipfel, stießen mit ihren im Sonnenlicht glitzernden Häuptern, den blanken Gletschern und Firnfeldern, hinein in das tiefe Blau des Himmels. Bis 3.500, ja 4.000 Meter Höhe stiegen die gewaltigen Felsmassive hoch, mit Felsen, Schroffen und Zacken. Altersgrau verwitterte Riesen, deren Gipfel im ewigen Eis und Schnee lagen, mit blinkenden Graten, Felskaren,

Geröllreißen und Schutthalden. Wie mächtige kahle Steinburgen ragten sie hoch, steile Felsen wechselten ab mit niederstürzenden Wänden, mit tiefgeschnittenen Schluchten voll brausender, reißender Bergwasser. Unterhalb der Almzone mit leuchtenden Matten, ausgedehnten Moränenfeldern und eingelagerten Gletscherzungen zog sich wie ein grüner Pelz dichtverfilztes Rhododendrongestrüpp und ging in das Akssaut-Tal herab in dichten Mischwald über.

Staunend sahen die deutschen Gebirgsjäger diese wildromantische fremde Gebirgswelt, in die sich wohl selten eines Menschen Fuß verirrte. Und hier sollte nun bald der Krieg seine dröhnende Sprache sprechen, sollten sie zum Angriff antreten gegen einen Feind, der irgendwo dort oben in den Bergen saß.

Noch brachte der schon für diese Gegend angebrochene Spätsommer warmes, schönes und trockenes Wetter, doch mußte bereits jederzeit mit beginnenden heftigen Herbstregen bzw. frühen Schneefällen in diesen Hochgebirgslagen gerechnet werden.

Unterdessen sich die Masse des Hochgebirgsjäger-Bataillons 2 durch das nahezu weg- und steglose Akssaut-Tal vorarbeitete, eilten schon kampfkräftige, alpin geschulte, leicht bewegliche Spähtrupps zur Erkundung und Aufklärung voraus. Der Bataillons-Kommandeur hatte in vorausschauender Weise drei Offizier-Spähtrupps mit je zwei Gruppen gegen das den Maruchskoj-Paß im Osten beherrschende Kara Kaja-Massiv angesetzt, um mögliche Aufstiege und Übergänge zum Paß zu erkunden und noch rechtzeitig vor den Sowjets zu besetzen. Doch schon am 26. August nachmittags stieß der mittlere Spähtrupp K., als er sich eben der Kara Kaja-Scharte (Punkt 3.163) näherte, plötzlich auf Russen. Nach heftigem Gefecht wich der Spähtrupp vor dem überlegenen Gegner nach Norden aus und meldete sein Feindzusammentreffen zurück an das Bataillon.

Als Major Bauer, der mit der 3. Kompanie voraus möglichst rasch das obere Akssaut-Tal zu erreichen trachtete, diese erste Meldung erhielt, erkannte er, daß der Feind auch hier in seiner rechten Flanke dem Bataillon und seiner Absicht schon zuvorgekommen war. Um nun zuerst ein mögliches weiteres Feindausbreiten in das Akssaut-Tal herab zu verhindern, befahl er der nachkommenden 2. Kompanie den Aufstieg gegen Punkt 2.639, um im Angriff die wichtige Felsscharte in eigenen Besitz zu bringen. Die Masse des Bataillons wurde zunächst bei Punkt 1.928 im Akssaut-Tal angehalten. Vom links angesetzten Spähtrupp D., der über den großen Akssaut-Gletscher die Maruch-Scharte (Punkt 3.412) erreichen, sperren und für ein mögliches Nachrücken des Bataillons markieren sollte, stand noch jede Nachricht aus.

Da der am Nordostrand des Maruchskij-Gletschers erkannte Gegner zunächst keine Angriffsabsichten in das Akssaut-Tal herab zeigte, trug sich der Bataillons-Kommandeur – nachdem nun ein eigener planmäßiger Angriff unvermeidlich geworden war – mit dem Gedanken, den Maruchskoj-Paß durch Umgehung des feindlichen Ostflügels zu nehmen. Vordringlich galt es hierzu, in dem sehr schwierigen Hochgebirgsgelände eine gründliche Erkundung und Aufklärung durchzuführen, um darauf einen genauen Angriffsplan aufbauen zu können.

Zu dieser persönlichen Erkundung brach der Bataillons-Kommandeur am 27. August frühmorgens auf und stieg über den Akssaut-Gletscher zur Maruch-Scharte nördlich des Maruch Daschi-Massivs hoch. Hier traf er auf den Spähtrupp D., der ihm als Grund seines bisherigen Schweigens das Versagen seines Funkgerätes mitteilte. Feind war hier noch nicht aufgetreten. Von der Felsscharte aus bot sich ein ausgezeichneter Blick von rückwärts hinab auf den Maruchskoj-Paß, auf dem es von Sowjets wimmelte. In Gegend der Scharte und westlich davon befanden sich gute, gedeckte Bereitstellungen für einen Angriff. Nach deren eingehender Erkundung und der Weisung an den Spähtrupp D., weiter hier zu verbleiben und diese wichtige Scharte zu halten, kehrte der Bataillons-Kommandeur in das Akssaut-Tal zurück, um von hier aus das Bataillon zur Maruch-Scharte hinaufzuführen.

Da machten im letzten Augenblick die Sowjets einen Strich durch die Rechnung. Urplötzlich waren sie durch die Kara Kaja-Scharte vorgebrochen, ohne daß es die 2. Kompanie verhindern konnte und stiegen in hellen Scharen durch das Kara Kaja-Tal in das Akssaut-Tal hinab, wo sie vom Bataillon nur mit knapper Not aufgefangen werden konnten. Nur mit großer Mühe konnte dem Feind ein Überschreiten des Bergflusses durch die 3. Kompanie verwehrt werden. Sie lag den Russen auf nächster Entfernung im Buschdickicht an den schäumenden Wassern im scharfen Feuergefecht gegenüber.

An eine Aufnahme des geplanten Angriffs war vorerst nicht zu denken – erst mußte der Gegner im Tal vernichtet werden. In den nächsten Tagen gelang es, durch Stoßtrupps den beherrschenden Felsrücken 2.827 Meter und die Bergpyramide 3.021 als Feuerbastion zu gewinnen und zu besetzen. Dadurch wurde der feindliche Nachschubweg von der Kara Kaja-Scharte herunter gesperrt und der Gegner im Akssaut-Tal so unter Feuer gehalten, daß er sich nicht mehr rühren und bewegen konnte und langsam aufgerieben wurde bzw. durch die Hangwälder sich aufgelöst wieder auf die Berge absetzte. Dies erkannte die auf Punkt 2.639 verhaltene 2. Kompanie rechtzeitig, stieß dem weichenden Feind diesmal sofort scharf nach und brachte bis zum 31. August abends die Kara Kaja-Scharte und den beiderseitigen Grat in eigenen Besitz.

Jetzt aber setzte plötzlich und unerwartet am 1. September ein böser Wettersturz ein. Ein schweres Unwetter raste mehrere Tage über die Berge. Es regnete in Strömen, und bis auf 2.000 Meter herab fiel Neuschnee. In den Tälern standen die eigenen Versorgungswege weithin unter Wasser, die wenigen primitiven Holzbrücken wurden von den angeschwollenen Wildbächen weggerissen. Zeitweise

stockte der ganze Nachschub. Nur unter rastloser Selbsthilfe der Truppe konnte die notwendigste Munition und Verpflegung vorgeschafft werden.

Doch unbeirrt trotz des hereingebrochenen schlechten Wetters hielt der Bataillons-Kommandeur an seinem vorgefaßten Anstieg hinauf zur Maruch-Scharte fest, um von dort aus den Angriff zu unternehmen, wie er in einer Besprechung am 30. August mit dem Kampfgruppenführer und Kommandeur des I./98 dargelegt und besprochen worden war.

Unten im Tal machten sich die Gebirgsjäger des Hochgebirgsjäger-Bataillon 2 zu einem der kühnsten und schwierigsten Angriffsunternehmen fertig. Sie schulterten die schweren Rucksäcke, hängten sich die leichten Maschinengewehre, die Karabiner und Maschinenpistolen über den Rücken, schlangen sich die Bergseile um die Schultern und faßten die Eispickel. Es waren junge, harte Burschen, gute Soldaten und Kämpfer, vorzüglich ausgebildet und trainiert. Sie sprachen nicht viel und marschierten los.

So schob sich im stetig rinnenden Regen bei tiefhängender grauer Wolkendecke, die alle Bergspitzen und Gipfel verhüllte, als erste die 3. Kompanie seit 1. September mittags in langer Schlange zur Maruch-Scharte hinauf. Schwer bepackt mit Waffen, Munition und Verpflegung stieg Mann hinter Mann in bald peitschenden Schneeschauern die schon markierte Anstiegsroute bergwärts. Die Kompanie hatte ihren Weg zum entspringenden Akssaut-Bach genommen und stieg über die Moräne und Gletscherzunge den Akssaut-Gletscher hoch. Dann wandte sie sich den Gletscherbruch entlang nach Nordwesten gegen den Schneesattel, 2.654 Meter hoch, wo durch die Felsgrate der Kara Kaja-Ausläufer Deckung nach der Feindseite (Feind nördlich Maruchskij-Gletscher) vorhanden war. Nach Traversieren des spaltenreichen oberen Gletscherteils näherte sich die 3. Kompanie allmählich vorsichtig der 3.412 Meter hohen Maruch-Scharte, wo noch immer der Spähtrupp D. lag. Obwohl die Truppe mit

Seilsicherung marschierte und aufstieg und besonders schwierige Wegstellen schon durch lange Stangen mit roten Wimpeln gekennzeichnet waren, blieb der ganze Weg doch überaus mühsam und gefahrvoll. Der nackte Granitfelsen war zwar griff- und trittsicher, doch durch den Regen bzw. Neuschnee naß und rutschig, die Geröllhalden großteils vereist, die ausgedehnten Gletscher sehr spaltenreich. Die Altschnee-Höhe betrug teilweise bis zu vier Meter, die Lawinengefahr war beträchtlich. Neue Verwehungen und Schneebretter erschwerten Grattraversierungen außerordentlich.

Am 2. September folgten Teile der 5. Kompanie, Bataillons-Stab und die 4. Kompanie nach. Letztere schleppte insbesondere alpines Gerät, wie Seile, Steigeisen, Strickleitern usw. für den bevorstehenden Angriff mit. Im gefährlichen Quergang überwand die Kompanie die vereisten Geröllhalden am Sattel, 2.654 Meter hoch, und den scharfgezackten Anstieg zur Maruch-Scharte.

Der durch das herrschende Unwetter so besonders erschwerte und strapazenreiche Aufstieg des Hochgebirgsjäger-Bataillon 2 sollte seine Früchte tragen. Der Feind hielt bei dieser Witterung jegliche Bergbewegung in seiner rechten Flanke wohl für unmöglich. Sie wurde ihm zudem auch durch den bis in die Täler einfallenden dichten Nebel verborgen, der auch die unvermeidlichen Geräusche des Aufstiegs dämpfte und schluckte.

Allein schon dieser Aufstieg des Bataillon, der bei ungünstigsten Witterungsbedingungen mit über zwei Kompanien und allen ihren schweren Waffen (je Kompanie 10 lMG, 2 sMG, 4 mGrW), die von den Männern selbst getragen wurden, bis auf eine Höhe von nahezu 3.500 Metern muß als eine ausgezeichnete Leistung angesehen werden.

Mit dem Eintreffen der beiden Kompanien in ihren Bereitstellungsräumen bis 4. September und nach Meldung an die Kampfgruppe war es soweit, daß der Angriff gegen den Maruchskoj-Paß für den 5. September frühmorgens befohlen

werden konnte. Das Feindbild zeigte wenig Änderung.

Die Kompanie-Führer wurden vom Bataillons-Kommandeur genau in ihre Aufträge eingewiesen: Die 4. Kompanie als Stoß-Kompanie hatte am 5. September ab 2.00 Uhr über die Maruch-Scharte und den Südhang von Punkt 3.725 bis an dessen nordwestlichen Grat zu rücken, um von dort aus nach Feuereröffnung der 3. Kompanie auf den Paß herabzustoßen. Die 3. Kompanie als Feuer-Kompanie sollte – unmittelbar hinter der 4. Kompanie die Scharte passierend – an Punkt 3.444 vorbei zu dem am Maruch-Gletscher nach Norden verlaufenden Felshang absteigen. Sie hatte dort ihre schweren Waffen so in Stellung zu bringen, daß sie den Feind am Paß schlagartig unter zusammengefaßtes Feuer nehmen und jeden Zu- und Abgang abriegeln konnte. Nach erfolgtem Stoß der 4. Kompanie Vorgehen der 3. Kompanie mit Teilen an die südlichen und nördlichen Gletscherränder, um diese zu besetzen und ein Ausweichen des Gegners nach Süden sowie ein Heranführen von Verstärkungen zu verhindern. Die 2. Kompanie hatte zunächst die Kara Kaja-Scharte zu halten und den Feind am Nordostrand des Maruchskij-Gletschers durch Beschuß zu binden. Bei Wirksamwerden des Angriffs der 4. Kompanie sollte die 2. Kompanie über den Maruchskij-Gletscher ebenfalls gegen den Paß angreifen. Die 5. Kompanie hatte mit ihren beiden Pionier-Zügen die alpinen Sicherungen vom Schneesattel 2.654 über die Maruch-Scharte auszubauen, je ein Zug dann anschließend der 3. und 4. Kompanie zur weiteren Angriffsunterstützung zu folgen. Je drei VB der Artillerie, die bei I./98 im Maruch-Tal standen, wurden der 3. Kompanie, zwei VB der 4. Kompanie zugeteilt. Nachrichtenverbindungen: Funksprechverkehr zu allen Kompanien, Bataillons-Gefechtsstand und Artillerieverbindungskommando (AVKo) ab 5. September früh Maruch-Scharte.

Mit der Bereitstellung des Hochgebirgsjäger-Bataillons 2 in 3.500 Metern Höhe im ewigen Eis und Schnee gab auch die

Kampfgruppe ihre Befehle für das Zusammenwirken aller Truppenteile und Waffen. Das I./98 hatte frontal den Mauchskoj-Paß anzugreifen.

Der trübe und neblige Nachmittag des 4. September ging in eine frostklirrende Nacht über. Auf der Maruch-Scharte war es bitter kalt. Ein eisiger Wind fegte über die Felsgrate und Bergzacken. Eng zusammengekauert biwakierte die Truppe in ausgegrabenen Schnee- und Eishöhlen. Kurz nach Mitternacht klarte es überraschend auf.

Gegen 3.00 Uhr morgens traf ein Melder des verstärkten Spähtrupps G. ein, der seit Eintritt der Dämmerung jenseits der Scharte unterwegs war, um am Gipfel 3.725 vorbei einen Steig zu dessen nordwestlichem Abfall zu erkunden und zu sichern. Auf diesem zum Paß hinabziehenden Kamm sollte der Stoß der 4. Kompanie erfolgen. Jetzt kam vom Spähtrupp die Meldung, daß der Grat erreicht, feindfrei gefunden und die Anstiegsroute markiert sei.

Sofort brach die 4. Kompanie in die Sturmausgangsstellung auf, durchschritt auf gehauenen Eisstufen die Maruch-Scharte und stieg am Seil entlang der Südwand des Gipfels 3.725 wiederum zum Nordwestkamm auf. Die winddurchheulte Nacht hatte sich in ein sternklar funkelndes Firmament verwandelt. Gespenstisch ragte im fahlen Mondlicht der mächtige Maruch Dachi, starrten bizarre Felsgrate und Eisspitzen. Kaum ein Laut durchdrang die tiefschweigende Bergeinsamkeit – nur die Eissporne der kletternden Gebirgsjäger knirschten und kratzten im gefrorenen Firn. Hin und wieder trug der Wind schwache Geräusche vom Paß herauf, wo der Gegner nichts von dem Unheil ahnte, daß sich viele Meter hoch über ihm zusammenzog.

Nach anstrengender, vierstündiger Kletterei hatte die 4. Kompanie den schmalen, verschneiten Felshang gewonnen, um sich auf ihm und seiner Südseite zum Angriff auf den fast 500 Meter tiefer liegenden Paß zu sammeln. Im grauenden Morgen lag alles gut gedeckt und

noch unbemerkt hinter Felsen und Schneewächten bereit. Zunehmend deutlicher ließen sich tief unten die Sowjets in ihren Schützenlöchern erkennen.

Auch die 3. Kompanie war aufgebrochen und schlängelte sich in langer Reihe auf vorher erkundetem Steig in ihren Raum auf dem Grat südlich des Maruch-Gletschers. Beiderseits davon wurden die sMG, in rückwärtigen Felsvertiefungen die mGrW in Stellung gebracht. Mit Sorgfalt wählten die VB ihre Plätze, um bei bester Sicht das Feuer leiten zu können. In Gegend Punkt 3.444 richtete sich das AVKo ein, durch Funk mit den Feuerstellungen im Marucha-Tal verbunden. Die bestehende Sichtverbindung zur 4. Kompanie jenseits des Gletschers schien ein gutes Zusammenwirken zu gewährleisten.

Der 5. September 1942 brach als herrlicher, warmer und sonniger Tag an. Als der Morgen eine genaue Beobachtung der Ziele auf dem Paß ermöglichte und die Kompanien ihre Bereitschaft gemeldet hatten, gab der Bataillons-Kommandeur, Major Bauer, als Angriffszeichen den Feuerbefehl an die 3. Kompanie. Rasselnd, krachend, dröhnend und donnernd brach es auf den vollkommen ahnungslosen Feind auf dem Maruchskoj-Paß nieder. Doch seine anfängliche Verwirrung dauerte nicht lange – schnell hatte er sich gefaßt und reagierte bald. Schon richteten sich seine zahlreichen schweren Waffen gegen den feuerspeienden Berg in seinem Rücken. Das entstehende Feuerduell wurde eindeutig entschieden, als sich die sieben Gebirgsgeschütze der Kampfgruppe aus dem Marucha-Tal einmischten und ihr zusammengefaßtes Feuer auf den Paß legten.

Jetzt trat die 4. Kompanie an. Als letzte Voraussetzung für ihren Einbruch mußte noch der nordostwärtige Eckpfeiler des Maruchskoj-Passes fallen. Um 10.00 Uhr stieß ein Zug dagegen vor. In schwierigster Kletterarbeit, dabei häufig im Kampf Mann gegen Mann gegen die in den Felsen hockenden Sowjets, konnte bis 11.00 Uhr der Gipfel 2.760 genommen werden. Hierdurch wurde auch Verbindung zur

2. Kompanie an der Kara Kaja-Scharte aufgenommen.

Gedeckt durch den Feuerschutz der 3. Kompanie begann nun die Masse der 4. Kompanie ihren verwegenen, halsbrecherischen Angriff. Unter den Augen des überraschten Gegners kletterte sie tollkühn an Seilen und Strickleitern über Felswände und Schroffen, teilweise fast senkrecht in die Tiefe und erreichte auch ohne große Verluste die Ostumrandung des Passes. Hier wehrten sich die Sowjets nun mit wahrer Todesverachtung, und der Kampf entbrannte zu voller Heftigkeit. Die russischen Stellungen auf dem Paß waren ausgezeichnet ausgebaut, jedes MG und jeder GrW befand sich vollkommen eingedeckt. Mit großer Mühe waren Felsbrocken und Steine im Kreis aufeinander geschichtet worden und ergaben dadurch fast einen vollkommenen Schutz gegen Infanteriegeschosse. Durch kleine Scharten konnte der Gegner nach fast allen Seiten feuern. Da sich die Sowjets aber in der sicheren Erwartung eines deutschen Angriffes von Norden aus dem Marucha-Tal hauptsächlich in dem Muldengelände nördlich des Passes eingebaut hatten, waren sie den überhöhten Angreifern, von denen ein Zug der 4. Kompanie aus der rechten Flanke, zwei Züge von rückwärts herabkamen, ungleich unterlegen, zumal der Gegner steil bergauf schießen mußte, was seine Waffenwirkung beträchtlich minderte. So peitschten in seine nach oben ungedeckten Schützenlöcher und Felsennester immer wieder von den Bergwänden herab gut gezielte Einzelschüsse, rasten MG-Garben, krachten Handgranaten. Bei ausgezeichneter Feuerleitung zerhämmerten die mGrW die feindlichen Steinstellungen, während die Gebirgsgeschütze vor allem feindliche Ansammlungen zerschlugen und so größere Gegenstöße im Keim erstickten.

Seit 5.00 Uhr morgens wartete sturmbereit auch das I./98 auf den Befehl, der das Bataillon frontal von Norden gegen den Paß eingreifen ließ. Als anschwellender Gefechtslärm auf dem Paß den Stoß der 4. Kompanie/Hochgebirgsjäger-Bataillon 2 ankündigte, brach auch das I./98 um 10.30 Uhr los. Gegen 14.00 Uhr blieb das Bataillon vor übermächtiger Abwehr nach beständigen, schwierigen Aufwärtskämpfen gegen den Paß liegen. Gerade zur rechten Zeit stieß nun der Zug der 4. Kompanie vom Nordostgrat des Gipfels 2.760 weiter herab in die rechte Feindflanke. Damit kam der Angriff des I./98 wieder in Fluß, das sich steil bergan schiebend – nach erbitterten Kämpfen die westliche Paßumrandung nehmen konnte.

Während Teile der 3. Kompanie/Hochgebirgsjäger-Bataillon 2 auftragsgemäß gegen die südliche Paßumrandung vorgingen und mit weiteren Teilen am Südende des Maruch-Gletschers den Abstieg in das Adange-Tal sperrten, trat nun auch die 2. Kompanie/Hochgebirgsjäger-Bataillon 2 an der Kara Kaja-Scharte ins Gefecht, stürmte und hob die Feindnester auf der Nordostseite des Maruchskij-Gletschers aus und folgte über das breitgelagerte Eis des Gletschers der 4. Kompanie zu deren Unterstützung nach.

Nachdem das I./98 von Westen entlang der Gipfel 3.225 und 2.928 die Einschließung des Gegners auf dem Paß vollendet hatte, konnte keiner der Sowjets mehr entweichen. Auf dem Paß kam es zum Endkampf gegen den mit aller Erbitterung und Hartnäckigkeit sich haltenden Feind. Obwohl bereits völlig umringt und von rückwärts abgeschnitten, verteidigte er sich in dieser aussichtslosen Lage dennoch bis zuletzt. Aus Mulden und Senken, hinter Steinblöcken, Geröllhaufen und Felstrümmer hervor knallten seine Scharfschützen, knatterte die MPi und hämmerten wütend die Maxim-MG den schon bis auf etwa 150 Meter genäherten Angreifern entgegen. Noch einmal lag ab 16.00 Uhr von allen Seiten vernichtender Beschuß aus GrW und sMG auf dem Paß. Endlich war zu beobachten, wie die Russen weich wurden und kleine Gruppen zögernd versuchten, noch nach Süden zu entkommen. Bei dem Überqueren des verbliebenen kurzen, freien Paßsattels nach rückwärts fielen aber die meisten im konzentrischen Feuer vom Maruch-Gletscher her.

Als die Dämmerung hereinbrach, wurde das Schießen auf der Feindseite merklich schwächer und brach schließlich ganz ab. Gleichzeitig erschienen weiße Fetzen, und braune Russenmäntel tauchten vereinzelt aus den Felsdeckungen auf. Vollständig zermürbt und demoralisiert ergab sich der Rest der Rotarmisten.

Gegen 18.45 Uhr hallte ein donnerndes, langanhaltendes Hurra auf und brandete von den Fels- und Bergwänden wider – der 2.769 Meter hohe Maruchskoj-Paß war endgültig genommen.

Die Verluste der eigenen Kampfgruppe am Angriffstag waren erfreulich gering und betrugen sieben Gefallene und acht Verwundete. Dagegen wurde die aus den sowjetischen Schützen-Regimentern 808 und 810 bestehende Schützen-Brigade, die noch zusätzlich je Regiment über eine Panzerbüchsen-, GrW- und MP-Kompanie verfügte (insgesamt etwa fünf Bataillone) vollständig zerschlagen und aufgerieben. Neben über 300 gezählten Toten wurden 557 Gefangene gemacht. An Waffen wurden erbeute: 19 sMG, 13 mGrW, 117 Panzerbüchsen, 4 lMG, 9 lGrW und 545 Gewehre, dazu ungeheure Munitionsmengen.

Dieser Angriff, geführt in Höhen zwischen 2.000 und 4.000 Metern, in Stein und Fels, im ewigen Eis und Schnee des Hochkaukasus gegen einen weit überlegenen Feind mit einer großen Anzahl schwerer Waffen zählt zu einem der kühnsten und verwegensten des letzten Krieges. Er konnte im Zusammenwirken der ganzen Kampfgruppe Eisgruber letztlich nur gelingen durch den verwegenen Plan, Ansatz und Durchführung des Hochgebirgsjäger-Bataillons 2.

Quelle: Abdruck mit frdl. Genehmigung von Alex Buchner

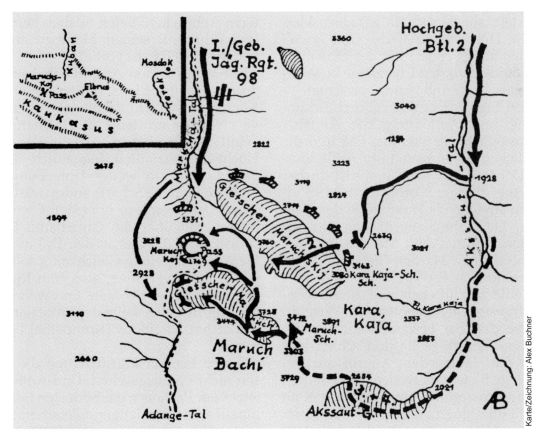

*I. Bataillon/Gebirgsjäger-Regiment 98 und Hochgebirgsjäger-Bataillon 2:
Der Angriff auf den Maruchskoj-Paß.*

Maruchskoj-Paß

Von Kriegsberichter Ewald Sotke
Gesendet am 8.9.1942/Nr. 10698

Nun sitzen wir auf dem Paß. Wir haben zwischen den Felsen des Paßsattels unser Biwak aufgeschlagen. Vorgeschobene Stellungen und Spähtrupps sichern den Paß nach jeder Richtung der Feindseite. Ja, das war ein glänzender Sieg vor drei Tagen, der noch unsere Herzen erfüllt. Es war ein Tag wie heute, strahlende Sonne. Ein märchenhaft blauer Himmel spannte sich über die Gipfel, Gletscher und Spitzen der Umgebung des Maruchskoj-Passes im wilden Kaukasus.

In einer Bergwelt, die jeden Bergfreund begeistert, spielte sich ein geradezu klassisches Hochgebirgsgefecht über zwölf Stunden ab. Es endete mit der Einnahme eines der wichtigsten Übergänge im Westkaukasus. Der Feind wurde vernichtet.

Schon Tage vorher waren durch Erkundigung und Aufklärung die Annäherungsmöglichkeiten an den Paß und die feindlichen Stellungen festgestellt worden. Der Paß überquert in nordsüdlicher Richtung die von Nordosten nach Südwesten streichende Hauptkette des Kaukasus. Der Frontalangriff von Norden auf den Paß aus dem Maruch-Tal über den nördlichen Maruch-Gletscher allein war unmöglich. Die Paßhöhen fallen hier steil, wild zerklüftet ab, und die zerrissenen Urgesteinsfelsen boten dem Verteidiger die denkbar besten Möglichkeiten. Wie eine gewaltige Bastion schien hier selbst die Natur jedem Angriff mit Gewalt halt bieten zu wollen. Hier hatten sich die Russen mit einem Übermaß an Waffen und Munition in großer Zahl festgesetzt. Hinter jedem Felsblock hatten sie ihre Stellungen eingerichtet. Zahlreiche Scharfschützen konnten jeden Win-kel des vorliegenden Tales unter Feuer nehmen.

Vom Paß nach Südosten schwingt sich eine bucklige Höhe, übergehend in scharfe Türme über scharfe Gratfelsen hinauf zu fast Viertausendergipfeln. Dieser Gipfelreihe parallel türmt sich südwestlich eine andere Kette. Zwischen beiden eine riesige Mulde, ausgefüllt von dem südlichen Maruch-Gletscher. Der Gletscher zieht sich von der Scharte zwischen den beiden Bergketten aus fast 3.500 Metern Höhe in breitem Strom, mit mächtigen Abbrüchen, tiefen Spalten herunter und führt mit seinen Moränen an der Südseite des Passes vorbei.

Der Plan für den Angriff sah vor: Angriff eines Bataillons [müßte eigentlich Kompanie heißen] Gebirgsjäger frontal von Norden auf den Paß. Das hatte der Feind vorausgesehen. Aber ein anderes Hochgebirgsbataillon [eigentlich. Kompanie] hatte in weiter Umgehung die 3.488 Meter hohe Scharte südostwärts des Passes zu erreichen, über den Gletscher hinauf und über die Gipfel und Grate südostwärts des Passes den Paß aus der Flanke anzugreifen. Gleichzeitig sollte es den Feind von Süden, also vom Rücken her, unter Feuer nehmen. Erst wenn dieser Angriff rollte, sollte der Frontalangriff des ersten Bataillons [Kompanie] beginnen.

Diesen Flankenangriff hatten die Russen nicht vorausgesehen. Und wenn wir jetzt vom Paß aus nach Südosten blicken, hinauf über den langen Gletscher, seine jähen Abbrüche bis zu der 3.488 Meter hohen Scharte, wenn wir die links und rechts vom Gletscher steil aufwuchtenden Felswände, Türme und Grate ins Auge fassen, dann hält man es selbst kaum für möglich, daß hier eine schwerbewaffnete Truppe hinunterdringen und angreifen konnte. Und dennoch sind wir dort herübergekommen.

In Tagen und Nächten vor dem Angriff tobten Schneestürme durch die Scharte, in der nach mühevollem Aufstieg die Einheiten zur Bereitstellung in Eishöhlen und auf dem blanken Eis biwakierten. Die Natur schien sich mit den Russen verbündet zu haben. Am letzten Tage vor dem Angriff ging bei nebeligem und stürmischem Wetter ein Spähtrupp von der Scharte über den Gletscher hinunter und bestieg den vorletzten Gipfel in der Flanke des Passes und fand ihn feindfrei. Diese Meldung, die in der Nacht vor dem Angriff auf den Gefechtsstand in der Scharte eintraf, war entscheidend. Denn nun konnte noch in der Nacht eine ganze Kompanie auf diesen Gipfel folgen.

Im Morgengrauen waren ihre MG dort in Stellung und nahmen die auf dem letzten Flankengipfel liegenden Stellungen der Russen in überschneidendem Feuer unter Beschuß. In diesem Feuerschutz konnte eine kleine Gruppe auf der dem Feind zugekehrten Seite hinuntersteigen. Sie arbeitete sich dann in mühsamer Kletterei über den schartig-zerrissenen Grat bis dicht unter die feindlichen Gipfelstellungen. Die Gewehrläufe der Russen ragten über die aus Felsblöcken errichteten Brustwehren. Der Gruppenführer warf rasch fünf Handgranaten hinauf, stürmte und erledigte mit der MP die noch lebenden Russen. Die Gruppe kam nach und – geschickt jeden Felsen als Deckung nutzend – kletterte die Gruppe an die beiden übrigen Gipfelstellungen heran und erledigte sie ebenfalls mit Handgranaten und MP. 16 Sowjetsoldaten ergaben sich. Der den Paß beherrschende Gipfel war damit in unserer Hand. Die Kompanie besetzte den Gipfel und nahm die Paßstellungen unter Feuer.

Zur gleichen Zeit, als diese Kompanie in die Flanke des Feindes drang, ging ein sMG-Zug im Feuer des inzwischen aufmerksam gewordenen Feindes den Gletscher von der Scharte herunter und setzte sich in den Felsschrofen südwärts des Passes fest. Dieser Abstieg verlangte den letzten Einsatz und das ganze bergsteigerische Können jeden Jägers. Es mußten die 40–60 Meter hohen Gletscherabbrüche überwunden werden, um zu den befohlenen Stellungen zu gelangen. Trotzdem die Maschinengewehre, Munitionskästen, Rucksäcke und Handfeuerwaffen mitgetragen werden mußten, wurde die schwierige Eiskletterei ohne die sonst übliche und notwendige Sicherung mit Seil und Eishaken durchgeführt. Einige Jäger stürzten ab, konnten aber leicht verletzt geborgen werden. Einer fand den Tod in einer blaugrün schimmernden, unendlich tief scheinenden Eisspalte. Sie ist auch sein Grab geworden.

Der Zug fand die Stellung von den Russen besetzt, warf sie, nahm den Anmarschweg der Sowjets auf den Paß unter Feuer und wehrte mehrere Angriffe ab. So sperrte er mit wirkungsvollem Feuer während des ganzen Kampfes den Nachschub, vernichtete Träger und Tragtierkolonnen, die auf den Paß wollten und schnitt dem Feind den Rückzug ab.

Als der Flankengipfel besetzt war und das Feuer unserer Waffen Verwirrung unter dem Gegner stiftete, konnte das andere Bataillon [Kompanie] den Frontalangriff wagen. Es [sie] hatte sich in der Nacht bis auf 800 Meter an den Paß herangearbeitet. Kletternd – die scharfkantigen Steine zerrissen die Hände – ging eine Pionierstoßgruppe die bastionartige Felswand hinauf, schlich sich durch die vorgeschobenen Stellungen der Russen und brach überraschend in die Schlüsselstellung ein. Der Feind wurde hinter seinen MGs vernichtet. Jetzt gelang es auch anderen Gruppen, einzubrechen. Der Bataillons-Kommandeur, der beobachtete, daß der vor ihm vorgehende Spitzenzug in Scharfschützenfeuer geriet, riß ein erbeutetes MG herum und jagte den Sowjets die eigene Munition hinüber.

Die Endphase des Gefechtes spielte sich rasch ab. Vom Flankengipfel stürmte die

Kompanie, der Frontalangriff rollte mit tollem Schwung in die Stellungen des Paßsattels. Mit lautem Hurra, begeistert von dem nahen Sieg, räumten die Jäger im Nahkampf die Stellungen. Was von den Russen fliehen wollte, fiel im Feuer unserer im Süden des Passes stehenden MGs.

Die große Zahl der Gefangenen, der Toten und verwundeten Russen erwies die Richtigkeit der früher durch Spätrupp gemachten Feststellung: Der Paß wurde durch zwei bestens ausgerüstete Regimenter verteidigt. Es waren Elitetruppen, darunter 100 Kriegsschüler. Die beiden Regimenter sind restlos vernichtet worden. Der Sieg wurde mit überraschend geringen Verlusten auf unserer Seite erkämpft. Sie betrugen nicht einmal 5 Prozent der blutigen Verluste des Feindes. Die meisterhafte Führung hat die Voraussetzung für den glänzenden Sieg geschaffen. Durch ihre Vertrautheit mit Fels und Eis, durch ihr jägerhaftes Anschleichen, ständiges Umgehen, durch ihren kühnen, rücksichtslosen Einsatz, trotz aller Stra-

pazen auf über 1.000 Kilometer langem ruhelosen Anmarsch und in den letzten Wochen bei Gefechten und Märschen in meist über 3.000 Metern Höhe, haben die Gebirgsjäger den Sieg herbeigeführt.

Neu und bisher einmalig ist die Leistung des Hochgebirgsjäger-Bataillons. Der Kommandeur dieses Bataillons, ein bekannter Münchner Bergsteiger, der u.a. fünf Expeditionen in das Himalaya-Gebirge geführt hat, führte das ganze Bataillon mit allen Waffen über Gletscher und Gipfel in die Flanke des Feindes. Dieser Masseneinsatz eines ganzen Bataillons auf schwierigsten Kletterwegen ist neu in der Kriegsgeschichte. Bisher, auch im letzten Weltkrieg, waren solche Einsätze nur von kleinsten Gruppen durchgeführt worden. Schier tollkühn mutet dieser Einsatz an. Daß er gelang, ist Beweis für die hervorragende Ausbildung dieses Bataillons. Geführt von Bergsteigern ersten Ranges haben die zum großen Teil jungen Gebirgsjäger bewiesen, daß sie den stolzen Titel „Hochgebirgsjäger-Bataillon" mit Recht tragen.

Kampfgruppe Bauer
Kommandeur   den 27.9.42

Betr.: Meldung über Zustand der Truppe.

            An den

        Herrn Kommandeur der Kampfgruppe von Le Suire.

Ich bitte gehorsamst folgendes melden zu dürfen: Die 3. Kp., Hoch-
geb.Jäg.Btl. 2, befindet sich seit 28.8.42 ununterbrochen im Einsatz. Am 25.8.42 kam die Kp. nach einem 17-tägigen Eisenbahn- und
Kraftwagentransport in Teberda an. Am 26. und 27.8.42 marschierte sie mit ihrem ganzen Gepäck über den Muchinskypaß bis Dora. Am
28.8.42 rückte 1 Zug zur Erkundung zur Kara-Kaja-Scharte, 3500 m, 1
Zug ging über den Ostgrat der Kara Kaja gegen Pkt. e vor und traf
auf Feind. Am 29.8.42 brach der Russe über Punkt e in das Aksauttal
durch. Der Zug der 3. Kp. mußte in der Nacht vom 29. zum 30.8.42
von der Kara-Kaja-Scharte heruntergeholt werden. Der Zug auf dem
Ostgrat der Kara Kaja lag in der Flanke des durchgebrochenen Feindes im Gefecht mit dem Feind. In der Nacht vom 29. zum 30.8.42 wurde der ganze Rest der 3. Kp. in den Wäldern des Aksauttales zur Ab-
riegelung des eingebrochenen Feindes auf einer Frontbreite von 3 km
eingesetzt. Ein weiterer Zug unter Führung von Obltn. Bussmer ging
am 29.8.42 auf dem Ostgrat der Kara Kaja hinauf. Am 30. und 31.8.42
lag die 3. Kp. am Feind und drängte ihn immer mehr zurück. In der
Nacht vom 31.8. zum 1.9.42 setzte ein verheerendes Unwetter ein,
das 2 Züge der Kp. auf dem Ostgrat der Kara Kaja über sich ergehen
lassen mußten. Das Unwetter dauerte den ganzen 1.9. an. Am 2.9.42
stießen die beiden Züge der 3. Kp. unter Führung von Obltn. Bussmer vom Ostgrat der Kara Kaja gegen den Feind im Kara-Kaja-Tal vor
und vernichteten ihn. Am 3.9.42 war der Rest der 3. Kp. zur Säube-
rung der Wälder im Aksauttal eingesetzt. Am 4.9.42 rückte die ganze 3. Kp. zum Angriff auf den Maruchskoj-Paß zur Kara-Kaja-Scharte
hinauf und verbrachte die Nacht bei Kälte und Sturm auf dem Eis in
3.540 m Höhe. Sie hatte bei dem Marsch zur Kara-Kaja-Scharte außer ihrem Gepäck noch Verpflegung für 3 Tage und Granatwerfer- und
MG.-Munition für den Angriff hinaufgeschleppt. Am 5.9.42 um 3.00 Uhr
ging die sMG.-Gruppe und ein ausgewählter Hochgebirgszug der 3. Kp.
zum Angriff gegen den Paß vor, stieg im feindlichen Feuer über den
sehr schweren südlichen Maruchskoj-Gletscher ab, verlegte dem Feind
den Rückzug, schlug die Angriffe von Feindteilen, die von Süden her
als Unterstützung zum Paß vorgehen wollten, ab, führte mit 2 sMG.
den Kampf gegen 9 russische sMG., die der Feind vom Paß her gegen
sie einsetzte, hielt den Feind am Paß in Schach, und verhinderte es
vollkommen, daß irgendwelche Feindteile sich vom Paß nach Süden in
Sicherheit bringen konnten. Die Kp. bezog geschlossen am 6.9.42 die

Verteidigungsstellung südlich des Maruchskoj-Passes, die sie heute noch inne hat. Sie fühlte mit Spähtrupps bis 1 1/2 km über den Pkt. n hinaus vor.

Am 8.9.42 begannen die Russen wieder gegen den Maruchskoj-Paß vorzufühlen, und seit diesem Tag steht die Kp. ununterbrochen im Kampf gegen feindliche Vorstöße. Vom 9.-12.9.42 regnete es täglich und schneite in der Höhe, die Truppe hatte es außerordentlich schwer. Die russischen Scharfschützen, MG. und Granatwerfer machten es der Truppe unmöglich, sich gegen die Witterung ausreichend zu schützen. Seit dem 8.9.42 ist kein Tag vergangen, an dem die Kp. nicht in unmittelbarer Kampfberührung mit dem Feind gestanden hätte. Sie hat vom 8.9.42 bis heute täglich feindliche Vorstöße abgewehrt, feindliche Spähtrupps vernichtet und fast täglich Gefangene eingebracht und lag täglich im Feuer der feindlichen Granatwerfer. Die HKL der 3. Kp. ist nach der Karte 2,8 km lang, in Wirklichkeit werden es mindestens 3,5 km sein. Es muß bei dieser Ausdehnung und der Zerrissenheit des Geländes bei Nacht jeder Mann eingesetzt sein.

Die Kp. hat folgende Verluste:

27.8.42 2 Mann durch Bombensplitter verwundet
28.8.42 1 Obj. im Gefecht tödlich abgestürzt
30.8.42 1 Mann im Gefecht tödlich abgestürzt
         1 Ofw. und 4 Mann verwundet, davon 1 Mann bei d. Truppe
         geblieben, 4 Mann infolge Magen- und Darmerkrankung
         ins Lazarett
31.8.42 2 Verwundete
 1.9.42 1 Mann verletzt durch Absturz im Gefecht
 2.9.42 1 Mann verwundet, bei der Truppe geblieben, 1 Mann wegen
         Magen- und Darmerkrankung ins Lazarett
 3.9.42 1 Mann verwundet, 1 Mann verletzt durch Absturz im Gefecht
 4.9.42 1 Mann wegen Magen- und Darmerkrankung ins Lazarett, 1 Mann
         verletzt durch Absturz im Gefecht
 5.9.42 6 Mann verwundet, 1 Mann gefallen, 1 Mann tödlich abgestürzt
         im Gefecht
 6.9.42 1 Mann wegen Magen- und Darmerkrankung ins Lazarett
11.9.42 1 Obj. und 2 Mann verwundet, davon 1 bei der Truppe
         verblieben
12.9.42 1 Ofw., 1 Mann gefallen, 3 Mann verwundet
13.9.42 3 Mann gefallen, 4 verwundet, davon 1 bei der Truppe
         verblieben
14.9.42 1 Mann verwundet
16.9.42 1 Mann im Gefecht tödlich abgestürzt, 1 Mann verwundet
17.9.42 1 Mann verwundet (später gestorben), 1 Mann gefallen,
         6 verwundet
20.9.42 2 Mann wegen Diphterieverdacht ins Lazarett, 1 Mann wegen
         Ödem ins Lazarett
21.9.42 1 Mann verwundet

25.9.42 1 Offizier wegen Magen- und Darmerkrankung ins Lazarett
26.9.42 3 Mann gefallen, 7 verwundet, davon Obltn. Bussmer und
         4 Mann verbleiben bei der Truppe

Heute ist auch der Kp.-Chef, Obltn. Bussmer, verwundet worden. Er ist bei der Truppe verblieben, ich glaube aber nicht, daß er dies auf längere Zeit wird leisten können.

Die Kp. ist von einem hervorragenden Kampfgeist beseelt, wie sie heute noch durch die Erledigung des etwa 60 Mann starken feindlichen Spähtrupps, der in der rechten Flanke eingebrochen war, bewiesen hat. Ich muß aber pflichtgemäß melden, daß derartige Leistungen von der Kp. nicht auf unbeschränkte Zeit verlangt werden können und daß das Btl. keine Kräfte hat, um eine Ablösung durchzuführen.

Ich bitte gehorsamst hierzu folgende Aufstellung geben zu dürfen:

1 Zug der 4. Kp. ist als Besatzung und Spähtrupp am Inurpaß gebunden, ein 2. Zug der 4. Kp. als Besatzung und Spähtrupp am Kystchypaß, der 3. Zug und sMG.-Gruppe sowie Gruppe und Führer der 4. Kp. als Eingreifreserve in Archys. Von dem Granatwerferzug der 4. Kp. ist ein Teil mit den Werfern bei der 3. Kp. eingesetzt. Der Rest mit dem Zugführer muß den Nachschub von Stützpunkt Cäsar über den Nystypaß zum Stützpunkt Ludwig durchführen.

Die 2. Kp. hat einen Zug schon seit mehreren Tagen zur Verstärkung bei der 3. Kp. in vorderster Stellung eingesetzt. Ein Zug der 2. Kp. ist durch die vorgeschobene Beobachtung auf Pkt. 2802 und Sicherung hinter dem rechten Flügel der 3. Kp. gebunden. Der Rest der 2. Kp. ist als Besatzung des Maruchskojpasses und zugleich für den Nachschub an Munition und Verpflegung vom Stützpunkt Ludwig zur 3. Kp. dringend benötigt. Eine Gruppe der 2. Kp. als ständiger Spähtrupp bei Punkt J 105.

Sämtliche Reserven des Btl. sind voll ausgeschöpft, daß ich in der Nacht vom 24. zum 25.9.42 persönlich mit 3 Gruppen, die aus Stab, Nachrichtenleuten und im Trägerdienst eingesetzten Mannschaften gebildet wurden, zum Pkt. J 105 vorgehen mußte, als dort eine feindliche Kp. in Bereitstellung gemeldet wurde.

Der Pi.Zug 2 ist mit Ausbau der Winterunterkünfte am Maruchskoj-Paß voll beschäftigt und dort als letzte Kampfreserve gebunden.

Es stehen demnach keinerlei Kräfte zur Ablösung der 3. Kp. zur Verfügung. Eine Ablösung muß aber in den nächsten Tagen durchgeführt werden. Ich melde diese Tatsache pflichtgemäß und bitte gehorsamst darum, mir andere Kräfte zur Verfügung zu stellen, damit ich den Leuten der 3. Kp. die dringend benötigte Ausspannung geben kann.

Quelle: Text überlassen von Prof. Alfred Richter

Verluste an Toten
des Hochgebirgsjäger-Bataillons 2
vom 9.8. bis 10.12.1942

Stab	gefallen	28.8.	Jg. Veith Karl
	abgestürzt	6.9.	Ojg. Zöttl Hans
1. Kp.	gestorben nach Erkrankung	17.9.	Jg. Breyer Adam
	abgestürzt	27.9.	Jg. Ost Josef
	abgestürzt	29.9.	Jg. Riedrich Georg
	abgestürzt	26.10.	Ojg. Flörl Otto
2. Kp.	gefallen	28.8.	Ojg. Schenk Josef
	gefallen	28.8.	Jg. Weber Richard
	gefallen	28.8.	Ogfr. Riffler Franz
	gefallen	28.8.	Gfr. Seidenbarth Georg
	gefallen	28.8.	Gfr. Beer Alois
	gefallen	28.8.	Jg. Bauer Emerich
	gefallen	29.8.	Gfr. Schwarz Josef
	gefallen	29.8.	Jg. Riedl Karl
	gefallen	29.8.	Jg. Turnher Albert
	gefallen	29.8.	Jg. Woell Helmut
	gefallen	30.8.	Ltn. Schindler Ludwig
	gestorben nach Verwundung	22.9.	Ojg. Witting Josef
	gefallen	26.9.	Jg. Suppan Johann
	gefallen	26.9.	Jg. Swoboda Otto
	gefallen	27.9.	Ojg. Kosian Alois
	gefallen	27.9.	Gfr. Mader Michael
	gefallen	27.9.	Jg. Böhme Heinz
	gefallen	1.10.	Gfr. Kimmel Werner
	gefallen	2.10.	Jg. Steinlein Joachim
	gefallen	2.10.	Jg. Lehrhuber Georg
	gefallen	3.10.	Ojg. Eiper Hans
	gefallen	4.10.	Jg. Pfaff Fritz
	gefallen	4.10.	Osch. Pollach Ernst
	abgestürzt	4.10.	Jg. Rubach Fritz
	gefallen	9.10.	Jg. Strobl Wolfgang
	gefallen	11.10.	Jg. Janisch Norbert
	gefallen	14.10.	Jg. Piros Kurt
	gefallen	15.10.	Jg. Hölbing Adolf
	erfroren	20.10.	Jg. Leitner Josef
	erfroren	20.10.	Jg. Dreier Robert
	gestorben nach Erkrankung	30.10.	Jg. Kisslik Karl
	verunglückt (Lawine)	8.11.	Gfr. Geisler Johann
3. Kp.	verunglückt (im Eis)	30.8.	Jg. Gatterer Franz
	gestorben nach Erkrankung	1.9.	Jg. Zugermaier Josef

	gestorben nach Erkrankung	2.9.	Jg. Matschovschek Wilhelm
	verunglückt (Gletschersp.)	5.9.	Krtr. Zimmer Ludwig
	verunglückt (Gletschersp.)	6.9.	Jg. Pönitz Harald
	gefallen	12.9.	Ofw. Hummel Anton
	gefallen	12.9.	Jg. Leisinger Alfred
	gefallen	13.9.	Jg. Kinzl Helmut
	gefallen	13.9.	Jg. Weiß Josef
	gefallen	13.9.	Jg. Fischer Heinz
	abgestürzt	16.9.	Jg. Hauff Otto
	gefallen	17.9.	Jg. Schmuck Thomas
	gestorben nach Verwundung	23.9.	Jg. Wildbichler Max
	gefallen	26.9.	Jg. Beidek Dieter
	gefallen	26.9.	Jg. Gaboschitz Bruno
	gefallen	26.9.	Jg. Kronfuß August
	gefallen	27.9.	Ojg. Hohenauer Alfons
	gefallen	27.9.	Jg. Marksthaler Karl
	gefallen	27.9.	Jg. Schubitz Wilfried
	gefallen	28.9.	Krtr. Mortsch Karl
	gefallen	3.10.	Jg. Bareuther Adolf
	gefallen	3.10.	Jg. Hutter Josef
	gefallen	3.10.	Jg. Höller
	gestorben nach Verwundung	4.10.	Jg. Gschwandtner Johann
	gestorben (Blinddarm)	4.10.	Gfr. Katzgraber Josef
	abgestürzt	18.10.	Ogfr. Laumann Helmut
	verunglückt (Lawine)	18.10.	Jg. Talas Alois
	verunglückt (Lawine)	18.10.	Krtr. Kraller Alois
	erfroren	19.10.	Gfr. Rehm Walter
	erfroren	19.10.	Jg. Grebe Walter
	erfroren	19.10.	Jg. Marek Otto
	erfroren	19.10.	Jg. Busam Gerhard
	erfroren	19.10.	Jg. Schäffler Simon
	erfroren	19.10.	Jg. Roth Ernst
	erfroren	19.10.	Jg. Zinnecker Ludwig
	erfroren	20.10.	Jg. Nock Lukas
4. Kp.	gefallen	5.9.	Ltn. Pilarczyk Joachim
	gefallen	5.9.	Fw. Mostetschnig August
	gefallen	5.9.	Ojg. Erker Herbert
	gefallen	5.9.	Jg. Eppler Peter
	verunglückt (Blitzschlag)	9.9.	Jg. Kollmann Josef
	gefallen	27.9.	Jg. Völk Anton
	gefallen	27.9.	Gfr. Pienz Vinzenz
	gefallen	27.9.	Jg. Zechner Josef
	gestorben nach Erkrankung	30.9.	Jg. Linortner Matthias
	gestorben nach Verwundung	2.10.	Jg. Schölzhorn Josef
	gefallen	7.10.	Jg. Zangerle Johann
	gefallen	15.10.	Ojg. Fischer Walter
	gefallen	15.10.	Ogfr. Hüther Heinrich
	gefallen	15.10.	Gfr. Bliem Franz
	gefallen	15.10.	Gfr. Beyer Richard
	gefallen	15.10.	Jg. Kobatsch Josef

5. Kp.	gestorben nach Erkrankung	4.10.	Pi. Aigner Hubert
	gestorben nach Erkrankung	7.10.	Pi. Pristounik Georg
	gefallen	17.10.	Ltn. Pichler Norbert
	verunglückt (Bunkereinsturz)	7.11.	Pi. Gsenger Josef

Vermißte

1. Kp.		Jg. Scherleitner Friedrich
2. Kp.	28.8.	Jg. Cysk Rudolf
	28.8.	Jg. Kockerle Oskar
	20.10.	Ojg. Schiller Siegfried
	20.10.	Gfr. Angermann Wilhelm
	20.10.	Jg. Krausenecker Walter
	20.10.	Jg. Ramesberger Josef
	10.	Jg. Höllrigl Alfred

Feindverluste vom 28.8. bis 10.12.1942

Datum	Gefallene	Gefangene	Überläufer
28.8.		1	
29.8.		11	
30.8.	203	2	
31.8.		18	14
1.9.		26	5
5.9.	60	450	
7.9.	3	11	
8.9.		6	5
9.9.		11	
12.9.	48	33	
13.9.		1	
15.9.		2	
17.9.	2		
19.9.		1	
26.9.	59	15	
27.9.	50	6	
29.9.	28		
2.10.	20	6	
3.10.	25	1	
4.10.	8	1	
6.10.			4
9.10.	17		
11.10.	4	1	7
17.10.			2
23.10.	3		
25.10.			1
4.11.		3	
14.11.	21	10	1
16.11.	1	1	

Beute

Waffen	Munition
15 sGrW	200 bis 300 sGrW
12 lGrW	400 bis 500 lGrW
22 sMG	138 Kisten MG
13 lMG	
36 PzB	3.000 bis 4.000 PzB
89 MP	7.000 MP

682 Gewehre und autom. Gewehre

Ausrüstungsgegenstände:
- 8 Feldfernsprecher
- 1 großes Nachrichtengerät
- 2 Kisten Nachrichtengerät
- 1 Kiste Sanitätsgerät
- 10 Tragbahren
- Decken, Mäntel u.a.

Quelle: Zusammenstellung
Prof. Alfred Richter

Der Kommandeur des Hochgebirgsjäger-Bataillons 2

Major (hier als Oberleutnant) Paul Bauer

Paul Bauer

* 29.12.1896 Kusel / Pfalz
† 9.1.1990 München

23.8.1914	Meldung als Kriegsfreiwilliger
9.10.1914	9. Kompanie / Infanterie-Regiment 18
25.4.1915	Unteroffizier
10.5.1915	Viezefeldwebel
17.12.1915	Leutnant d.R.
21.3.1917	stellvertretender Kompanie-Führer 10. Kompanie / Infanterie-Regiment 18

19.5.1917	Führer 9. Kompanie / Infanterie-Regiment 18
7.6.1917	in britische Gefangenschaft geraten
4.11.1919	Entlassung aus der Kriegsgefangenschaft
1920	Nach dem Krieg Studium der Rechtswissenschaft in Würzburg, Königsberg und München. In München schloß er sich 1921 dem Akademischen Alpenverein an.
1934	Führer des „Fachamtes für Wandern und Bergsteigen" (Gruppe II des Reichssportführerrings) und anschließend Führer des „Deutschen Bergsteiger- und Wanderverbandes"
14.4.1936–12.5.1936	Auswahlübung für Offiziere des Beurlaubtenstandes beim I. Bataillon / Gebirgsjäger-Regiment 99
15.5.1936	Oberleutnant d.R., I. Bataillon / Gebirgsjäger-Regiment 99
30.10.1939–28.1.1941	Chef 13. Kompanie / Gebirgsjäger-Regiment 99, Teilnahme am Polen- und Frankreichfeldzug
30.10.1939	Hauptmann
2.2.1941	Inspektionschef an der Heeres-Hochgebirgsschule Fulpmes für die Heeresbergführerausbildung. In Fulpmes beschäftigt sich Bauer neben seiner militärischen Tätigkeit auch mit der Verbesserung der Bergsteigerausrüstung und testet das Überleben in Eishöhlen.
Mai 1942	beim Ausbildungsstab für Hochgebirgstruppen, Aufstellung des Hochgebirgsjäger-Bataillons 2 in Wattens (Tirol)
18.8.1942–11.2.1943	Kommandeur Hochgebirgsjäger-Bataillon 2
1.2.1943	Major
2.6.1943	Lehrtätigkeit an der Gebirgsjäger-Schule Mittenwald
1944–Kriegsende	Kommandeur Heeres-Hochgebirgsschule Fulpmes. Bei Kriegsende gerät Paul Bauer in amerikanische Kriegsgefangenschaft, aus der er nach sieben Monaten entlassen wird.

Quelle: Bundesarchiv Zentralnachweisstelle Kornelimünster

Bataillonsangehörige mit Ritterkreuz und Deutschem Kreuz in Gold

Feldwebel d.R. Alois Gugganig

Alois Gugganig

* 8.6.1906 Bad Gastein
† 7.1.1944 Romanowka

22.8.1940–4.9.1940	Lehrgang an der Heeres-Hochgebirgsschule Fulpmes
3.2.1941–30.4.1941	Winter-Unterweisungslehrgang an der Heeres-Hochgebirgsschule Fulpmes
30.4.1941	Gruppenführer, dann Ski-Zugführer 6. Kompanie / Infanterie-Regiment 738
1.6.1941	Gefreiter d.R.
11.8.1941–6.9.1941	2. Unterführer-Lehrgang II. Bataillon / Infanterie-Regiment 738

1.11.1941	Unteroffizier d.R.
8.2.1942	2. Kompanie/Gebirgsjäger-Ersatz-Bataillon 99, Sonthofen
9.4.1942–1.5.1942	Heeresbergführerlehrgang III/4/42 an der Heeres-Hochgebirgsschule (Lehrkommando) Fulpmes
20.4.1942	Eisernes Kreuz 2. Klasse
bis 26.6.1942	im Ausbildungsstab für Hochgebirgstruppen, Berchtesgaden
27.6.1942–12.10.1942	4. Kompanie/Hochgebirgsjäger-Bataillon 2
27.9.1942	Eisernes Kreuz 1. Klasse
12.10.1942	Verwundung
3.2.1943	Zugführer 12. Kompanie/Gebirgsjäger-Regiment 91
3.4.1943	Ritterkreuz als Unteroffizier d.R. und Zugführer 12. Kompanie/Gebirgsjäger-Regiment 91
1.7.1943	Heeresbergführer
Dezember 1943	Feldwebel d.R.
6.1.1944	bei Romanowka, 35 km ostwärts Winniza, durch Bauchsteckschuß und Rückgratverletzung schwer verwundet
7.1.1944	um 1.00 Uhr tot ins Feld-Lazarett Winniza eingeliefert. Beigesetzt auf dem Soldatenfriedhof von Winniza.

Presseveröffentlichung vom 27. März 1943 über die Waffentat Gugganigs am 19. Februar 1943:

Der Erfolg der jüngsten Kämpfe am Kubanbrückenkopf hing oft von der Entschlußkraft einzelner Führernaturen ab. Ein bemerkenswertes Beispiel dafür bot kürzlich Unteroffizier Alois Gugganig aus Bad Gastein. Dieser hatte den Befehl, mit seinem Gebirgsjägerzug als Flankenschutz für seine Division den Rand eines Dorfes gegen jeden Angriff zu halten. In der Nacht brachen jedoch plötzlich durch eine Frontlücke seitlich von ihm mehrere hundert Sowjets in die Ortschaft ein, durchstießen die Feuerstellungen dreier Geschütze und drangen, den überraschenden Einbruch ausnutzend, immer tiefer in die Verteidigungslinie ein.

Um der Gefahr des Überrollens der Stellung zu begegnen, entschloß sich der Unteroffizier, seinen Zug zum Gegenstoß anzusetzen. Mit seinen Jägern stürmte er gegen die etwa zwanzigfache Übermacht los, entriß dem Gegner in erbitterten Nahkämpfen einige Häuser und gewann auch die drei Geschütze unversehrt wieder zurück. Als sich die Sowjets hierauf etwas zurückzogen, stieß der Zugführer sofort energisch nach und schlug die eingebrochene feindliche Stoßgruppe in die Flucht. Über die vom Feind zurückgelassenen Toten und Verwundeten wieder vorstürmend, besetzte der Zug die alte Hauptkampflinie und wehrte dort alle Gegenstöße der Sowjets ab, bis er befehlsgemäß den Haupttruppen in die neuen Stellungen folgen konnte.

Quelle: Bundesarchiv Zentralnachweisstelle Kornelimünster/ Militärarchiv Freiburg/Deutsche Dienststelle Berlin/Archiv Franz Thomas

Oberjäger d.R. Rudolf Thaler

Rudolf Thaler

* 24.3.1919 Krebsbach / Tirol
† 10.5.1963 Obsteig / Tirol

4.3.1940	3. Kompanie / Gebirgsjäger-Ersatz-Bataillon 136, Innsbruck
20.6.1940	Marsch-Bataillon / Gebirgsjäger-Ersatz-Bataillon 136
5.8.1940	Gruppenführer 11. Kompanie / Gebirgsjäger-Regiment 139
30.11.1941	Eisernes Kreuz 2. Klasse
9.7.1942	im Ausbildungs-Bataillon für Hochgebirgstruppen, Innsbruck, Gefreiter d.R.
5.8.1942–13.2.1943	4. Kompanie / Hochgebirgsjäger-Bataillon 2
13.2.1943	Gruppenführer 13. Kompanie / Gebirgsjäger-Regiment 13
15.2.1944	Eisernes Kreuz 1. Klasse
9.9.1944	Oberjäger d.R.
20.11.1944	Verwundung (Verlust des rechten Auges), wirtschaftlich zugeteilt dem Gebirgsjäger-Ersatz-Bataillon 99, Sonthofen

9.12.1944	Ritterkreuz als Oberjäger d.R. und Gruppenführer 13. Kompanie / Gebirgsjäger-Regiment 13
13.2.1945	1. Genesenden-Kompanie / Gebirgsjäger-Ersatz-Bataillon 99, infolge der schweren Verwundung aus der Wehrmacht entlassen (insgesamt sieben Verwundungen)
1945	Feldwebel (lt. Thomas kein Dokument)

Über die Verleihung des Ritterkreuzes an Rudolf Thaler schreibt Franz Thomas in seinem Buch „Die Ritterkreuzträger der Deutschen Wehrmacht 1939–1945" (Teil VI: Gebirgstruppe, Bd. 2): „Bevor die 4. Gebirgs-Division am 11.10.1944 die ‚gelbe Linie' besetzte, erfolgte nach den Abwehrkämpfen am Maros (Ostungarn) ein Absetzen über Szabed–St. Marton–Armenisul–St. Gotthard. Während dieser äußerst schwierigen Kampfhandlungen hatte Rudolf Thaler mit nur einer Handvoll Soldaten trotz eigener Verwundung sieben Tage lang einen Geländeteil bei St. Marton, der als Schlüsselposition anzusprechen war, derart erfolgreich gegen zahlenmäßig weit überlegene Kräfte gehalten und verteidigt, daß er dadurch die Überflügelung und letzten Endes die Einschließung seines Bataillons verhindern konnte. Dafür wurde ihm das Ritterkreuz des Eisernen Kreuzes verliehen."

Quelle: Bundesarchiv Zentralnachweisstelle Kornelimünster / Militärarchiv Freiburg / Deutsche Dienststelle Berlin / Archiv Franz Thomas

Alfred Schröppel

* 3.12.1915 Weiden

1.7.1942	Deutsches Kreuz in Gold als Oberzahlmeister (Bataillons-Zahlmeister) II. Bataillon / Gebirgsjäger-Regiment 99
1.11.1942	Chef 2. Kompanie / Hochgebirgsjäger-Bataillon 2

Quelle: Bundesarchiv Zentralnachweisstelle Kornelimünster / Militärarchiv Freiburg / Deutsche Dienststelle Berlin / Archiv Franz Thomas

Bernhard Müller

	Chef 5. (Stabs)Kompanie / Hochgebirgsjäger-Bataillon 2
1.2.1945	Deutsches Kreuz in Gold als Major und Kommandeur Gebirgs-Pionier-Bataillon 91

Quelle: Bundesarchiv Zentralnachweisstelle Kornelimünster / Militärarchiv Freiburg / Deutsche Dienststelle Berlin / Archiv Franz Thomas

Hauptmann Kurt Bussmer

Kurt Bussmer

* 24.2.1916 München
† 7.9.2008 Garmisch-Partenkirchen

1.8.1937	Eintritt ins Gebirgsjäger-Regiment 100, Bad Reichenhall
1939	Gebirgsjäger-Regiment 139, Klagenfurt
1.9.1939	Oberjäger
15.10.1939	Eisernes Kreuz 2. Klasse
1.1.1940	Feldwebel
27.4.1940	Eisernes Kreuz 1. Klasse
1.5.1940	Leutnant, 13. Kompanie / Gebirgsjäger-Regiment 139
1941	Leiter einer Ausbildungskompanie an der Heeres-Hochgebirgsschule Fulpmes
1941	Kompanie-Chef beim Ski-Bataillon von Schlebrügge
1.2.1942	Oberleutnant
1942	Chef 3. Kompanie / Hochgebirgsjäger-Bataillon 2.
27.8.1942	Deutsches Kreuz in Gold als Oberleutnant und Chef 3. Kompanie / Hochgebirgsjäger-Bataillon 2
27.9.1942	beim Gefecht am Maruchskoj-Paß verwundet, verblieb zuerst noch bei seiner Kompanie
1.3.1944	Hauptmann
Oktober 1956	Übernahme als Hauptmann in die Bundeswehr
Oktober 1956–31.5.1957	Chef 2. Kompanie / Gebirgsjäger-Bataillon 114
Juli 1958	Major
18.7.1960	Gebirgsjäger-Bataillon 232
1966	Oberstleutnant
1968	Leiter von Speziallehrgängen an der Kampftruppenschule Hammelburg
1.10.1968–31.3.1972	Kommandeur des Gebirgsjäger-Ausbildungs-Zentrums Luttensee, Mittenwald

Stellenbesetzung/Kriegsgliederung Hochgebirgsjäger-Bataillon 2

Diese Stellenbesetzung bzw. Kriegsgliederung des Bataillons wurde nach schriftlichen Unterlagen und mündlichen Aussagen von Prof. Alfred Richter, H.J. Brehm, Fritz Dreißigacker und anderer ehemaliger Angehöriger des Bataillons zusammengestellt.

Kommandeur	Major Paul Bauer
Adjutant	Hauptmann Schmidt
	Oberleutnant Jacoby
Ord.-Offz.	Leutnant Ihlefeld
IV a	Oberzahlmeister Karl Mirwald
	Zahlmeister Scheibler
IV b	Stabsarzt Dr. Paul Schäfer
	Oberarzt Tromatka
	Oberarzt Dr. Göbert
	Unterarzt Dr. Helmut Schmidt
1. Kompanie	Leutnant Karl Weißbacher
Offiziere/Zugführer	Leutnant Pieber
	Leutnant Maderbacher
	Leutnant Münch
	Oberarzt Dr. Huber (Kp.-Arzt)
	Oberfeldwebel Mohr
	Oberfeldwebel Kiermeier (Kp.-Truppführer)
	Feldwebel Grabichler (sGrW-Zug)
	Feldwebel Heim
	Feldwebel Lackner
	Feldwebel Pertoll
	Feldwebel Müller (sGrW-Zug)
	Feldwebel Scheiber
	Oberjäger Tagger (San.-Staffel)
2. Kompanie	Hauptmann Geyer
	Hauptmann Alfred Schröppel
Offiziere/Zugführer	Oberleutnant Kelz
	Leutnant Müller
	Leutnant Winsauer
	Ass.Arzt Dr. Laube (Kp.-Arzt)
	Stabsfeldwebel Behensky
	Oberfeldwebel Schweinester
	Oberfeldwebel Hackl
	Oberfeldwebel Trebitsch
	Feldwebel Geisler (sGrW-Zug)
	Oberjäger Schernthanner (San.-Staffel)
3. Kompanie	Oberleutnant Kurt Bussmer
Offiziere/Zugführer	Leutnant Fezzi
	Leutnant Dingler

Leutnant Kronenbitter
Ass.Arzt Harrasser (Kp.-Arzt)
Oberfeldwebel Sonnweber
Oberfeldwebel Treichl (Kp.-Truppführer)
Oberfeldwebel Kiehle (sGrW-Zug)
San.Uffz. Reingruber (San.-Staffel)
San.Uffz. Rifesser (San.-Staffel)

4. Kompanie: Offiziere/Zugführer	Oberleutnant Hermann Hofer Leutnant Vogel Leutnant Ehler Oberleutnant Niermann Ass.Arzt. Dr. Kapfer (Kp.-Arzt) Feldwebel Bliemel Oberfeldwebel Meißl (Kp.-Truppführer) Feldwebel Gugganig Feldwebel Guckelberger (Kp.-Truppführer) Feldwebel Freidl Oberjäger Wild (sGrW-Zug) San.Uffz. Troyer (San.-Staffel)
5. (Stabs-)Kompanie Pi.-Zug 1 Pi.-Zug 2	Hauptmann Bernhard Müller Leutnant Edel Leutnant Sedlak
Artillerie-Zug Offiziere Art.-Zug	Oberleutnant Hambrusch Leutnant Hahn Leutnant Heinze Leutnant Rösinger

Kriegsgliederung:
1. Kp.: 3 Jägerzüge, 1 sGrW-Zug, 1 sMG-Zug, 1 San.-Staffel mit Arzt
2. Kp.: 3 Jägerzüge, 1 sGrW-Zug, 1 sMG-Zug (Zugführer Fritz Dreißigacker),
        1 San.-Staffel mit Arzt
3. Kp.: 3 Jägerzüge, 1 sGrW-Zug, 1 sMG-Zug, 1 San.-Staffel mit Arzt
4. Kp.: 3 Jägerzüge, 1 sGrW-Zug, 1 sMG-Zug, 1 San.-Staffel mit Arzt

Bewaffnung
1. bis 4. Kp.   je 10 lMG, 2 sMG und 4 sGrW
5. Kp.   2 Pi.-Züge mit je 2 lMG und 1 sMG
                 1 Nachr.-Zug mit 4 lMG

Weitere Ausrüstung: Karabiner 98 k, MPs, Gewehre mit Zielfernrohr und Pistole 38.

Durch das beschleunigte Heranführen im Lkw- bzw. Bus-Transport von Rostow nach Teberda konnte das Bataillon seine 500 Tragtiere nicht mitnehmen und mußte sich für Versorgungstransporte zum Teil mit Ochsen der Karatschaier und Gefangenen-Trägerkolonnen begnügen. Der Artillerie-Zug wurde kurz nach Aufstellung des Bataillons in der Wattener Lizum aufgelöst und dann im Kaukasus dem I. Bataillon/Gebirgs-Artillerie-Regiment 79 als 2. Kompanie Bataillon zugeteilt. Es besaß vier Gebirgs-Geschütze im Kaliber 7,5 cm.

Gesamtstärke des Bataillons: rund 2.000 Mann

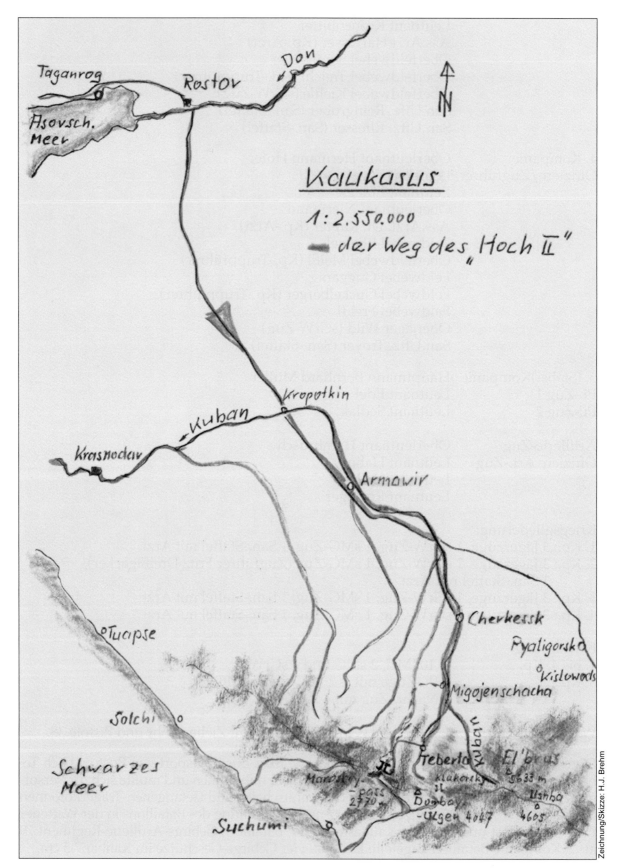

Der Weg des „Hoch II"

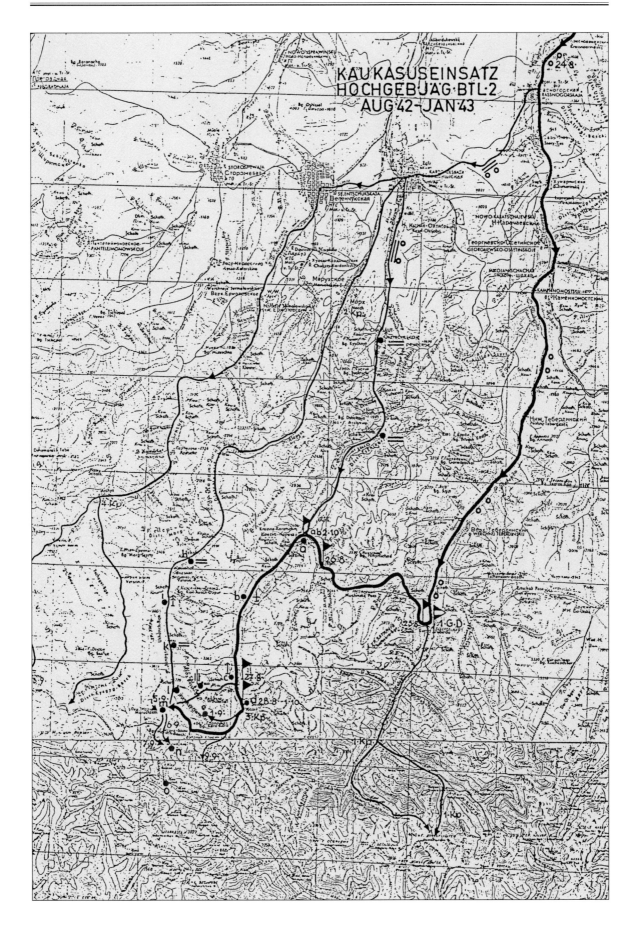

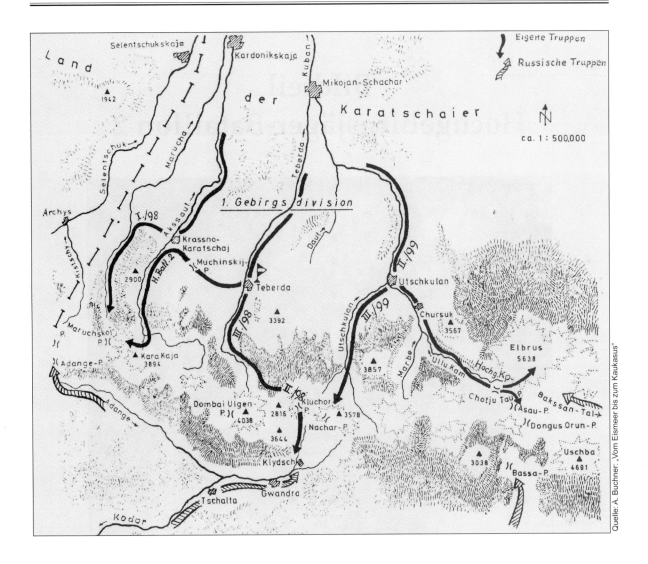

Quelle: A. Buchner: „Vom Eismeer bis zum Kaukasus"

Bildteil
Hochgebirgsjäger-Bataillon 2

Juli 1942: Eisausbildung in den Zillertaler Alpen

Foto: H.J. Brehm

Mai 1942: In der Wattener Lizum, dem Aufstellungsort des Bataillons

Juli 1942: Eisausbildung in den Zillertaler Alpen (bei der Berliner Hütte)

Foto: H.J. Brehm

Juli 1942: Rast beim Aufstieg zur Eisausbildung in den Zillertaler Alpen

Übung mit dem Granatwerfer während der Marschpause

September 1942: 2-cm-Flak im Einsatz

Einheimische Karatschaier

Der Kommandeur des Hochgebirgsjäger-Bataillons 2, Major Paul Bauer, beim Kartenstudium

Foto: Fotoatelier W. Schüssler

Major Bauer im Gelände

*Teberda, Einsatzbesprechung. Von links: Hauptmann Schmidt,
Major Bauer und Oberleutnant Jakoby*

*Panorama nach Nord-Ost aus der Hauptkampflinie in der Talsohle,
der Berg im Hintergrund rechts ist der Kara-Kaja, links davon der Maruchskoj-Paß.*

Mitte August 1942: Erstürmung des Maruchskoj-Passes (2.769 m) von Norden durch die Masse des Bataillons und von Süden (Bild) durch den Zug „Dingler" über die „Dingler-Scharte" bzw. über den Kara Kaja-Gletscher

Fotos dieser Doppelseite: H.J. Brehm

Vorposten des Bataillons. Rechts im Hintergrund (teils verdeckt) der Kara Kaja-Gletscher

Aufbruch nach Höhe J 105. Die Rucksäcke waren nur mit Munition und alpinem Gerät gepackt. Vom Grat (rechts oben im Bild) unterstützte der sMG-Zug den Angriff auf den Paß.

Links im Bild Höhe J 107 (3.700 m). Etwa in der Mitte Höhe J 105 (3.500 m)

Links im Bild die Kara Kaja-Scharte. Vom Grat her beteiligte sich als einziger Teil der 2. Kompanie der sMG-Zug am Angriff auf den Maruchskoj-Paß.

Auf dem Weg zur Höhe J 105

Fotos dieser Seite: Fritz Dreißigacker

Erkundung hinter dem Eisgrat auf Höhe J 105 zu Punkt Höhe J 107 (3.700 m)

Foto: Fritz Dreißigacker

Nach dem Angriff auf Höhe J 105. Die Personen im Hintergrund waren durch den Sturmlauf mit umgehängten MG-Gurten völlig erschöpft und sanken in den Schnee.

Feldwachestellung

Hochgebirgsspähtrupp der 2. Kompanie, zusammengesetzt aus besonders bergerfahrenen Leuten. Führer dieses Spähtrupps war der bekannte Bergsteiger Walter Frauenberger (vorn 2. Person von rechts mit Bergmütze und Gletscherbrille).

Am Fuße der Kara Kaja-Scharte (Südostseite)

Fotos dieser Seite: Fritz Dreißigacker

Stellungswechsel zum Hochplateau

Das Esel-Gulasch wird auf 2.500 Metern Höhe nicht gar.

Die Kara Kaja-Scharte

Am Fuße der Kara Kaja-Scharte

Versorgungstransport über Pässe und Gletscher

Rückmarsch ins Lager

Verwundetentransport

Biwak in der Gletschermoräne

Fotos dieser Seite: H.J. Brehm

Foto: H.J. Brehm

Nach der Erstürmung des Passes zwei Tage „Ruhe" im Holzlager (2.000 m).
Von hier aus wurden täglich auf 2.700 m Baumstämme zum Unterstands-
bzw. Bunkerbau transportiert – im Mannschaftstransport.

Archystal, Anfang Oktober 1942

Leutnant Winsauer (2. Kp.) auf dem Weg nach rückwärts – schneeblind

*Glücklich, wer mit nur leichten
Blessuren zurückkam*

*Grabmal für acht Gefallene
am Maruchskoj-Paß*

Sie bleiben zurück.

*Gedenkstein für die Gefallenen des Hochgebirgsjäger-Bataillons 2
an der Straße von Wattens in die Lizum.*

Paul Bauer zur Einweihung des Gedenksteins am 5. September 1981

Prof. Alfred Richter, Anif, hat den Text der Tafel entworfen, die kunstvolle Schrift gezeichnet und die Form für den Guß gestochen.

In der Lizum hatte das aus freiwilligen Bergsteigern gebildete Bataillon im Frühjahr 1942 seine Hochgebirgsausbildung erhalten.

An der Straße von Wattens in die Lizum, die sie damals so oft marschiert waren, versammelten sich am 5. September 1981 in der Nähe des Gasthofes Hanneburger die ehemaligen Hochgebirgsjäger mit ihren Familien und den Kameraden aus Wattens. Es mögen an die 200 Personen gewesen sein. Beiderseits des Gedenksteins standen die Fahnenabordnungen der Tiroler Kaiserjäger mit dem hochbetagten Oberst a.D. Hundegger und seinen Getreuen und der Gebirgs-Schützenkompanie Wattens. Eine Musikkapelle umrahmte die Feier.

Adolf Grubinger, der Vorsitzende der OK Wattens, begrüßte die Versammelten, darunter die Ehrengäste, die beiden Bürgermeister von Wattenberg, in deren Gemarkung die Gedenkstätte liegt, den ersten Bürgermeister von Wattens mit dem Altbürgermeister, er übernahm die Gedenkstätte in die Obhut der OK Wattens der Kameradschaft vom Edelweiß.

Pfarrer Hans Weidinger aus Hallstadt, früher Sanitäter der 3. Kompanie, nahm die Segnung des Denkmals vor und hielt eine Andacht für die Gefallenen. Paul Bauer, der ehemalige Kommandeur, gedachte der gefallenen Kameraden. Er dankte den Wattenern, die den Stein aufgestellt hatten, und Oberförster Finkernagel, früherem Oberjäger im Gebirgsjäger-Regiment 100, der als zuständiger Revierförster unermüdlich mitgewirkt und sehr wesentliche Hilfe geleistet hatte.

Alfred Richter verlas die Namen der Gefallenen des Hochgebirgsjäger-Bataillons 2, Kamerad Hörl überbrachte die Grüße des Kameradenkreises der Gebirgstruppen.

Oberjäger Alfred Richter. Rechnungsführer in der Zahlmeisterei, Kartenzeichner der Bataillons-Kartenstelle und Gefechtsschreiber am Bataillons-Gefechtsstand. Alfred Richter entwarf den Text, zeichnete die Schrift und stach die Form für den Guß der Gedenktafel. Foto: Prof. Alfred Richter

In dem nahen Gasthof zur Säge war der große Saal vorbereitet; dort traf man sich noch für einige Stunden. Ekkehard Fezzi, früher Leutnant der 3. Kompanie, hatte seine reiche Kartensammlung vom Kaukasus ausgelegt, und über die Kartentische gebeugt erlebte so mancher jene Tage wieder.

Paul Bauer, München

Quelle: P. Bauer. Dieser Artikel ist auch in der Zeitschrift DIE GEBIRGSTRUPPE des Kameradenkreises der Gebirgstruppe abgedruckt.

Hochgebirgsjäger-Bataillon 3

Aufgestellt in Dalmatien am 20.11.1943 aus dem halben I. Bataillon/Gebirgsjäger-Regiment 98. Das Bataillon wurde bei Monte Cassino und Monte La Pezze eingesetzt. Umbenennung im Dezember 1944 in III. Bataillon/Gebirgsjäger-Regiment 296.

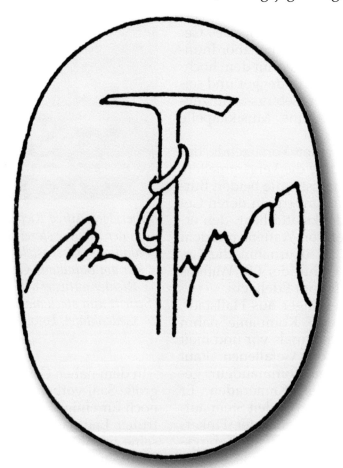

Angehörige des Bataillons sagten aus, daß es bei diesem Entwurf zu einem Abzeichen für die Kameradschaft geblieben ist und eine Herstellung nie realisiert wurde.

Batterie des Hochgebirgsjäger-Bataillons 3

Stenographische Tagebuchaufzeichnungen des Obergefreiten Alois E.
(Batterie, Hochgebirgsjäger-Bataillon 3)
23. November 1943 bis 6. Februar 1944

Aufgestellt: November 1943 in Kufstein
Anzahl und Kaliber der Geschütze:
     4 x 7,5 cm
Personalstärke: rd. 120 Mann
Batteriechef: Hptm. Felsenstein
Transportmittel: Tragtiere, einige Ketten-
     Kräder
Abmarsch: Kufstein, 23.11.1943
Ausgeladen: Rom, 3.12.1943
Ankunft Einsatzraum: Fallascoso,
     3.12.1943

Im November 1943 wurde in Kufstein eine Marschbatterie aufgestellt, die dann in das Hochgebirgsjäger-Bataillon 3 eingegliedert wurde. Das Stammpersonal kam m.W. aus der 5. Gebirgsjäger-Division, welche zuletzt im Kaukasus im Einsatz war.
Ich, Jahrgang 1922, bin am 2.12.1941, nach zehnmonatiger Arbeitsdienstzeit in Frankreich und Belgien, zu den Gebirgsjägern (9. sMG-Kompanie / Gebirgsjäger-Ersatz-Regiment 137) nach Kufstein eingerückt.

1943

23.11. 10 Uhr Abfahrt von Kufstein nach Rosenheim, Salzburg, Schwarzach, Villach.
24.11. Auf Fahrt, abends in Udine.
25.11. Auf Fahrt, Mittag in Treviso.
27.11. Den ganzen Abend Aufenthalt in Florenz. In der Nähe vom Bahnhof in einer Weinstube Wein getrunken. Wein billig. Um 9 Uhr Weiterfahrt.
28.11. Auf Fahrt. Landschaft hügelig, Weinanbau und Obstbäume. Noch alles

grün. Unterwegs Wein gekauft und getrunken im Abteil. 1 Liter kostet 7 Lire! Mit dem Fahren geht es langsam, Zug bleibt immer stehen. Die Italiener sind ganz freundlich zu uns.
29.11. In Spoleto wird die 4. Batterie ausgeladen. Schönes Städtchen mit alten Steinhäusern an den Berg gelehnt. Wir fahren weiter in Richtung Rom. Denke viel an Hilda.
30.11. Stehen in einem Nebenbahnhof von Rom. Eine Gruppe darf sich die Stadt ansehen, ich bin auch dabei. Sehe die alten Bauten von Rom: Kolosseum, Kapitol, Monument Vittorio Emanuele II. usw. Alte und neue Bauten. Sehr schön. In einer Bar Eis mit Schlagsahne gegessen um 5 Lire. Herrlicher Tag und schön warm. Werde diesen Tag nie vergessen, an dem ich so viel zu sehen bekam.
1.12. In einem neuen Bahnhof von Rom. Durch Bombenangriffe sehr viel zerstört. Ausgebrannte Waggons stehen herum usw. Schöner Tag. Ich schreibe nach Hause. Den ganzen Tag nichts zu tun. Ich verbringe den Tag mit Romanlesen.
2.12. Noch auf dem gleichen Bahnhof. Wieder mit einer Gruppe in die Stadt. Mit der Straßenbahn hinausgefahren zum Forum Mussolini. Die großartigen Bauten besichtigt. Anschließend zum Petersplatz. Wollten gerne in die Vatikan-Stadt hinein, doch hatten wir zu wenig Zeit und auch keine Erlaubnis. Nachmittag wieder zum Bahnhof. Herrliches Wetter.
3.12. In aller Frühe Verladen auf Lkw und um 7 Uhr Abfahrt in unsere Stellun-

gen. Über 200 km zu fahren. Lauter Berge. Es ist die reinste Bergstraße. Auf offenem Lkw, und in den Bergen schon ziemlich kalt. Über Sulmona in unsere Stellung. Durch zerstörte Ortschaften. Gegen 11 Uhr abends kommen wir in unser Dorf, ganz durchgefroren und nichts zu essen. Übernachten dann in so elenden Steinhäusern.

4.12. Bekomme vom Spieß den Auftrag, mit einem Lkw nach Sulmona zurückzufahren, um Gerätschaften zu holen. Es herrschte ein kaltes Regenwetter, und durch die Plane am Auto geht alles durch. Kommen nachmittags nach Sulmona. Bummle dort so durch die Stadt, aber es ist nicht viel los. Zu kaufen gibt es auch nichts mehr, und die Getränke sind alle sehr teuer. Das Volk ist arm. Von schönen Frauen kann man auch nicht reden. Abends in das Soldatenkino. Sollte abends dann noch zur Batterie vorfahren, doch hatte ich auf dem Lkw keinen Platz mehr.

5.12. Sonntag. Es fährt den ganzen Tag kein Auto nach vorne. Bummle wieder durch die Stadt. Schießbuden, Schaukeln etc. sind aufgestellt. Fahre ein paarmal so ein „Selbstlenkauto". Netter Spaß. Im Soldatencafé ist Musik. Aber Wein teuer, 2 Liter für 60 Lire.

6.12. Bis Mittag in Sulmona. Dann mit einem Lkw zum Bataillon mit meinem vielen Gepäck. Kamen dort gegen Abend an und hatten keinerlei Gelegenheit mehr, zur Batterie zu kommen. Mußte also dort übernachten. Kam zu zwei Fallschirmjägern, die mich sehr nett bewirteten. Ganzen Tag schlechtes Wetter. Die Straßen schon teilweise sehr schlecht und zum Sprengen hergerichtet und vermint.

7.12. Vormittag mit einem Oberarzt zur Batteriestellung gefahren. Mein Gepäck mußte ich beim Bataillon drüben lassen. Chef (Hauptmann Felsenstein) schimpfte mich, weil ich nicht

früher von Sulmona zurückgekommen bin. Die Schreibstube eingerichtet und gleich zu arbeiten begonnen. Schlafe neben der Schreibstube bei Rechnungsführer und Spieß. Am Pflasterboden etwas Stroh, aber es geht. In der Schreibstube steht ein Ofen, und es ist ganz nett eingerichtet.

8.12. Viel Arbeit. Essen ist sehr gut und genügend, weil die Batterie viel Vieh und Schafe organisiert hat. Auch Wein kann man trinken, soviel man will.

9.12. Nichts Besonderes. Schlafe mit Hauptwachtmeister im gleichen Zimmer neben der Schreibstube. Mir geht es gut.

10.12. Die erste Post bekommen. In der Nacht Alarm, weil die Engländer durchgebrochen sind. Sonst nicht viel Neues.

11.12. Es geht mir nicht schlecht, das Essen ist gut, mit der Arbeit geht es auch, das Quartier ist nicht so schlecht. Von den Fliegern haben wir auch bis jetzt noch Ruhe.

12.12. Abends bricht englischer Spähtrupp durch. Alarm. Zwei Schwerverwundete: Hefel und Rossmann.

13.12. Starker Angriff der Engländer. Starkes Artilleriefeuer. Wieder 2 Verwundete. Rossmann stirbt auf dem Hauptverbandsplatz an seinem Kopfschuß. Mir tut der Kerl sehr leid, ist erst 19 Jahre alt und erst 10 Tage an der Front. Hart ist der Krieg, man sieht es hier genau.

14.12. Meldefahrt zum Bataillons-Gefechtsstand. Starkes Artilleriefeuer auf Torricella. Kann es vom Bataillons-Gefechtsstand gut sehen. Auch unser Bergdorf Fallascoso wird stark beschossen. Granateinschläge auch auf der Straße. Ein organisierter Spähtrupp gerät bei unserem Haus in starkes Artilleriefeuer.

18.12. Wieder starkes Artilleriefeuer der Engländer. Ich sitze gerade auf der Latrine, da heulen die Granaten schon heran, und einige schlagen ganz in meiner Nähe ein, die Schin-

114

deln von den Dächern fliegen zu mir, ich muß unter dem Lokus in Deckung gehen!

19.12. Meldefahrt zum Bataillons-Gefechtsstand (Lolledemacine).

24.12. Heiliger Abend. Haben das Zimmer sehr schön hergerichtet für die Weihnachtsfeier, die auf dem Kompanie-Gefechtsstand stattfindet. Zuerst Totenfeier, Ansprache des Chefs, Essen, dann gemütlicher Teil. Ich muß Wache stehen mit MP und Handgranaten am Südausgang der Unterkunft. Komme dann wieder zur Feier, und es geht schon wild zu. Alles säuft, und es ist genug vorhanden zum Trinken. Jeder bekam einen Teller mit Keksen, einen Weihnachtsstollen usw. Wild geht es durcheinander. Um 12 Uhr gehen wir in die Kirche und läuten die Glocken (aus unserem Bergdorf Fallascoso sind alle Einwohner evakuiert worden). Stallhofer haut sämtliche Gläser zusammen. Gehen noch mit einigen Männern zur Feuerstellung II hinüber. Es hatte einen närrischen Dreck, und ich schaute wüst aus. Gegen 3 Uhr zurück in die Küche zum Brotzeitmachen. Ich streiche alle schwarz an, und es gibt ein großes Gelächter. Der Spieß kommt auch nach. Dann schießen wir mit den Pistolen „Freudenfeuer". Gegen 4 Uhr ins Bett. Die Engländer schießen nicht in unseren Abschnitt.

25.12. 8 Uhr wieder aufgestanden. Paket fertiggemacht und Briefe geschrieben, sonst nicht viel getan. Bin ganz heiser noch vom Vortag. Nachmittags kommt der Bataillons-Kommandeur (Major Bader) in unsere Bude, und es gefällt ihm sehr gut. Wünscht einem jeden frohe Weihnachten und fragt mich, warum ich so heiser sei. Dann läutet das Telefon. Ich gehe hin, der Kommandeur schaut schon und freut sich, wenn ich zu telefonieren beginne. Alle schauen auf mich, und ich bringe keinen Ton heraus. Der Kommandeur und die anderen Leu-

te lachen sich zu Tode. Aber ich mache mir nichts daraus. Zu Essen haben wir genug. Bald schlafen gegangen.

26.12. Kalter Tag, etwas Schneetreiben. Ganzen Tag Arbeit. Auch heute noch ruhiger Tag. Nur von unserer Seite aus wird geschossen. Noch immer keine Post bekommen.

27.12. Erfahren, daß wir in den nächsten Tagen an einen anderen Frontabschnitt verlegt werden. Sonst nichts Neues.

28.12. Vorbereitung für den Abtransport. Leutnant Bruckner und Kanonier Kocher kehren von der B-Stelle nicht zurück.

29.12. Bruckner und Kocher werden für vermißt erklärt. Ari-Feuer auf Fallascoso.

30.12. Vormittag verladen auf Lkw. Gegen Mittag Abfahrt. Über den Paß kommen Tiefflieger, wir stürzen aus dem Wagen und werfen uns in Deckung, doch es passiert nichts. Fahren die ganze Nacht.

31.12. Bleiben gegen 4 Uhr früh auf der Straße stecken, kein Rohöl mehr und gerade hier schießen sie immer rein, weil keine Deckungsmöglichkeit. Werden dann abgeschleppt und kommen endlich in den Bestimmungsort. Werden in einer Schule einquartiert, und es ist ganz gut hier. Abends in der Schreibstube etwas Silvester gefeiert.

1944

1.1. Arbeit. Einräumen etc.

2.1. Nichts Besonderes. Granaten pfeifen über uns hinweg.

4.1. Nachmittags mit dem Rechnungsführer einen kleinen Streifzug gemacht zu den am Hang liegenden Bauern. Dort tüchtig Wein getrunken, bis wir einen schönen Affen zusammenhatten. 5 Uhr heim, dann gleich ins Bett. Ich war fertig.

7.1. Erfahren, daß wir in eine neue Stellung kommen.

8.1. Ab von der Schule nach Fortiluna. Ein kleines Bergdorf mit etwa 10 Häusern. Keine Leute mehr da, und es gibt auch nichts zu organisieren.

10.1. In Fortiluna in einem alten Steinhaus einquartiert. In unserer Nähe geht eine schwere Batterie (15er) in Stellung. Immer schwere Schießerei.

11.1. Der Feind schießt auf die Stellung.

12.1. Zusätzliche Angriffe der Jabos (Jagdbomber) auf das nahe gelegene Picenisco und reger Flugverkehr.

16.1. Ich muß als Melder zum Bataillon nach Piscenisco. Komme gut hinunter, an Granattrichtern vorbei in die Ortschaft. Doch es ist niemand mehr anzutreffen, weil alle nach der Bombardierung ausgezogen sind. Gegen 3.30 Uhr wieder zurück. Gehe hinten am Berg herum und komme in schweres Feuer bei den Felsen. Über eine Stunde dauert der Geschoßhagel. Gegen 5 Uhr komme ich wieder zum Stützpunkt und bin sehr erschöpft und doch froh, sehr froh, daß wieder alles gutgegangen ist.

17.1. Dauerndes Donnern der Geschütze und Flieger. Es ist zum Närrischwerden! Beschuß der Feuerstellung. Obergefreiter Blaschke durch Volltreffer gefallen.

18.1. Fortulina wird gegen 2 Uhr beschossen. Wir flüchten in ein Nebenhaus. In unserem Schlafraum ein Volltreffer. Alle Sachen, die drinnen waren, sind kaputt! Mein Mantel, Kochgeschirr, Turnschuhe etc. Ziehen dann in ein anderes Haus um.

19.1. Etwas ruhigerer Tag. Obergefreiter Plattner kommt vom Lazarett zurück.

20.1. Plattner kommt in die Schreibstube.

21.1. Ich komme auf Anordnung des Chefs als Fernsprecher in die Feuerstellung. Abends mit den Essenträgern unten weg und komme gegen 8 Uhr in die Feuerstellung. Hätte mich noch bald verlaufen und wäre beinahe zu den Engländern hinüber.

22.1. Feuerstellung. Mit Maierhofer Abendessen geholt. Im Zelt geschlafen. Ganz gut.

23.1. Feuerstellung. Abendessen geholt. Abends Wache.

24.1. Feuerstellung. Mittagessen geholt.

25.1. Feuerstellung. Mit Mittagessen zur B-Stelle.

26.1. Feuerstellung. Stürmisches Winterwetter. Halb zur B-Stelle, um Leitung zu legen. Abends noch zum Stützpunkt, Funkgeräte holen. Beim Heraufgehen kommen wir in einen derartigen Sturm, daß wir nichts mehr sehen.

27.1. Leitung legen zur Feuerstellung II mit Oberwachtmeister Zunterer.

28.1. Schönes Wetter. Mittagessen holen vom Stützpunkt.

29.1. Mittagessen holen, abends Wache.

30.1. Zur Küche Holz holen. Vormittags Vermittlung.

31.1. Zur B-Stelle. Schönes, warmes Wetter, aber immer der Beschuß.

1.2. Sauber gewaschen, ganz nackt. Vermittlung, abends Wache.

2.2. Beim Felsbunker (Vermittlung) an der Mauer gebaut. Nachmittags frei. Erfahre, daß ich zum VB oder zur B-Stelle muß und abends die Leitung einziehen und eine neue legen zum VB. (Ist wieder ins Wasser gefallen, ich muß beim Störtrupp Kabel legen.)

3.2. Vormittags mit Leutnant Kraut und Stifter zur B-Stelle. Gehen den Steig in 1 Stunde ohne Zwischenfall. Kommen um 10 Uhr dort an.

4.2. Gegen 5 Uhr werden wir durch Artillerieeinschläge geweckt, und die Einschläge kommen immer näher. Wir flüchten alle in unseren Splitterbunker und bleiben dort 1½ Stunden. Ringsherum die Einschläge, dichter Nebel. Die Leitung zum B-Stand dreimal abgeschossen, und ich muß flikken gehen. Der Schnee ist schwarz von den Einschlägen. Vormittag zum VB der 3. Kompanie hinunter mit Säge und Hammer. Wieder lauter Einschläge. Der Feind greift in Bataillons-Stärke an. Nachmittag wieder Leitung zum B-Stand in Ordnung bringen. Gegen 4 Uhr wieder zum VB mit Essen. Das sind schwere Gänge. Mit K. und 2 Funkkästen dann wieder zurück. Es geht ein gewaltiger Sturm. Es war ein schwerer Tag für mich.

5.2. In der Frühe ist unser Zelt total eingeschneit. Es tobt ein heftiger Sturm. Das Zelt ist halb eingedrückt. Den ganzen Tag Zelt freigeschaufelt. Der Sturm läßt nicht nach. Gegen Abend mit Breindl zum vorgeschobenen Beobachter (VB). Zur 5. Batterie Leitung angeschlossen. Mondnacht, aber windig und kalt. Abends im Zelt nicht auszuhalten wegen des starken Rauches. Der Wind bläst in das Ofenrohr und im Zelt ist ein Rauch, daß einer den anderen nicht mehr sieht. Unmöglicher Zustand! Gehen bald schlafen und verkriechen uns in die Schlafsäcke. Die Schuhe mußten wir an den Füßen lassen, da sie sonst am Morgen so gefroren wären, daß man sie nicht mehr hätte anziehen können. Störfeuer, sonst ruhiger Tag.

6.2. Das Zelt wieder halb vom Schnee zugeweht. Vormittags Schnee geschaufelt, dann im Zelt. Artillerie-Störfeuer. Es kracht höllisch in den Felsen. Sehr kalt. Ofen geht wieder besser. Oberwachtmeister Pfisterer kommt von der Feuerstellung herauf und Weikl hinunter. Chef wurde beim Abstieg leicht verwundet.

Hier enden meine Tagebuchaufzeichnungen. Aus der Erinnerung heraus ergänze ich: Verbrachte noch einige Zeit auf der B-Stelle. Diese befand sich auf der Höhe 2.021 am Porcacetti, später am Monte Cavallo in den Abruzzen. Seehöhe etwa 2.200 Meter. Die Stellungen befanden sich nördlich von Monte Cassino und der Stadt Cassino. Wir waren an diesem Frontabschnitt der 1. Fallschirmjäger-Division unterstellt.

Am 24. Februar kehrte der Winter in voller Strenge in die Abruzzen zurück. Die Berge lagen unter einer dichten Schneedecke. Alle Bewegungen an der Front erstarrten in eisigen Stürmen.

Es war Ende Februar, ein besonders stürmischer und nebeliger Tag. Renner Edi und ich wurden beauftragt, den Mittag-Essenträgern, die von der Feuerstellung aus zu uns herauf unterwegs waren, entgegenzugehen. Es herrschten starker Sturm, Nebel und Schneetreiben, so daß wir bald die Orientierung in diesem felsigen Gelände völlig verloren. Die verlegte Telefonleitung zur Feuerstellung war die einzige Orientierungsmöglichkeit. Dieses Leitungskabel war jedoch teilweise so unter den Schneemassen vergraben, daß wir Mühe hatten, dieses freizukriegen. Einmal ging nichts mehr, weder nach vorn noch nach rückwärts, das Kabel war nicht mehr freizubekommen. Der Sturm ließ nicht nach, die Sicht war so schlecht, daß man die Hand vor den Augen kaum sehen konnte. Wir versanken oftmals bis zum Bauch im Schnee. Die Lage war verzweifelt. Nach Stunden des Herumirrens, es war schon gegen Abend, erfaßte mich eine solche Müdigkeit und Schwäche, ich steckte bis zu den Hüften im Schnee, daß ich nur mehr die Augen schließen und einschlafen wollte. Edi ging es wie mir. Aber es gab noch eine Rettung: Ein in der Feuerstellung organisierter Suchtrupp, ausgerüstet mit Fackeln und Lampen, fand und rettete uns.

Im März in der Feuerstellung. Bei einem Sprung mit den Skiern über eine Geländekante Verletzung zugezogen (Bänderriß im Knie). 3 Tage mit heftigen Schmerzen im Fernsprech-Felsenbunker gelegen. Dann auf zusammengebundenen Skiern – über Stock und Stein – ins Tal gebracht, von dort in das Feldlazarett.

Nach Wochen wieder zu meiner Einheit – Stützpunkt Settefrati – zurück. Innendienstfähig! Ende März zwei Wochen Heimat- bzw. Genesungsurlaub.

Im Mai, nach dem Fall von Cassino, wird unsere Einheit nach Isola di Liri verlegt. Es erfolgt nun der Rückzug der deutschen Truppen aus Süditalien. Für uns folgen wochenlange Fußmärsche über Sora, Avezzano, Rieti, Perugia usw. nach Norden.

20.7.1944. Liegen in Barbarasco im Gran Sasso-Gebiet.

117

Verlegung in die Westalpen an die französische Grenze. Zuerst ging es über Genua–San Remo nach Dolce Aqua zur Partisanenbekämpfung. Nach einigen Wochen über Cuneo, Demonte, Argentera zum Maddalena-Paß. Grenzsicherung ohne Feindberührung.

Im Dezember zurück in den Raum von Udine. Auflösung der Reste des Hochgebirgsjäger-Bataillons 3 und Eingliederung in die 8. Gebirgs-Division.

1945

Im Jänner neuer Fronteinsatz im Idice-Tal südlich von Bologna, am nördlichen Ausläufer des Apennins. Hier fällt in den ersten Tagen mein Freund Seiwald aus Kuchl bei einem Granatwerferüberfall. Ich selbst entkomme nur knapp bei einem Meldegang einem auf mich gerichteten Beschuß mit Nebelgranaten.

Ende Jänner Verlegung in einen anderen Frontabschnitt, in das Reno-Tal. Marschieren durch Sasso Marconi, Marzabotto in Richtung Poretta-Paß. Stellungskrieg. Ein in einem Hang gebauter Erdbunker ist unsere Behausung.

Am 30. Jänner wird mir das Kriegsverdienstkreuz 2. Klasse mit Schwertern verliehen. Ein Heimaturlaub wäre mir lieber gewesen. Es gab aber einen einwöchigen Erholungsaufenthalt in einem Heim hinter der Front.

Außer Artilleriebeschuß und Fliegerangriffen nichts Außergewöhnliches geschehen. Das Leben im Erdbunker ist erträglich.

Anfang April ahnten wir, daß ein Großangriff der Amerikaner in unserem Abschnitt bevorsteht. Die Angriffe durch Artillerie und Tiefflieger wurden immer heftiger.

Am 16. April mußten wir unsere Stellung aufgeben. Die HKL (Hauptkampflinie) mußte zurückgenommen werden. Bei Nacht wurde marschiert, bei Tag wieder in Stellung gegangen. So ging es bis zum 20. April. Die vorrückenden amerikanischen Kampftruppen hatten uns vollkommen eingeschlossen. Wir verschanzten uns in einem alten, gemauerten Stallgebäude. Dort wurden wir von den aufgefahrenen sieben „Sherman"-Panzern aus nächster Nähe beschossen. Nach einigen Treffern in das Stallgebäude flüchteten wir ins Freie. Es gab auch da noch Verwundete. Ich hatte noch einen verwundeten Kameraden, einen Bäckermeister aus Oberaudorf bei Kufstein, aus dem Gewehrfeuer holen können.

Es herrschte Chaos. Die kämpfenden Einheiten waren in Auflösung. Den herannahenden amerikanischen Soldaten gingen wir mit erhobenen Händen und dem Ruf „I am surrender" (Ich ergebe mich) entgegen. Für mich war es das Ende des Krieges.

Es folgte aber eine fast ein Jahr dauernde Kriegsgefangenschaft. Man schaffte die Gefangenen in ein mit Stacheldraht eingezäuntes Feld. Es gab drei Tage nichts zu essen. Es wurden an diesen Tagen so viele Gefangene gemacht, daß die Amerikaner hinsichtlich Quartier und Verpflegung wohl überfordert waren.

Am vierten Tag wurden wir auf große Lastwagen verladen und über den Porreta-Paß nach Florenz transportiert. Dort wurden wir – jeweils vier Mann – in kleinen amerikanischen Zweimannzelten untergebracht. Als Verpflegung gab es in der Frühe schwarzen Kaffee und Brot, mittags Suppe oder Milchbrei, am Abend Gemüsesuppe. Jeweils ein Schöpfer, also rund ein Liter. Das Essen war nicht ausreichend, und wir litten täglich enormen Hunger, der nie gestillt werden konnte.

1946

Die Wintermonate verbrachten wir in den Lagern in Florenz und Pisa. Die große Langeweile und den stetigen Hunger versuchten wir, durch Bastelarbeit (Schachteln aus Konservendosenblech), Englisch- und Buchhaltungskurse, Schachspiel etwas in den Griff zu bekommen.

Am 11. März erfolgte endlich – nach fast einjähriger Kriegsgefangenschaft – die Entlassung. Sie erfolgte durch die Amerikaner im Laschinsky-Hof in Salzburg.

Quelle: Abdruck mit frdl. Genehmigung von Alois E.

Hochgebirgsjäger-Bataillon 3 in den Abruzzen 1943/44

Von Paul Zimmermann
(4. Kompanie / Hochgebirgsjäger-Bataillon 3)

Im Oktober 1943, nach einem größeren Einsatz gegen das Hinterland der Partisanen im Pindosgebirge in Griechenland, schied das I. Bataillon/Gebirgsjäger-Regiment 98 aus dem Verbande der 1. Gebirgs-Division aus. Es wurde der Stamm der Hochgebirgsjäger-Bataillone 3 und 4, die zusammen mit jungem Nachersatz in Admont und Leoben aufgestellt wurden, um in Italien eingesetzt zu werden. Nachfolgend soll der Einsatz des Hochgebirgsjäger-Bataillon 3 im Winter 1943/44 geschildert werden.

Am 22. November 1943 wurde das Bataillon in Admont in der Steiermark verladen und ging auf Transport in Richtung Süden bis in die Gegend von Tivoli bei Rom. Dort standen wir einige Tage auf einem kleinen Bahnhof, während die ersten Teile der 5. Gebirgs-Division, ohne Aufenthalt im Reich, vom Kriegsschauplatz bei Leningrad eintrafen. Anfang Dezember ging es endlich an die Front, und zwar über Sulmona in den Raum von Torricella am La Mayella-Gebirge. Nach einigen Wochen Einsatz, der sich vor allem durch Vorposten- und Spähtrupptätigkeit und feindliches Artilleriefeuer an diesem stützpunktartig gegliederten Frontabschnitt auszeichnete, wurde das Bataillon zwischen Weihnachten und Neujahr herausgezogen, um an einem anderen Frontabschnitt eingesetzt zu werden. Während das Hochgebirgsjäger-Bataillon 4 der 1. Fallschirmjäger-Division im Raume Cassino unterstellt wurde, kam das Hochgebirgsjäger-Bataillon 3 zur 5. Gebirgs-Division. Am frühen Morgen des 11. Januar 1944 rückte das Bataillon vom malerisch ge-

legenen Städtchen Picenisco aus, um am Südrand des La Meta-Massivs (2.241 Meter) Teile des Gebirgsjäger-Regimentes 85 abzulösen. Die mit Beginn des Tages einsetzende starke feindliche Fliegertätigkeit sagte uns schon beim Aufstieg, daß etwas Besonderes los war. Über einen 1.800 Meter hohen Paß ging der Marsch wieder talwärts, um in Höhe des Kompanie-Gefechtsstandes wieder steil anzusteigen. Dichter Nebel, tiefer Schnee und die hereinbrechende Nacht machten den Anstieg besonders beschwerlich. Unser Ziel war der Südgrat des Monte Mare (2.050 Meter). Kurze Ablösung und Einweisung von zwei Gruppen der 6. Kompanie/Gebirgsjäger-Regiment 85. Die Stellung war, entsprechend dem hochgebirgsartigen Charakter der Landschaft, stützpunktartig angelegt, d.h. die einzelnen Gruppen waren in Zelten hinter Felsblöcken, Schneemauern und Felsen untergebracht. Dieser Zustand war als Provisorium gedacht, bis die weiter rückwärts im Bau befindliche „Siegfriedlinie" bezogen werden konnte. Ausgebaute Stellungen waren daher keine vorhanden, was in Anbetracht dessen, daß der Monte Mare später nicht aufgegeben wurde und der ungeheuren feindlichen Materialüberlegenheit zum Trotz gehalten werden mußte, den Kampf sehr erschweren sollte.

Das herrliche Wetter des kommenden Tages sah uns in einer tiefverschneiten Hochgebirgslandschaft von einmaliger Schönheit. Im Osten ging der Blick bis zur Adria, im Süden sah man gerade noch die Rauchfahne des Vesuv, und im Westen konnte man noch das Tyrrhenische Meer

119

erkennen. Doch sollte dieses Idyll nicht von langer Dauer sein. Bereits in den Morgenstunden setzte im Tal stärkstes feindliches Artilleriefeuer ein, das im Laufe des Tages immer weiter westwärts wanderte und uns sagte, daß die Alliierten bei ihrem Angriff zügig vorwärtskamen. Am nächsten Tag war auch bei uns der Teufel los. Überlegene feindliche Kräfte brachten den von einer Infanterie-Einheit besetzten Pietro, ein Köpfchen am Südhang des Monte Cavallo, in ihren Besitz, so daß der Monte Mare mit seinen Stellungen über der Baumgrenze bei Tage restlos einzusehen war. Damit war es mit der Bewegungsfreiheit der Besatzung des Berges am Tage vorbei. Der Versuch des Pionierzuges des Bataillons, den Pietro wieder in unseren Besitz zu bringen, scheiterte. Zwar gelang es dem Zug, den Feind durch einen schwungvoll geführten Angriff zu werfen, aber dann demonstrierten die Alliierten so recht ihre materielle Überlegenheit. Unzählige Batterien aller Kaliber deckten das Bergköpfchen dermaßen ein, daß er schon nach wenigen Minuten in einer Wolke von Rauch und Pulverdampf verschwand. Es war unmöglich, einzelne Einschläge mit dem Auge oder Ohr zu unterscheiden; der ganze Pietro war ein einziges Brodeln von Lärm. Diesem Furioso hatten wir nichts entgegenzusetzen als unseren Jägergeist, der auch in den letzten Kriegstagen noch der gleiche war wie bei Kriegsbeginn. So mußte der Pietro wieder geräumt werden. Die Folge dieses Eingesehenwerdens war, daß der Feind auf jede Bewegung am Monte Mare mit schweren Waffen, meist Granatwerfer, schoß, so daß gleich in den ersten Tagen mehrere Zelte Volltreffer erhielten. Was dieses Eingesehenwerden noch für Folgen hatte und was das Ausharren auf dem Berge bei Kälte und Schneestürmen zu einer einzigen aufreibenden Strapaze machte, war die Tatsache, daß kein Feuer gemacht werden durfte, das mit seinen Rauchfahnen die noch unentdeckten Nester verraten hätte. Einzig die ausgezeichnete Hochgebirgsausrüstung, vor allem

die Schaf- und Ziegenfellschlafsäcke, machte ein Aushalten in diesem eisigen Klima möglich. Mittlerweile versuchten starke feindliche Spähtrupps, den Berg zu nehmen, wurden aber immer wieder von der kleinen wachsamen Besatzung abgewehrt. Dazwischen tobten immer wieder tage- und wochenlange Schneestürme, die die Zelte mit fortgerissen hätten, wenn sie nicht tief eingefroren am Fels geklebt wären. Erst als die feindliche Artillerie mit Phosphorgranaten zu schießen begann, wurde die Front um etwa 200 Meter hinter eine Felsrippe zurückverlegt. Da der Grat beiderseits eingesehen werden konnte und der Untergrund nackter Fels war, mußten ein oder zwei Männer mit MG, in Decken und Schlafsäcke eingewickelt, jeweils den ganzen Tag über auf einem kleinen Felsplateau unbeweglich liegen. Erst mit der Zeit wurde dieser Platz notdürftig ausgebaut und bot wenigstens teilweise Schutz vor dem unaufhörlichen Granatwerferpunktfeuer, das auf dieser Stellung lag, als der Feind sie ausgemacht hatte. Die Verpflegung war in den ersten Wochen dermaßen kläglich, daß ein rascher körperlicher Verfall eintrat, der es den Männern unmöglich machte, im Alarmfall den Anstieg bis zum Grat zügig zu durcheilen. Nach einiger Zeit wurde es damit wesentlich besser, als der zuständige Mann der Division sich den Monte Mare bei Nacht angesehen hatte. Auch blieben bei diesem mörderischen Klima eine größere Anzahl schwerer und leichterer Erfrierungen nicht aus, die im Hinterland jedoch niemand glauben wollte, da man sich doch im sonnigen, warmen Italien befand.

Auch die Stellungen der anderen Teile des Bataillons am Gegenhang, am Fuße des Monte Cavallo, waren einem immer größeren Druck ausgesetzt. Ein Angriff von farbigen de-Gaulle-Truppen unter Führung weißer französischer Offiziere wurde abgewiesen. Im erbeuteten Tagebuch eines gefallenen Offiziers war verzeichnet, daß die uns gegenüberliegenden Verbände alle drei Tage abgelöst wurden. Diese Glücklichen! Bei uns mußte schon sechs Wochen unter viel ungünstigeren Umständen ausgeharrt werden, um einige Tage Ruhe zu bekommen.

Der Nachschub war ein Problem für sich. Jede Granate und jedes Stück Brot mußte mit Mulis zum „Stützpunkt Maierhofen" und von dort durch Träger über den 1.800 Meter hohen Paß zu den Kompanie-Gefechtsständen getragen werden, von wo auch der Monte Mare nach Einbruch der Dunkelheit bzw. vor Anbruch des Tages mit warmem Essen beliefert wurde.

Auf der Ostseite des Monte Mare hielt ein Bataillon Badoglio-Italiener einen quer verlaufenden Felsgrat, den Monte Marone, besetzt. So weit mit dem Fernglas beobachtet werden konnte, ließen diese es sich gutgehen. Die einzigen aktiven Handlungen waren ein starker Spähtrupp, der im dichten Nebel auftauchte und nach kurzer Schießerei wieder darin verschwand, und die Abwehr eines eigenen Unternehmens an Ostern 1944. Sie schienen auch von den Alliierten mehr als Lückenbüßer Verwendung gefunden zu haben. Im fernen Isernia konnte man die Tommys mit dem Fernglas sogar kompanieweise zum Appell angetreten ausmachen. Uns lief das Wasser im Munde zusammen beim Gedanken an einen so schönen Krieg mit umgekehrten Vorzeichen. Einzelne Aktionen des Pionier-

zuges im Tal mit Überfällen auf alliierte Truppenlager sorgten dafür, daß immer ein gewisser Grad an Unternehmungsgeist erhalten blieb.

Mit dem beginnenden Frühling, der sich am Monte Mare erst Ende April, Anfang Mai abzeichnete, während im Tal schon alles grünte, warfen auch die großen sich anbahnenden Ereignisse ihre Schatten voraus. Bei der im Mai begonnenen Großoffensive der Alliierten im Raum von Cassino ging auch der Monte Mare verloren, wurde noch einmal genommen, mußte dann aber im Rahmen der allgemein einsetzenden Absetzbewegungen aufgegeben werden.

Soweit die Geschichte des Einsatzes des Hochgebirgsjäger-Bataillons 3 im Nationalpark der Abruzzen. Alle, die die weiteren Kampfhandlungen überlebten, werden die Tage am Monte Mare zu den denkwürdigsten ihres Lebens zählen – gekennzeichnet durch ein Übermaß an Strapazen und Entbehrungen, aber auch durch das Verweilen in einer großartigen Landschaft, die sich mit den Schönheiten des Kaukasus wohl messen konnte.

Quelle: Abdruck mit frdl. Genehmigung von Paul Zimmermann. Der Bericht wurde bereits im Mitteilungsblatt DIE GEBIRGSTRUPPE des Kameradenkreises der Gebirgstruppe, Heft 6/1954, veröffentlicht.

Kommandeure des
Hochgebirgsjäger-Bataillons 3

Major Friedrich Bader

Friedrich Wolfgang Traugott Bader

* 21.6.1908 Forst in der Lausitz
† 16.5.1997 Bonn

1.4.1930	Eintritt ins Ausbildungs-Bataillon des 11. (Sächs.) Infanterie-Regiments
1.7.1931	Gefreiter, Fahnenjunker
3.8.1932	Fähnrich mit Wirkung vom 1.8.1932
1.8.1933	Leutnant
1.10.1934	Ausbildungs-Bataillon / Infanterie-Regiment Plauen
1.3.1935	Ausbildungs-Bataillon / Infanterie-Regiment München, Standort Kempten

1.10.1935	Oberleutnant
15.10.1935	Chef 4. MG-Kompanie / Gebirgsjäger-Regiment 99
24.8.1936	Teilnahme an den Olympischen Winterspielen in Garmisch, mehrmaliger Deutscher Heeres-Skimeister
2.12.1937	beim Stab I. Bataillon / Gebirgsjäger-Regiment 98
14.12.1937	Heeresbergführeranwärter
31.1.1938	Meldung zur Teilnahme an der Ski-Weltmeisterschaft in Lathi (Finnland) 21.2.1938–1.3.1938
20.4.1939	Hauptmann
4.1.1940–30.6.1940	Führer 2. Kompanie / Hochgebirgs-Schieß-Schule Salzburg-Glasenbach
30.6.1941	Eisernes Kreuz 2. Klasse
16.8.1941–5.9.1941	Führer Gebirgsjäger-Ersatz-Bataillon I / 98, Mittenwald
12.10.1941–18.1.1942	Führer III. Bataillon / Gebirgsjäger-Regiment 98
3.11.1941	Eisernes Kreuz 1. Klasse
15.8.1942	Major
18.3.1942–13.11.1943	Kommandeur I. Bataillon / Gebirgsjäger-Regiment 98
9.6.1943	Deutsches Kreuz in Gold als Major und Kommandeur I. Bataillon / Gebirgsjäger-Regiment 98
27.6.1943	Nahkampfspange in Bronze
14.11.1943–4.6.1944	Kommandeur Hochgebirgsjäger-Bataillon 3
29.1.1944	Verwundung (Artilleriegeschoß)
25.5.1944	Verwundung (Artilleriegeschoß)
17.7.1944	Ehrenblattspange als Major und Kommandeur Hochgebirgs-jäger-Bataillon 3 für seine am 19.5.1944 begangene Tat bei Monte La Pezze
12.8.1944	Ritterkreuz als Major und Kommandeur Hochgebirgsjäger-Bataillon 3
1.9.1944	mit der Führung des Gebirgsjäger-Regiments 85 beauftragt

Über die Verleihung des Ritterkreuzes an Major Bader schreibt Franz Thomas in seinem Buch „Die Ritterkreuzträger der Deutschen Wehrmacht 1939–1945" (Teil VI: Gebirgstruppe, Bd. 1): „Die Kampfgruppe Oberst von Seeler (Kommandeur Grenadier-Regiment 276 und Kampfkommandant Lenola) mußte am Abend des 22.5.1944 Lenola gegen große Übermacht aufgeben. Oberst von Seeler schlug sich mit dem Rest der Kampfgruppe in einem abenteuerlichen Nachtmarsch zum Hochgebirgs-Bataillon Bader durch. Sie erreichten am 23.5. wieder die Division im Raum um Frosinone. Zur Deckung des Rückzuges wurde die Kampfgruppe von Seeler bei Ceccano eingesetzt. Hier zeichnete sich Major Bader in schweren Waldkämpfen gegen Marokkaner nochmals besonders aus, so daß ihm dafür das Ritterkreuz verliehen wurde. In den Tagen vor dieser Waffentat hatte sich Friedrich Bader schon durch überragende persönliche Tapferkeit ausgezeichnet (siehe Vorschlag für die Nennung im Ehrenblatt des Deutschen Heeres)."

Quelle: Bundesarchiv Zentralnachweisstelle Kornelimünster / Militärarchiv Freiburg / Deutsche Dienststelle Berlin / Archiv Franz Thomas

15. Panzer-Grenadier-Division   Div.Gef.St., den 20. Juni 1944

    Vorschlag für die Nennung im Ehrenblatt des Deutschen Heeres

          Rodt, Generalleutnant und Divisionskommandeur

Begründung und Stellungnahme der Zwischenvorgesetzten:

Major Bader, Kommandeur Hochgebirgsjäger-Bataillon 3, hat sich in den Kämpfen in dem Raum von Campodimele am 19. und 21.5.44 durch überragende persönliche Tapferkeit ausgezeichnet.
Am 19.4.44 erhielt Major Bader den Auftrag, den M. le Pezze und Punkt 781 nördlich davon zu nehmen und das Halten des Passes S. Nicola möglich zu machen. Der Besitz des Passes war für das Halten der Widerstandslinie von ausschlaggebender Bedeutung und die Voraussetzung für den planmäßigen Ablauf der Absetzbewegungen im gesamten Kampfgruppenabschnitt.
Teile des Bataillons waren bereits am Vortage gegen den Paß S. Nicola und den Mte. Vele eingesetzt worden und hielten dort. Da Munition für die schweren Waffen mit dem rasch herangeführten Bataillon noch nicht eingetroffen war, mußte der Angriff ohne sie und artilleristische Unterstützung geführt werden.
In klarer Erkenntnis der Schwierigkeiten des Auftrages trat Major Bader persönlich an der Spitze von zwei seiner Kompanien zum Angriff gegen die überragenden, von starkem Feind besetzten Höhen an. Gegen die verbissen kämpfenden Marokkaner riß Major Bader durch sein persönliches Draufgängertum seine Kompanien vorwärts und erstürmte die Höhen im Nahkampf. Durch den schweren Angriff erschöpft, trafen die Hochgebirgsjäger mit einem Gegenangriff von mindestens einem Regiment Engländern und einem Regiment Marokkanern gegen den Mte. le Pezze und den S. Nicola-Paß zusammen, der von heftigem Trommelfeuer der feindlichen Artillerie unterstützt wurde. Wieder war es der Kommandeur persönlich, der durch seinen Kampfeswillen seine Leute zur verzweifelten Gegenwehr zwang. In mehrstündigem Kampf gegen wiederholte feindliche Angriffe unter massiertem Artillerie-Einsatz bis zu schwersten Kalibern wurden diese trotz empfindlicher eigener Verluste schließlich wegen eingetretenem Munitionsmangel im Nahkampf zerschlagen. […]
Am 21.5.44 griff der Feind mit etwa zwei Regimentern die Stellung der 3. Kompanie des Hochgebirgsjäger-Bataillons 3 am Südwesthang des Mte. Appiolo nordwestlich Campodimele an. Wieder ist der Kommandeur persönlich bei seiner 3. Kompanie in vorderster Linie und leitet dort die Abwehr. Den ganzen Nachmittag über versuchte der Feind laufend verstärkte Angriffe unter Einsatz stärkster Artillerie. In verbissener Gegenwehr wurden alle Angriffe zerschlagen. Mit rasch zusammengerafften schwachen Reserven gelang es dem Kommandeur persönlich, zweimal eingebrochenen Feind zu vernichten. Wieder war es Major Baders Verdienst, daß der feindliche Durchbruch gegen die Straße Fondi—Pico verhindert und der planmäßige Ablauf der Absetzbewegungen dort gewährleistet war.

Hauptmann Ludwig Eisinger

Ludwig Eisinger

* 3.12.1911 Amberg
† 11.7.1945 Neapel (Kriegsgefangenschaft)

1.4.1930–1.5.1932	2. Polizei-Ausbildungs-Hundertschaft Fürth, Polizei-Vorschule Eichstätt, 2. Polizei-Hundertschaft Nürnberg
1.4.1935	Polizei-Oberwachtmeister
1.8.1935	Diensteintritt in die Wehrmacht (Übernahme von der Landespolizei)
1.8.1935	Oberjäger im Nachrichten-Zug/Gebirgsjäger-Regiment 99
1.4.1936	Unterfeldwebel
1.7.1936	Feldwebel
10.11.1938–1.2.1943	5. Kompanie/Gebirgsjäger-Regiment 98
1.12.1938	Oberfeldwebel
1.9.1939–22.11.1940	Nachrichten-Zugführer 5. Kompanie (Stabs-Kompanie)/Gebirgsjäger-Regiment 98
7.8.1940	Eisernes Kreuz 2. Klasse

1.10.1940	durch Kommandeur Gebirgsjäger-Regiment 98 zum Offiziers-Anwärter ernannt
23.11.1940–17.1.1941	Zugführer 1. Kompanie / Gebirgsjäger-Regiment 98
18.1.1941–16.11.1941	Nachrichten-Zugführer 5. Kompanie (Stabs-Kompanie) / Gebirgsjäger-Regiment 98
1.1.1942	Leutnant mit Wirkung vom 25.3.1941
17.11.1941–1.2.1943	Führer 5. Kompanie / Gebirgsjäger-Regiment 98
18.1.1942	Oberleutnant mit Wirkung vom 1.1.1942
20.4.1942	Eisernes Kreuz 1. Klasse
2.2.1943–16.5.1943	Chef 3. Kompanie / Gebirgsjäger-Regiment 98
15.5.1943	Hauptmann mit Wirkung vom 1.3.1943
17.5.1943–26.5.1943	Führer I. Bataillon / Gebirgsjäger-Regiment 98
27.5.1943–4.7.1943	Führer Marsch-Bataillon 1/8
16.6.1943	Nahkampfspange in Bronze
5.7.1943–13.11.1943	Chef 3. Kompanie / Gebirgsjäger-Regiment 98
14.11.1943–4.6.1944	Chef 3. Kompanie / Hochgebirgsjäger-Bataillon 3
2.6.1944	Nahkampfspange in Silber
5.6.1944–5.8.1944	mit der Führung des Hochgebirgsjäger-Bataillons 3 beauftragt
14.7.1944	Deutsches Kreuz in Gold als Hauptmann und Chef 3. Kompanie / Hochgebirgsjäger-Bataillon 3
6.8.1944	Kommandeur Hochgebirgsjäger-Bataillon 3
11.7.1945	im Feldhospital eines amerikanischen Kriegsgefangenenlagers bei Neapel verstorben. Eisinger wurde zunächst auf dem Friedhof von Neapel-Vomero bestattet. Seine letzte Ruhestätte fand er nach Umbettung im Jahre 1957 auf dem Ehrenfriedhof von Pomezia.

Quelle: Bundesarchiv Zentralnachweisstelle Kornelimünster / Militärarchiv Freiburg / Deutsche Dienststelle Berlin / Archiv Franz Thomas

Bataillonsangehörige mit Ritterkreuz und Deutschem Kreuz in Gold

Leutnant (hier Oberfeldwebel) Josef Gsinn

Josef Gsinn

* 19.4.1914 Reicherting
† 20.12.1988 Mittenwald

1.10.1934	Eintritt in die 13. Kompanie/Infanterie-Regiment 19, München
1.10.1935	Gebirgsjäger-Regiment 100, Bad Reichenhall
1.10.1936	Obergefreiter
1.10.1937	Oberjäger 13. Kompanie/Gebirgsjäger-Regiment 98, Mittenwald
3.10.1939	14. (schwere) Kompanie/Gebirgsjäger-Regiment 98
1.1.1940	Ausbilder in der 5. Kompanie/Gebirgsjäger-Ersatz-Bataillon I/98
1.6.1940	Feldwebel

1.11.1940	4. Kompanie / Gebirgsjäger-Regiment 98
30.6.1941	Eisernes Kreuz 2. Klasse
1.7.1942	Oberfeldwebel
23.10.1942	Eisernes Kreuz 1. Klasse
16.6.1943	Nahkampfspange in Bronze
1.11.1943–20.11.1944	4. Kompanie / Hochgebirgsjäger-Bataillon 3
20.7.1944	Ritterkreuz als Oberfeldwebel und Zugführer 4. Kompanie / Hochgebirgsjäger-Bataillon 3
20.11.1944	15. (schwere) Kompanie / Gebirgsjäger-Regiment 296
20.11.1944–23.4.1945	Gebirgsjäger-Regiment 296
23.4.1945–14.7.1945	Kriegsgefangenschaft in Livorno
27.4.1945	Leutnant mit Wirkung vom 1.4.1945

Über die Verleihung des Ritterkreuzes an Josef Gsinn schreibt Franz Thomas in seinem Buch „Die Ritterkreuzträger der Deutschen Wehrmacht 1939–1945" (Teil VI: Gebirgstruppe, Bd. 1): „In der Schlacht vor Rom griff der Gegner am Colle Marone mit weit überlegenen Kräften gegen die Nahtstelle zweier Kompanien an und brach mit der Masse seiner Marokkaner des französischen Expeditions-Korps in die deutsche Stellung ein. Der Kompanieführer der 4. Kompanie des Hochgebirgsjäger-Bataillons 3 war durch Verwundung ausgefallen. Oberfeldwebel Gsinn übernahm sofort die Führung der Kompanie und warf den Gegner aus der Einbruchsstelle. Die Stellung wurde trotz Trommelfeuer bis zum Abend gehalten. Das Hochgebirgsjäger-Bataillon 3 konnte inzwischen die neue Hauptkampflinie beziehen. Die Hoffnung des Feindes, an diesem Tage zur Hauptstraße nach Frosinone durchzustoßen, war damit zunichte geworden. Als Ort der Waffentat wird offiziell Serrano angegeben."

Quelle: Bundesarchiv Zentralnachweisstelle Kornelimünster /
Militärarchiv Freiburg / Deutsche Dienststelle Berlin / Archiv Franz Thomas

Martin Bader

* 12.11.1913

13.5.1942	Deutsches Kreuz in Gold als Oberfeldwebel und Zugführer in der 1. Kompanie / Gebirgsjäger-Regiment 98
7.7.1944	Ehrenblattspange als Oberleutnant und Chef 4. Kompanie / Hochgebirgsjäger-Bataillon 3 für seine am 12.5.1944 bis 15.5.1944 begangene Tat bei Pignataro

Quelle: Bundesarchiv Zentralnachweisstelle Kornelimünster /
Militärarchiv Freiburg / Deutsche Dienststelle Berlin / Archiv Franz Thomas

Alois Gstrein

* 21.2.1919 Penzberg

14.7.1944	Deutsches Kreuz in Gold als Hauptmann d.R. und Chef 1. Kompanie / Hochgebirgsjäger-Bataillon 3

Quelle: Bundesarchiv Zentralnachweisstelle Kornelimünster /
Militärarchiv Freiburg / Deutsche Dienststelle Berlin / Archiv Franz Thomas

Georg Maier

* 28.11.1911 Speichingen

21.5.1942	Eisernes Kreuz 2. Klasse
12.11.1942	Eisernes Kreuz 1. Klasse
14.7.1944	Deutsches Kreuz in Gold als Oberjäger und Zugführer in der 1. Kompanie / Hochgebirgsjäger-Bataillon 3

Quelle: Bundesarchiv Zentralnachweisstelle Kornelimünster /
Militärarchiv Freiburg / Deutsche Dienststelle Berlin / Archiv Franz Thomas

Albert Leopold

* 2.9.1919 Kuppenheim

26.8.1941	Eisernes Kreuz 2. Klasse
23.10.1942	Eisernes Kreuz 1. Klasse
21.2.1944	Deutsches Kreuz in Gold als Feldwebel und Zugführer in der 1. Kompanie / Hochgebirgsjäger-Bataillon 3

Quelle: Bundesarchiv Zentralnachweisstelle Kornelimünster /
Militärarchiv Freiburg / Deutsche Dienststelle Berlin / Archiv Franz Thomas

Walter Horn

* 1.8.1915 Wössingen

31.7.1944	Antrag auf Verleihung des Deutschen Kreuzes in Gold abgelehnt (Feldwebel, 4. Kompanie / Hochgebirgsjäger-Bataillon 3)

Quelle: Bundesarchiv Zentralnachweisstelle Kornelimünster /
Militärarchiv Freiburg / Deutsche Dienststelle Berlin / Archiv Franz Thomas

Stellenbesetzung/Kriegsgliederung Hochgebirgsjäger-Bataillon 3

Diese Stellenbesetzung bzw. Kriegsgliederung des Bataillons wurde nach schriftlichen Unterlagen und mündlichen Aussagen von Fritz Binder und Matthias Schlosser zusammengestellt.

Kommandeure	Major Friedrich W. Bader
	Hauptmann Ludwig Eisinger
Adjutant	Oberleutnant Wipfelder
Ord.-Offz.	Leutnant Fritz Binder
IV a	Stabszahlmeister Kuffer
IV b	Stabsarzt Dr. Harrasser
	Oberarzt Dr. Zamponi
IV c	Stabsveterinär Dr. Selinger
1. Kompanie	Hauptmann Alois Gstrein
2. Kompanie	Hauptmann Frauendienst
	Oberleutnant Wondra
3. Kompanie	Hauptmann Ludwig Eisinger
4. Kompanie	Oberleutnant Martin Bader
5. (Stabs-)Kompanie:	Hauptmann Lutz
Nachr.-Zug	Feldwebel Kagerer
Aufkl.-Zug	Feldwebel Liebl
Pi.-Zug	Leutnant Fritz Binder
Batterie	Hauptmann Felsenstein

Kriegsgliederung (Stand 15. November 1943):

1. Kp.: 3 Jägerzüge, 1 schwerer Zug
    1. Zug: 4 lMG, Karabiner 98 k, MPs, Gewehre mit Zielfernrohr, Pistole 38
    2. und 3. Zug: Ausrüstung wie 1. Zug
    4. Zug: 2 sMG, 2 mGrW 8 cm

2. Kp.: 3 Jägerzüge, 1 schwerer Zug
    1. Zug: 4 lMG, Karabiner 98 k, MPs, Gewehre mit Zielfernrohr, Pistole 38
    2. und 3. Zug: Ausrüstung wie 1. Zug
    4. Zug: 2 sMG, 2 mGrW 8 cm

3. Kp.: 3 Jägerzüge, 1 schwerer Zug
    1. Zug: 4 lMG, Karabiner 98 k, MPs, Gewehre mit Zielfernrohr, Pistole 38
    2. und 3. Zug: Ausrüstung wie 1. Zug
    4. Zug: 2 sMG, 2 mGrW 8 cm

4. Kp.: 2 Jägerzüge, 1 schwerer Zug
    1. und 2. Zug: Ausrüstung wie 1., 2. und 3. Zug (Kp. 1–3)
    3. Zug: 4 mGrW 8 cm oder sGrW 12 cm

5. Kp. (Stabs-Kompanie): Stabszug, San.-Zug, Aufkl.-Zug, Nachr.-Zug und Pi.-Zug

Batterie: 4 Gebirgs-Geschütze 7,5 cm

Troßeinheiten:

a) Gefechtstroß   rd. 400 Maultiere und Pferde als Trag- oder Zugtiere,
                        8 Kettenkräder, 4 Kräder und 3 Pkw. Die Tragtierführer und
                        Fahrer waren in der Mehrzahl Hilfswillige.

b) Mot.-Troß   26 Lkw

Gesamtstärke des Bataillons: etwa 1.700 Mann

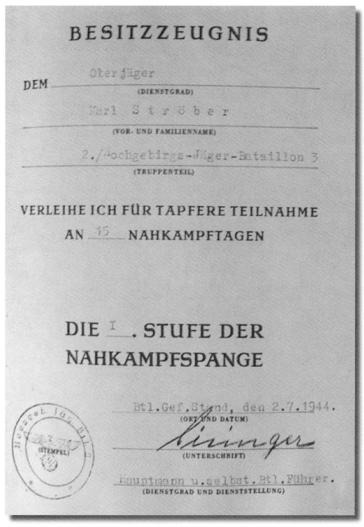

Urkunde eines Trägers der Nahkampfspange in Bronze
aus dem Hochgebirgsjäger-Bataillon 3

Bildteil
Hochgebirgsjäger-Bataillon 3

Thomas Eder, Melder der 3. Kompanie, im Gebiet des Monte Cavallo

Dezember 1943: Pizzoferato, Provinz Chieti, am Sangro

Fotos dieser Doppelseite: Matthias Schlosser

Der am 21. Mai 1944 heiß umkämpfte Monte Appiolo ostwärts Lenola

Eingang in eine Kaverne am Monte Mare

Dezember 1943: Die Gräber der ersten Gefallenen des Hochgebirgsjäger-Bataillons 3 bei Pizzoferato: Gefreiter Sebastian Schlechmair, * 16.12.1923, † 16.12.1943, 3. Kompanie/ Hochgebirgsjäger-Bataillon 3, und Gefreiter Josef Stadler, * 23.9.1912, † 16.12.1943, 3. Kompanie/Hochgebirgsjäger-Bataillon 3.

Januar 1944: Zwei Jäger vor dem
Gefechtsstand der 3. Kompanie am
Monte Cavallo

Februar 1944: Das Zelt des Melders Thomas
Eder im Gebiet des Monte Cavallo ist vom
Neuschnee eingedrückt.

Fotos dieser Doppelseite: Matthias Schlosser

Januar/Februar 1944: B-Stelle der Batterie und vom Schnee eingedrückte Zeltunterkunft
(Höhe 2.021) am Porcacetti. Siehe hierzu die Tagebuchaufzeichnungen von Alois E.

Frühjahr 1944: Verpflegungsausgabe am Stützpunkt „Maierhofen" (Abruzzen)

Januar 1944: Zeltunterkunft der Melder der 5. Kompanie am Monte Mare

Oktober 1944: Der Melder Thomas Eder im Gebiet des Monte Argentera

*Spätherbst 1944: Die Melder der 5. Kompanie im Gebiet des Maddalena-Passes
in den Westalpen*

Eine Gruppe des Pi-Zuges in den Westalpen

Februar 1944: Angehörige der 5. Kompanie im Gebiet des Monte Mare

Ende Februar 1944: Feuerstellung am Monte Cavallo

General Schrank (rechts), Kommandeur der 5. Gebirgs-Division, besucht die Feuerstellung der Batterie. Die weiteren Personen von links: unbekannt, Hauptmann Ludwig Eisinger, Oberleutnant Wipfelder und Major Friedrich Bader

Foto: Matthias Schlosser

Grabstelle des Obergefreiten Johann Blaschke (* 28.8.1906), gefallen am 18.1.1944 am Monte Cavallo. Blaschke soll später bei Cerasuolo beigesetzt worden sein. Cerasuolo gehört zur Gemeinde Filignano, Provinz Esernia. Die in diesem Bereich gefallenen Soldaten ruhen heute in Cassino, während die Gegend um den Monte Cavallo, Provinz Macerata, zum Bereich des Soldatenfriedhofes Pomezia bei Rom gehört.

Settefrati/Italien: Von Anfang Januar bis Mitte Mai 1945 befand sich hier der Stützpunkt des Trosses des Hochgebirgsjäger-Bataillons 3.

Ein von Italienern zwischen Pontecorvo und Castro dei Volsei angelegter deutscher Soldatenfriedhof, auf dem auch Jäger des Hochgebirgsjäger-Bataillons 3 bestattet wurden. Heute ruhen die Gefallenen auf den Friedhöfen Caira und Pomezia.

Hochgebirgsjäger-Bataillon 4

Aufgestellt in Dalmatien am 20. November 1943 aus dem halben I. Bataillon/Gebirgsjäger-Regiment 98. Am 23. Februar 1945 war das Bataillon in Gefechtsstärke von 410 Mann der 232. Infanterie-Division unterstellt. Nachdem es in den Westalpen im Mont Blanc-Gebiet zum Einsatz gekommen war, wurde es am Ende noch bei der 114. Jäger-Division eingesetzt.

Traditions- bzw. Truppenabzeichen des Hochgebirgsjäger-Bataillons 4

Das Kennzeichen des Hochgebirgsjäger-Bataillons 4 verdankt seine Entstehung den Kampfpausen zwischen den Abwehrkämpfen an den Hängen des Monte Cairo im Angesicht des von den Alliierten zerstörten Klosters Monte Cassino im März und April 1944. Dieses verpflichtende Abzeichen sollte in erster Linie der Erhöhung des Korpsgeistes dienen. Darüber hinaus sollte es bei den wechselvollen Kämpfen, in der Etappe, in den Lazaretten und im Urlauberverkehr helfen, schnell Kameraden des an der Italienfront bewährten Bataillons ausfindig zu machen. In allen Höhen und Tiefen, in die die deutschen Soldaten während des letzten Krieges und danach gestürzt wurden, erinnert dieses Abzeichen die alten Hochgebirgsjäger und ihre Angehörigen auch noch heute an eine Zeit, in der bedingungslose Kameradschaft, sinnvoller Gehorsam und männlicher Mut Tugenden aller Soldaten waren, die ihre Heimat liebten. Diese Eigenschaften haben auch in der heutigen Zeit ihren unveränderlichen Wert.

Quelle: Erklärung zum Abzeichen durch Frhr. von Ruffin.

143

Gebirgsjäger vor Monte Cassino

Von Franz Frhr. von Ruffin
(Kommandeur Hochgebirgsjäger-Bataillon 4)

Nach der Invasion der Alliierten in Süditalien im Sommer 1943 und dem anschließenden Bewegungskrieg nördlich davon stellte sich die Heeresgruppe Italien (Generalfeldmarschall Albert Kesselring) im Spätherbst desselben Jahres erstmalig zur Entscheidungsschlacht in der allgemeinen Linie Garigliano-Mündung–Cassino–Maiella-Gebirge–Sangro-Mündung („Gustav-Stellung").

Hier wurden altbewährte Divisionen eingesetzt, die sich schon an der Südfront, wie die 90. Panzergrenadier-Division (Baade), einen Namen gemacht hatten. Aus der Ostfront holte man u.a. die 5. Gebirgs-Division (Max-Günther Schrank), die für das gebirgige Gelände Italiens besonders prädestiniert war.

In aller Eile wurden auch kleinere Verbände neu aufgestellt und in den Kampfraum geworfen. Zu ihnen gehörte neben dem Hochgebirgsjäger-Bataillon 3 (Baader) auch das Hochgebirgsjäger-Bataillon 4. Letzteres wurde im November 1943 aus Stämmen der zuletzt in Jugoslawien verwendeten 1. Gebirgs-Division in der Steiermark und in Tirol aufgestellt. Dazu kamen personelle Ergänzungen von anderen Gebirgstruppen und Ersatzbataillonen des Wehrbereichskommandos in Salzburg.

Anfang Dezember 1943 wurde dieser zweifelsohne bunt zusammengewürfelte Verband im Raum Monte Amaro–Guardiagrele (Sangro-Front) eingesetzt. Die Zusammenstellung und die Frontverwendung des Hochgebirgsjäger-Bataillons 4 war so überstürzt und hastig, daß beim Ankommen in diesem Raume zunächst wichtige Waffen, Geräte und Fahrzeuge (z.B. die Feldküche) fehlten. Die im Gebirge groß gewordenen und durch viele Kriegseinsätze erfahrenen alten Soldaten wußten sich trotzdem zu helfen und unterstützten ihre jungen Kameraden beim Eingewöhnen in die nicht vorgesehenen Ereignisse im Alltag des Krieges. Die fehlende Ausrüstung wurde alsbald nachgeliefert.

Dem Kommandeur und seinen Offizieren gelang es nach kurzer Zeit, den notwendigen Zusammenhalt des Bataillons herzustellen; die erforderlichen Bausteine waren die bewährten soldatischen Tugenden der bedingungslosen Kameradschaft, des männlichen Mutes und des sinnvollen Gehorsams. Bald stellte sich der Glauben an das eigene Können und das so notwendige Selbstbewußtsein ein. Das Bataillon machte sich schnell einen guten Namen und wurde in den anschließenden 17 Monaten bis Kriegsende oft als Feuerwehr an verschiedenen Fronten Italiens eingesetzt. Es hat in zahlreichen Krisenlagen mindestens 14 wechselnden Divisions-Verbänden uneigennützig und erfolgreich geholfen. „Hoch 4" (dies war sein Kürzel in Italien) hatte bereits im Dezember 1943 seine ersten blutigen Verluste bei der Bereinigung einer Einbruchstelle in Orsogna (65. Infanterie-Division), durch einen Jabo-Angriff im Hochgebirge und bei Begegnungen mit Engländern durch kühne Fernspähtrupps.

Ende Januar 1944 wurden die Gefechtsteile des Hochgebirgsjäger-Bataillons 4 überraschend aus der bisherigen Front herausgezogen und im Lkw-Transport in den schicksalsträchtigen Kampfraum um Monte Cassino geworfen. Die Troßteile kamen im Fußmarsch hinterher. Zurück blieben die 1. Kompanie und die Batterie, die ebenfalls zum Bestand dieses selbständigen Bataillons gehörten. Beide Einheiten sollten erst drei Monate später zum Bataillon zurückkehren.

Am 12. und 13. Februar 1944 nahm das Bataillon als Speerspitze an einem Gegenangriff der 90. Panzergrenadier-Division zum Monte Castellone – einem der Schlüsselpunkte der neuen Front – teil; die Höhe war vorher vom III. Bataillon des US-Regiments 135 genommen worden. Hier zeichneten sich besonders die 4. Kompanie unter ihrem, aus Berchtesgaden stammenden Kompanie-Chef Oberleutnant Stumvoll und ein junger Oberfähnrich namens Keck aus; letzterer drang mit seinen Hochgebirgspionieren in einem vorzüglich vorbereiteten und durchgeführten Gegenstoß bis zum Plateau des Castellone vor. Später mußte der Zug den benachbarten angeschlagenen Grenadieren noch 14 Tage lang zur Stabilisierung der Front aushelfen. Hauptmann Schönleben, der damals wegen der Erkrankung des Kommandeurs stellvertretend das Bataillon führte, erhielt das Deutsche Kreuz in Gold.

Am 1. Februar 1944 vereinbarte Oberst Baade, der Kommandeur der 90er, eine mehrstündige Waffenruhe mit den Amerikanern, um die zahlreichen Verwundeten beider Seiten zu retten. Es war eine Wohltat. Baade wurde später wegen dieser ritterlichen Vereinbarung von höchster Stelle heftig kritisiert. Nobles, humanes Denken war dort unbekannt.

In dieser Kampfpause wollten die amerikanischen Offiziere den Gebirgsjägern Kriegsauszeichnungen als Kriegssouvenire gegen Dollars abkaufen; letztere lehnten entrüstet ab: Ehre ist nicht käuflich.

Dieses Angriffsunternehmen trug entscheidend zur Stabilisierung der bewegten Front bei, obwohl später zur Vermeidung übergroßer Verluste diese Höhe befehlsgemäß wieder geräumt wurde.

Anschließend wurde das Bataillon in den Raum Westfuß Castellone–Osthang

Monte Cairo verlegt. Diese Stellungen wurden eisern bis zum befohlenen Rückzug am 25. Mai 1944 behauptet.

Nach der zweiten Cassino-Schlacht (15. bis 23. März), an der „Hoch 4" nur am Rande beteiligt war, wurde das II. Bataillon/Gebirgsjäger-Regiment 100 (Zwikkenpflug) am 20. April aus dem Verband der weiter nördlich eingesetzten 5. Gebirgs-Division herausgelöst und rechts vom Hochgebirgsjäger-Bataillon 4 zur Verteidigung des Colle San Angelo eingesetzt. Gleichzeitig wurde unter dem Kommando des Freiherrn von Ruffin aus den beiden Gebirgsjäger-Bataillon die „Kampfgruppe v. Ruffin" gebildet. Ihr oblag der Schutz der Nordflanke des Monte Cassino. Mit der Behauptung dieser Stellungen stand oder fiel die erfolgreiche Verteidigung des weltberühmten Benediktinerklosters. Die Führung des Hochgebirgsjäger-Bataillons 4 übernahm wieder zeitweilig der gewissenhafte, pflichtbewußte und umsichtige Hauptmann Schönleben.

Die 1. Fallschirmdivision (Heidrich) hatte zur Verteidigung der eigentlichen Klosterfront das Fallschirmjäger-Regiment 4 (Grassmehl) mit drei Bataillonen eingesetzt. Unmittelbar nordwestlich stand in einem engen Abschnitt das Fallschirmjäger-Regiment 3 (Heilmann) mit zwei Bataillonen. Der links anschließende Divisionsflügel wurde in einer Breite von etwa fünf Kilometern – wie schon gesagt – von der Kampfgruppe v. Ruffin gehalten. Die Fallschirmdivision hatte also in vorderer Linie sieben Bataillone eingesetzt. Weitere Reserven der Division fanden später nicht mehr in der vorderen Linie, aber zum Schutz der rechten Flanke Verwendung, nachdem dem Gegner der Durchbruch beim XIV. Panzer-Korps (v. Senger) am Garigliano gelungen war.

Die letzte Cassino-Schlacht wurde am 11. Mai 1944 um 23 Uhr von den Alliierten mit der ungeheuren, konzentrierten Feuerkraft von 1.600 Geschützen und weiteren Panzerkanonen und Granatwerfern schlagartig eröffnet. Hans Burtscher,

Melder bei der 2. Kompanie/„Hoch 4", berichtet sehr eindrucksvoll über diesen wohl einmaligen Artillerieschlag des Zweiten Weltkrieges: „Plötzlich, mit einem einzigen Schlag, steht die ganze Front in Flammen. Ein Artilleriefeuer setzt ein, wie wir es noch nie erlebt haben. Wie Hagelkörner fallen die Geschosse auf die Stellungen. Unter den aufdröhnenden Granaten schwersten Kalibers erzittert die Erde. Donnernd, brüllend, krachend, rauschend und zischend heulen sie heran, wie ein Inferno urgewaltiger, entfesselter, unfaßbarer Kräfte. Tausende Stein- und Granatsplitter schwirren durch die Luft und zerfetzen alles, was sich ihnen entgegenstellt. Vom schräg gegenüberliegenden Berghang des Pizzo Corno und dem sich hinter ihnen erhebenden Monte Cairo prasseln unablässig Steine und größere Granatsplitter, zackig geschartet, bis zu einem halben Meter lang und scharf wie ein Rasiermesser [...] Soweit man nach links oder rechts sehen kann, leuchtet die ganze Front wie eine einzige, heranrollende Feuerwolke. Ununterbrochen zittert die Erde, als wolle sie sich auftun. Die Luft ist erfüllt mit schwefeligem Gestank und Rauch der krepierenden Granaten. Stundenlang hämmert die feindliche Artillerie aus allen Rohren feuernd."

In der Zeit der vom 11. bis 26. Mai 1944 dauernden dritten Cassino-Schlacht zerschellten alle, von den gegenüberliegenden Polen des II. Korps (Anders-Armee) mit ungeheurer Tapferkeit und vorbildlicher Einsatzbereitschaft vorgetragenen Angriffe vor oder in der Hauptkampflinie dieser Front. Sie wurde von den braven Jägern des Fallschirmjäger-Regiments 3, des II. Bataillons/Gebirgsjäger-Regiment 100 (II./100) und von „Hoch 4", gegen die sich der Hauptstoß der Angreifer gerichtet hatte, gehalten. Souveräne Meister des Abwehrkampfes bei den Gebirgsjägern waren die beiden Hauptleute und Bataillons-Führer Zwickenpflug und Schönleben, die durch gut geleitetes Abwehrfeuer und bedarfsfalls im Gegenstoß erreichten, daß die HKL am Abschluß der

Kämpfe voll in der eigenen Hand war. Diese Stellungen wurden – beginnend am 18. Mai am Kloster, zuletzt am 25. Mai am Monte Cairo – befehlsgemäß und geordnet aufgegeben.

Eine besondere Aufgabe fiel dem Hochgebirgsjäger-Bataillon 4 am 19. Mai zu. In der Mitte seines Abschnitts lagen Passo und Pizzo Corno (945 Meter). Dort war der Drehpunkt der in südwestlicher Richtung nach Piedimonte zum „Senger-Riegel" zurückgenommenen Front, nachdem das Kloster aufgegeben worden war. Zum Schutz dieser Drehbewegung wurde auf ausdrücklichen Befehl der Division auf weit vorgeschobener Stellung etwa 800 Meter ostwärts des Pizzo Corno der Oberfähnrich Keck mit seinem Zug eingesetzt. Keck hatte sich bei dem Gegenangriff am 12. Februar am Castellone als mutiger, zuverlässiger Mann besonders bewährt. Er erschien dafür geeignet, die gesamte, riskante Rückwärtsbewegung seines eigenen Bataillons, des II./100, der Fallschirmer und der Artillerie energisch und umsichtig schützen zu können. Es sollte ein Opfergang werden.

Keck und seine Männer erledigten ihre schwere Aufgabe auf verlorenem Posten in vorbildlicher Weise. In stundenlangen Abwehrkämpfen wiesen sie alle Angriffe einer polnischen Brigade, die den Durchbruch am Passo Corno erzwingen wollte, zunächst ab und fügte den mit großem Schneid angreifenden Soldaten schwere Verluste von etwa 90 Gefallenen und Verwundeten zu. Sie trugen in entscheidender Weise dazu bei, daß der „Senger-Riegel" bis zum 26. Mai besetzt und vornehmlich in Piedimonte erfolgreich behauptet werden konnte.

Als die gesamte Munition verschossen war, das Sperrfeuer der Artillerie (wegen Rückverlegung) ausblieb und keine weitere Hilfe erschien, konnten die Polen in die vorgeschobene Stellung eindringen und sie umgehen. Keck ergab sich mit der überlebenden Besatzung schweren Herzens seinen Gegnern. Oberstleutnant von Zakrzewski, Kommandeur des angreifenden Regiments, berichtete nach dem Krieg, er sei von der Haltung Kecks nach der Gefangennahme sehr beeindruckt gewesen. Er sagte auf die Frage, warum er wegen der doch aussichtslosen Lage der Deutschen so lange weitergekämpft habe: „Friedrich der Große war 1763 ebenfalls in hoffnungsloser Lage und gewann trotzdem den Krieg!"

Noch sieben Tage lang schützte das Hochgebirgsjäger-Bataillon 4 im „Senger-Riegel" zwischen Piedimonte (ausschl.) und dem Monte Cairo den Rückzug der 1. Fallschirmjäger-Division Am 25. Mai wurde ein erneuter Angriff im Gegenstoß abgewiesen; weitere Erkundungsvorstöße der Polen, die stets von heftigem Artilleriefeuer begleitet waren, blieben erfolglos.

Der Rückzugsbefehl über das nicht offengehaltene, steile Melfa-Tal erreichte das Bataillon zu spät. Hier war Gott den Gebirgsjägern gnädig. Vielleicht verdankten sie aber auch das sichere Geleit in gefahrvoller Lage dem Flehen des hl. Benediktus, dessen von ihm gegründeten Kloster sie so lange mitverteidigt hatten.

In der Nacht vom 26./27. Mai 1944 gelang es, die Reste des gesamten Bataillons mit allen Tragtieren ungeschoren zwischen den feindlichen Panzern nach Norden durchzuschleusen. Bei den anschließenden Rückzugskämpfen sollte das Bataillon weiteren verlustreichen Prüfungen unterworfen werden.

Nach einer Mitteilung der Deutschen Dienststelle für Kriegsverluste in Berlin, hatte das Hochgebirgsjäger-Bataillon 4 vor Cassino zwischen dem 1. Februar 1944 und dem Rückzug über die Melfa am 27. Mai 1944 blutige Verluste in Höhe von 432 Mann. Aus derselben Quelle wurden für das II./100, das in viel kürzerer Zeit in demselben Raum zwischen dem 22. April 1944 und dem 25. Mai 1944 eingesetzt war, folgende Zahlen angeben: 388 blutige Verluste.

Die Polen hatten in der letzten (dritten) Cassino-Schlacht Ausfälle von 3.779 Mann.

Zusammenfassung

1. An der ersten Cassino-Schlacht (17. Januar bis 18. Februar 1944) haben mehrere deutsche Verbände mitgewirkt. Dabei hat das Hochgebirgsjäger-Bataillon 4 durch einen erfolgreichen, verlustreichen (15 Gefallene, 40 Verwundete) Gegenangriff einen beachtlichen Beitrag zur Konsolidierung der sehr schwankenden Lage beigetragen. Insgesamt beliefen sich die Verluste auf 32 Gefallene und 112 Verwundete.

2. Der große Abwehrerfolg in der zweiten Cassino-Schlacht (15. bis 23. März 1944) geht eindeutig auf das Konto der Fallschirmjäger. „Hoch 4" war nur am Rande beteiligt. Zwischen dem 19. Februar 1944 und dem 10. Mai 1944, insbesondere jedoch während der zweiten Cassino-Schlacht, hatte es durch Artilleriefeuer, Minen und bei Spähtrupptätigkeit 16 Gefallene und 78 Verwundete.

3. An dem Abwehrerfolg in der dritten Cassino-Schlacht (11. bis 26. Mai 1944) dürften die Jäger des II./100 und des Hochgebirgsjäger-Bataillons 4, die in dem Bergmassiv nördlich des Klosters zwischen der Albaneta-Farm und dem Monte Cairo von der vollen Wucht des polnischen Angriffs getroffen wurden, den größten Anteil gehabt haben. Das gilt sowohl in räumlicher Beziehung wie hinsichtlich des Blutzolls. „Hoch 4" verlor in dieser Schlacht 21 Gefallene, 108 Verwundete und 65 Vermißte.

Die kahlen Höhen bei Monte Cassino sind getränkt von dem Blut der tapferen Söhne des gesamten Alpenraumes, die mit einigen Ausnahmen zwischen dem Bodensee und Graz, der Salurner Klause und München ihre Heimat hatten. Sie haben dort ihre Pflicht erfüllt und ihrer Heimat Ehre gemacht.

Quelle: Der Bericht wurde bereits im Mitteilungsblatt DIE GEBIRGSTRUPPE des Kameradenkreises der Gebirgstruppe, Heft 1/1986, veröffentlicht.

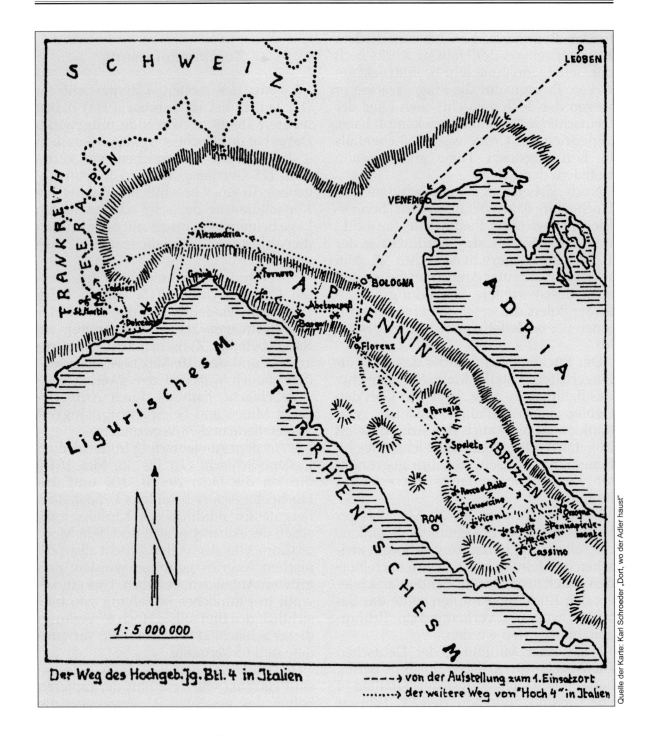

Der Weg des Hochgeb. Jg. Btl. 4 in Italien

----→ von der Aufstellung zum 1. Einsatzort

........→ der weitere Weg von "Hoch 4" in Italien

Quelle der Karte: Karl Schroeder „Dort, wo der Adler haust"

Die letzten Tage des Krieges
– Tagebuchblätter –

Von Franz Frhr. von Ruffin
(Kommandeur Jäger-Regiment 28 der 8. Jäger-Division)

12.4.1945

Das Regiment steht in schwerem Einsatz gegen Russen und Rumänen. Wir kämpfen im Hügelgebiet ostwärts der Waag. Vier bis sechs verschiedene Divisionen des Feindes sind allein vor unserem Regimentsabschnitt festgestellt.

Und unsere Kompanien? Sie haben schon wochenlang eine Grabenstärke von 10 bis 20 Mann, nicht mehr, aber diese wenigen sind Soldaten! Leute vom Troß, von den Schreibstuben, vom Nachschub, sie alle hat die Not der Stunde in den Graben gestellt. Und wie sie kämpfen! Allein in den letzten 14 Tagen: 135 feindliche Angriffe und Stoßtrupps abgewehrt, ob bei Tag, ob bei Nacht, trotz Panzer, trotz Artillerie. Dabei zahlreiche eigene Unternehmungen durchgeführt und mit welchem Schneid! Oberleutnant und Ritterkreuzträger Machowsky und Oberleutnant Witschel, der seit Tagen auch das Eichenlaub zum Ritterkreuz trägt, nehmen mit etwa 30 Mann zwei ganze Kompanien des Feindes gefangen und erbeuten deren sämtliche schwere Waffen.

Der Regimentsadjutant, der schläft seit Wochen nicht, erstickt in Karten, hat links und rechts ein Telefon, führt täglich nach vorn und hinten bis 500 Gespräche, fährt mit dem Bei-Krad auf Spähtrupp bis zum Iwan, schlägt sich dort im Nahkampf herum, verliert den Fahrer und das Krad, schlägt sich allein bis zu den eigenen Linien durch.

Munition nach vorn! Der Fahrer fährt seinen Lkw auf freiem Feld bis in die vorderste Linie. Eine Granate zerfetzt das halbe Verdeck. Ruhe bewahren! Erst abladen, dann abfahren, denn die Front braucht Munition!

14.4.1945

Hart waren die Tage der Verteidigung des Zilleiner Kohlenreviers. Doch werden die kommenden Tage nicht härter sein? Wir befinden uns auf dem Weg nach Brünn im Protektorat.

23.4.1945

Im Morgengrauen Alarm! Der Russe in der Flanke bis zum Divisions-Stab durchgebrochen. Wird im Gegenstoß sofort zurückgeworfen. Wir machen Stellungswechsel in den Wald.

24.4.1945

Harte, im Nahkampf durchzustehende Kämpfe unserer Jäger im Raum von Austerlitz und Brünn.

Nur drei Kilometer von hier steht weit sichtbar das gewaltige Denkmal der Drei-Kaiser-Schlacht von 1807. Historischer Boden!

Auf dem Weg zum Divisionsgefechtsstand Angriff russischer Schlachtflugzeuge. Ich springe vom Wagen – schon heulen die Bomben – die Erde vergeht! Feuer und Qualm, sausende Splitter, stürzende Bäume, dazwischen Schreie, Schimpfen und Weinen! 40 bis 60 Bomben hatten die Brücke zum Ziel, unter der ich gelegen. Der Wagen, mit dem ich gekommen, ist von den Bomben von der Straße gepustet.

Ich selber? Nur ein Knopf abgerissen! Ein Knopf ist ein Knopf – also weiter zur Division, jetzt zu Fuß.

149

25.4.1945

Jeder Tag fordert härtesten Einsatz, fordert neues Blut. Ungeheuer ist die Übermacht des Feindes. Feldmarschall Schörner lobt in einem Tagesbefehl die Männer: „[…] ich verlasse mich in diesen kritischen Tagen auf die alte bewährte Standhaftigkeit der 8. Jäger-Division, die zu den besten des deutschen Heeres zählt."

Die Lage ist tatsächlich ernst. Jeder Gefechtsstandwechsel nach rückwärts ist verboten, Stellungen sind um jeden Preis zu halten, so etwa lauten alle Befehle, die von oben kommen. Dabei werden die eigenen Linien immer dünner. Ist es da verwunderlich, wenn der Regimentsgefechtsstand plötzlich weit vor der HKL liegt? Aber gegen Tod und Teufel – der Iwan wird gestoppt! Hervorragend bewährt sich unser Radfahrzug bei der Verteidigung des Denkmals der Drei-Kaiser-Schlacht.

26.4.1945

Ein schicksalsvoller Tag! Feindliche Luftwaffe wieder sehr aktiv. Zwingt uns zum Verlassen der Ortschaften. Wir suchen Schutz im Wald.

Schon den dritten Stellungswechsel müssen wir heute vornehmen; Oberfeldwebel J. befiehlt Einrichtung am Ortsrand von Jedownitz. Mir scheint der Boden unter den Füßen zu brennen, so unsympathisch ist mir die Lage des gewählten Platzes. Nie können wir hier unsere Fahrzeuge gründlich tarnen. Ich gehe auf Erkundung aus, während J. bereits zu arbeiten beginnt. Von der Erkundung zurück, empfehle ich nochmals, in den Wald zurückzugehen. Während wir alle noch über das Für und Wider debattieren, Schlachtflieger über uns – Kurve – Angriff! Wir sind erkannt! Feuer aus allen Rohren gegen unsere Kolonne! Volle Deckung! – Doch wohin? – Kein Loch, kein Graben! – Schnell unters Auto! Ohrenbetäubendes Krachen, Feuer und Qualm, erschütternde Schreie! Das alles – Werk weniger Sekunden. Was war geschehen?

Ein furchtbares Bild! Unter Staub und Steinen, mit pulverdampfgeschwärztem Gesicht, bin ich als einziger noch fähig,

die Situation zu übersehen. Oberschirrmeister Prams – gefallen, Hauptfeldwebel Mansfeld – gefallen, Unteroffizier Kammler – gefallen, Obergefreiter Markieton (Mittenbrück) – gefallen, Hauptfeldwebel Malten – schwer verwundet, Oberfeldwebel Jonik – verwundet, Feldwebel Dehnert – gesund!

Das war das Werk nur zweier Bomben, unmittelbar neben uns gefallen. Ich konnte es nicht fassen, tastete immer wieder nach Kopf, Armen und Beinen, ob denn alles heil sei. Gott sei Dank! Ich war gesund.

Nie spürte ich in den oft gefahrvollen Momenten meiner langjährigen Frontverwendung den Atem der Vorsehung so deutlich, wie an diesem 26. April 1945, noch kurz vor Schluß dieses grausamen Krieges. Noch ergebungsvoller als bisher habe ich mich damals jeglichem Schicksal verschrieben, das mir vom Allmächtigen zugedacht ist!

6.5.1945

Die Kämpfe in den Wäldern verschlingen manches junge Leben; erstmalig ist in unseren Reihen die Hitler-Jugend eingesetzt. Immer neue Massen wirft der Feind in die Schlacht, Partisanen stören den Nachschub. Ein Befehl geht ein, der zu denken gibt: Nachschub an Infanterie-Munition ist kaum zu erwarten.

Wir fühlen es alle: Es liegt etwas in der Luft! Man erwartet stündlich, daß etwas geschieht. Man hofft, daß vor allem die Westmächte zur Einsicht gelangen. Doch es geschieht nichts! Nur die Etappe macht sich leicht und beweglich, denn sie weiß mehr als die Front.

8.5.1945

Gefechtsstand Sloup bei Brünn.

Nachts 3 Uhr erscheint der Regiments-Adjutant Hauptmann Kowalski, versammelt die Ia-Schreiber des Bataillons und befiehlt: Großzügige Vernichtung des Geschäftszimmers einschließlich Kriegstagebuch, Vernichtung von Waffen und Gerät. Zweck: Schnelle Beweglichkeit. Für den Morgen ist Absetzbefehl in Richtung Westen zu erwarten!

Kein Wort von Kapitulation ist gefallen, und doch – wir fühlen es alle, daß etwas Furchtbares geschehen wird. Jetzt noch wäre es Zeit, sich vor dem Russen zu retten …

Wir haben keine Zeit zu grübeln. Die Wagen werden umgewühlt, alles wird zum Feuerplatz geschleppt, was uns irgendwie belastet. Zurückbehalten wird nur ein Rucksack als persönliches Gepäck. Unser tschechischer Quartierwirt lacht sich eins, beim Anblick der Schreibmaschinen, Papiervorräte, Rundfunkgeräte, Bekleidungssäcke usw., die wir ihm überlassen. Warum sollte man diese Dinge sinnlos zerstören? Doch alle unsere sechsjährige Arbeit sinkt an diesem Morgen in Schutt und Asche, ganz gleich, ob die Abteilung Ia, Ib, IIa, IIb und mein Betätigungsfeld, das Kriegstagebuch. Alles wird dem Feuertod verschrieben und allerorten sieht man hier in Sloup prasselnde Feuer gen Himmel lodern. Das ist das Ende!

Doch sind wir keinesfalls traurig bei dieser Aktion. Sadistische Freuden empfinden wir beim Flammentod der Ist- und Fehlstärken, Zustandsberichte, Geheimsachen usw. Wir haben das Gefühl, eine Last los zu sein, die uns nächtelang nicht schlafen ließ, die uns manchen schweren Gang verursachte, die uns begleitete wie der eigene Schatten. Nun sind wir nicht mehr „im Dienst". Eine gewisse Erlösung fühlt jedermann heraus, bedeutet diese Vernichtung doch die Wende vom Krieg zum Frieden. Und Frieden heißt Heimkehr! Heimkehr zu unseren Lieben!

Doch wie bitter war der Irrtum!

Die Reaktion des tschechischen Volkes auf die Vorgänge bei uns bleibt nicht aus. Überall finden sich heftig gestikulierende Gruppen ein, ein wenig später sieht man die ersten tschechischen und roten Fahnen, während unsere zerschlissen am Boden liegen. Wie einfach ist es doch, die Gesinnung zu wechseln! Das Hakenkreuz auf weißem Grund wird herausgetrennt und schon ist die rote Fahne fertig! Die Roten dürfen kommen!

So vergeht im Flug der Vormittag. In den Mittagsstunden marschiert in tadelloser Haltung mit Gesang das Feld-Ersatz-Bataillon aus Sloup heraus. Hier sehe ich noch mal Hans H. frisch und gesund vor seiner Kompanie. Gegen Mittag ist auch unsere motorisierte Kolonne in Marsch gesetzt mit dem weitgesteckten Ziel, die Moldau zu überschreiten.

Das Tempo der Fahrt ist flott, doch nur bis zum Einbruch der Dunkelheit. Dann geht es nur stockend vorwärts, denn zu dicht sind die Straßen belegt. Die Kreuzungen erweisen sich als wahre Engpässe. Die Landser werden nervös, jeder möchte schnell weg, möchte am Ziel sein, bevor der Tag mit seinen Gefahren aus der Luft angebrochen ist.

Die Nacht ist lang, wir rutschen nur meterweise vorwärts. Eine Brücke bildet den Übergang für drei große Straßen; hier schein der Verkehr fast ganz blockiert zu sein. Im Osten graut schon der Tag, als wir endlich am anderen Ufer sind, jetzt aber vorwärts, Motor!

9.5.1945

Nach wenigen Kilometern: Halt! Die Fahrzeuge vor uns machen kehrt, denn vorn haben Partisanen die Straße gesperrt. Neue Richtung: Groß Meseritz! Nur stockend arbeitet sich die Kolonne vorwärts. Uns erreicht die Meldung: Groß Meseritz von russischen Fallschirmtruppen besetzt! Wir benutzen nun einen schmalen Umgehungsweg, so wie viele Fahrzeuge vor uns und hinter uns.

Lästig wird uns bei der Fahrt auf diesem schlüpfrigen Weg der Anhänger, der mit Munition beladen ist. In einer Zwangspause halten wir in der Nähe einer gut getarnten Flugzeugfabrik; wir fahren den Anhänger hinein und sprengen Munition und Flugzeugwerk mit acht fertigen Maschinen in die Luft.

Die Fahrt geht weiter; doch ständig überholen uns Radfahrer, Reiter, Kradmelder. Wir sind zu unbeweglich mit dem großen Wagen. Da entdeckt einer von uns, daß wir noch eine Kiste mit Orden- und Ehrenzeichen mit uns führen. In der folgenden Zwangspause wandern sie alle ins Wasser, die Eisernen Kreuze, Sturmabzeichen, Nahkampfspangen, Deutsche Kreuze in Gold; wahrlich – sie waren für andere Zwecke gedacht.

Die Kolonne fährt wieder an, doch nur wenige Meter. Vor uns versuchen plötzlich, einige große Wagen zu wenden. Meldung von vorn: Partisanen-Sperre! Wir fahren querfeldein und versuchen einen anderen Weg zu erreichen. Fast gelingt es, da sticht plötzlich in das gereizte Bienenhaus der unorganisierten, riesigen Kolonne die Nachricht: russische Infanterie von rechts! Tatsächlich! Dort vom Waldrand kommen sie. Hals über Kopf verläßt alles die Fahrzeuge, trennt sich vom Kameraden, vom Gepäck, vom Proviant. Erstes Ziel: den schützenden Waldrand erreichen! Ich schwinge mich auf eine Zugmaschine, die einer Traube von Menschen gleicht.

Im Wald! Erste Atempause! Was ist gerettet? Meine Aktentasche mit Leica, Tagebuchmaterial und eine Büchse Fleisch. Das ist alles! In meiner Begleitung befindet sich nur Held, der Berliner. Alle anderen Kameraden fehlen. Was tun? Hier im Wald die Nacht abwarten, dann weiter durchschlagen nach dem Westen! Karte und Kompaß besitze ich noch.

Ein Blick zurück! Die vermeintlichen Russen dort vom Waldrand her entpuppen sich als deutsche Landser, die ihre Fahrzeuge ebenfalls verlassen haben. Agenten der Seydlitz-Armee waren bei uns wie bei ihnen aufgetaucht mit dem Auftrag, in diesem Durcheinander der aufgelösten Kolonnen diese Verwirrung anzurichten. Jetzt sind die Straßen, so weit das Auge reicht, übersät mit Fahrzeugen aller Art, wertvollstes deutsches Gut, das hier verloren wird. Wahrlich ein Bild der Auflösung! Kapitulation?

Die Uhr steht erst auf sechs. Taufrisch sind Wald und Felder. Wir entschließen uns, schon jetzt zu marschieren; die Ungeduld läßt uns hier nicht rasten. Kleine Gruppen finden sich. Ein jeder sucht und fragt, doch keiner gibt Bescheid. Wir erreichen eine Hauptverkehrsstraße. Vorsichtig arbeiten wir uns heran, denn unheimlich ist die plötzliche Stille um uns und über uns. Was ist los?

Wir warten geraume Zeit. Von Ferne lautes Hupen. Eine Zugmaschine heult näher, vollbesetzt mit Landsern ohne Waffen und unter weißer Flagge. Kapitulation? Sie winken uns zu und fordern uns auf, mitzukommen. Wir winken ab. In diesem Augenblick stoßen Paschke, Duxa und Ernst zu uns. Welche Freude! Nun erst recht: auf eigene Faust westwärts, denn trau, schau wem!

Stunden schon marschieren wir, die Sonne immer im Rücken. Auf den Straßen, die wir vom Wald her sehen, haben die Tschechen schon längst begonnen, den Fahrzeugpark der deutschen Wehrmacht zu übernehmen bzw. auszuplündern. In einer dunklen Waldesschlucht an einem klaren Bächlein kurze Rast. Von hier aus hören wir Geräusche marschierender Kolonnen. Wir ersteigen die Böschung. Da, zwischen den Stämmen der Fichten leuchtet das Band einer dichtbelebten Straße. Kolonne um Kolonne, Fahrzeug um Fahrzeug ziehen westwärts. Zwei Reiter sprengen an uns vorbei, ebenfalls der Straße zu.

Was tun? Warum dieses kraftraubende Schleichen in der Verborgenheit, wenn andere auf leichtere Weise zum gleichen Ziele kommen? Wir entschließen uns, mitzumarschieren. Doch müssen wir eine Bedingung erfüllen: Die Waffen vernichten!

In einem klaren, ungetrübten Waldbach, nicht weit von Deutsch-Brod, rostet heute der blanke Stahl unserer Waffen.

Waffen, die uns die siegreiche Bahn über die Weiten Europas eröffnet, über Lüttich, Maubeuge, Arras, Paris und Bordeaux, über Przemsa, Weichsel und San, über Grodno, Minsk, Smolensk, Witebsk und Wjasma bis vor die Tore Moskaus, Waffen, welche die Gipfel und Grate Italiens, Rumäniens und Ungarns verteidigt, hier starben sie ihren stillen Tod. Knakkend brechen die Teile voneinander, fallen plätschernd in den schweigsamen Bach.

Quelle: Abdruck mit frdl. Genehmigung von Frhr. von Ruffin.

Kommandeure des Hochgebirgsjäger-Bataillons 4

Major Franz Frhr. von Ruffin

Franz Frhr. von Ruffin

* 3.4.1912 Königshofen im Grabfeld
† November 2000

1.4.1931–31.1.1934	Grundausbildung beim 21. Bayerischen Infanterie-Regiment 21 und Infanterie-Schule Dresden
1.3.1934	Leutnant
1.2.1934–30.9.1934	Zugführer 7. Kompanie / Infanterie-Regiment 12
1.10.1934–30.9.1936	Adjutant I. Bataillon / Infanterie-Regiment 42
1.10.1936	Oberleutnant

1.10.1936–31.9.1937	Adjutant und Zugführer II. Bataillon/Infanterie-Regiment 42
1.10.1937–30.6.1938	Chef 16. Kompanie/Infanterie-Regiment 42
1.7.1938–31.10.1939	Chef 10. Kompanie/Gebirgsjäger-Regiment 136 (2. Gebirgs-Division)
1.11.1939–31.5.1940	Lehroffizier im Offziziers-Lehrgang Salzburg
1.3.1940	Hauptmann
1.6.1940–30.6.1941	Kompanie-Chef und Regiments-Adjutant Gebirgsjäger-Regiment 141 (6. Gebirgs-Division)
2.7.1940	Eisernes Kreuz 2. Klasse (Frankreich)
6.4.1941	Verwundung (Bauchschuß) in Griechenland
27.6.1941	Eisernes Kreuz 1. Klasse
1.7.1941–30.9.1942	wieder Lehroffizier im Offziers-Lehrgang Salzburg
1.9.1942	Kriegsverdienstkreuz 2. Klasse
11.10.1942–30.9.1943	Kommandeur II. Bataillon/Gebirgsjäger-Regiment 139 (Finnland)
1.6.1943	Major (bevorzugt)
15.11.1943–14.8.1944	Kommandeur Hochgebirgsjäger-Bataillon 4
15.8.1944–31.1.1945	Kommandeur Küstenverteidigungs-Abschnitt West mit Sitz in San Remo und Kommandeur Gebirgsjäger-Regiment „Meeralpen"
1.2.1945–30.4.1945	Kommandeur Jäger-Regiment 28 (8. Jäger-Division) in der Slowakei und in Mähren
12.5.1945–30.6.1945	Kriegsgefangenschaft

Quelle: Persönliche Angaben Frhr. von Ruffin

Andreas Schönleben

* 11.3.1904 Ickelheim
† 31.10.1971 Kempten

Major (hier als Hauptmann)
Andreas Schönleben

1.1.1925–1.3.1928	1. Kompanie/Infanterie-Regiment 19
1.8.1929	Unteroffizier
1.3.1933	Feldwebel
1.4.1934	Oberfeldwebel
2.3.1928–30.9.1934	beim Stab I. Bataillon/Infanterie-Regiment 19
1.10.1934–31.10.1935	Nachrichtenzug III. Bataillon/Infanterie-Regiment 19
1.11.1935–31.12.1936	Nachrichtenzug I. Bataillon/Infanterie-Regiment 19
26.8.1939–6.12.1939	kl. Kraftwagenkolonne 5/10 (Divisions-Nachschub-Führer 10)
7.12.1939–6.2.1941	Stab/Divisions-Nachschub-Führer 10
1.1.1940	Oberleutnant d.R.
23.6.1940	Eisernes Kreuz 2. Klasse
11.2.1941–5.8.1941	Stab/Gebirgsjäger-Regiment 85
7.6.1941	Eisernes Kreuz 1. Klasse
6.8.1941–26.4.1942	12. Kompanie/Gebirgsjäger-Regiment 85
1.4.1942	Hauptmann d.R.
27.4.1942–20.11.1943	I. Ersatz-Bataillon/Gebirgsjäger-Regiment 138
7.4.1944	Deutsches Kreuz in Gold
15.8.1944–29.4.1945	Kommandeur Hochgebirgsjäger-Bataillon 4
29.4.1945	Major
29.4.1945	amerikanische Kriegsgefangenschaft

Quelle: Bundesarchiv Zentralnachweisstelle Kornelimünster/
Militärarchiv Freiburg/Deutsche Dienststelle Berlin/Archiv Franz Thomas

Bataillonsangehörige
mit Deutschem Kreuz in Gold

Josef Aichwalder

* 2.9.1923 Wasendorf / Steiermark

1.2.1942	Eisernes Kreuz 2. Klasse
28.4.1942	Eisernes Kreuz 1. Klasse
7.1.1944	Ehrenblattspange als Leutnant und Bataillons-Adjutant II. Bataillon / Gebirgsjäger-Regiment 128 für seine am 30.8.1943 begangene Tat bei Prokowo-Kirejewka
30.12.1944	Deutsches Kreuz in Gold als Oberleutnant und Chef 2. Kompanie / Hochgebirgsjäger-Bataillon 4

Quelle: Bundesarchiv Zentralnachweisstelle Kornelimünster /
Militärarchiv Freiburg / Deutsche Dienststelle Berlin / Archiv Franz Thomas

Johann Füchsl

* 13.1.1917 Oberplan

31.7.1944	Antrag auf Verleihung des Deutschen Kreuzes in Gold zuerst abgelehnt, dann bis Kriegsende zurückgestellt (Feldwebel, 4. Kompanie / Hochgebirgsjäger-Bataillon 4)

Quelle: Bundesarchiv Zentralnachweisstelle Kornelimünster /
Militärarchiv Freiburg / Deutsche Dienststelle Berlin / Archiv Franz Thomas

Stellenbesetzung/Kriegsgliederung Hochgebirgsjäger-Bataillon 4

Diese Abschrift der Stellenbesetzung bzw. Kriegsgliederung des Bataillons wurde von Frhr. von Ruffin zur Verfügung gestellt.

Kommandeure	Major Franz Frhr. von Ruffin (15.11.1943–14.8.1944)
	Major Andreas Schönleben (15.8.1944–29.4.1945)
Adjutant	Leutnant Josef Aichwalder (15.11.1943–2.3.1944)
	Oberleutnant Hertlein (3.3.1944–18.7.1944)
	Oberleutnant Ehrle (19.7.1944–16.12.1944)
	Oberleutnant Mahr (17.12.1944–?)
Ord.-Offz.	Leutnant Hertlein (15.11.1943–30.11.1943)
	Leutnant Ehrle (3.3.1944–20.6.1944)
	Leutnant Reeh (21.6.1944–?)
	Oberleutnant Streidl (15.9.1944–?)
IV a	Stabsintendant Schmid (15.11.1943–?)
IV b:	Stabsarzt Dr. Wiedenhöft (15.11.1943–30.4.1944)
	Stabsarzt Dr. Schöpf (1.5.1944–29.4.1945)
	Unterarzt Zwick (25.5.1944–29.4.1945)
IV c	Stabsveterinär Dr. Lenze (15.11.1943–20.11.1944)
1. Kompanie	Leutnant Brutter (15.11.1943–30.11.1944)
	Oberleutnant Hertlein (1.12.1943–26.12.1943)
	Oberleutnant Schmidt (27.12.1943–?)
	Hauptmann Hertlein (1.7.1944–28.9.1944)
	Hauptmann Hertlein (9.12.1944–März 1945)
Offiziere/Zugführer	Leutnant Mahr
	Leutnant Neuner
	Leutnant Reeh
	Feldwebel Schuster
	Oberfeldwebel Ledinegg
	Feldwebel Proemer
	Oberfeldwebel Hahn
2. Kompanie	Leutnant Neuner (15.11.1943–?)
	Oberleutnant Josef Aichwalder (3.3.1944–5.4.1944)
	Leutnant Durnig (April 1944–?)
	Oberleutnant Josef Aichwalder (?–19.2.1945)
Offiziere/Zugführer	Feldwebel Keck
	Leutnant Egle
	Leutnant Vasold

3. Kompanie	Oberleutnant Streidl (15.11.1943–20.9.1944)
	Leutnant Brandl (20.9.1944–20.10.1944)
	Hauptmann Jäger (21.10.1944–?)
Offiziere/Zugführer	Leutnant Maier
	Leutnant Brandl
	Oberfeldwebel Rapp
	Feldwebel Honikel
4. Kompanie	Hauptmann Schönleben (15.11.1943–26.12.1943)
	Leutnant Stumvoll (27.12.1943–4.6.1944)
	Oberleutnant Körbitz (27.6.1944–22.10.1944)
	Leutnant Reeh
	Oberleutnant Körbitz (5.1.1945–?)
Offiziere/Zugführer	Leutnant Stumvoll (15.11.1943–26.12.1943)
	Leutnant Bartowski (?–12.2.1944)
	Oberfähnrich/Leutnant Keck (29.3.1944–20.5.1944)
	Leutnant Janka
	Hauptfeldwebel Steeger
	Leutnant Sturm
	Feldwebel Maimer
	Feldwebel Gnamusch
	Stabsfeldwebel Maier
	Feldwebel Wiedemann
5. (Stabs-)Kompanie	Hauptmann Jäger (15.11.1943–20.9.1944)
	Oberleutnant Streidl (21.9.1944–30.10.1944)
	Oberleutnant Sellier (?–Dezember 1944)
	Oberleutnant Ehrle
	Hauptmann Hertlein (März 1945–9.4.1945)
	Oberleutnant Mahr (10.4.1945–29.4.1945)
Nachr.-Zug	Oberfeldwebel Keßler (15.11.1943–29.4.1945)
Aufkl.-Zug	Oberfeldwebel Radamacher (5.12.1943–20.3.1945)
Pi.-Zug	Leutnant Janka (15.11.1943–5.1.1944)
	Oberfähnrich Keck (6.1.1944–29.3.1944)
	Leutnant Janka (1.4.1944–18.5.1944)
	Leutnant Zika

Offiziere zeitweise bei 5. Kp.: Oberleutnant Körbitz, Leutnant Zika, Leutnant Anhell, Leutnant Ziegler, Leutnant Tank, Leutnant Zerle, Leutnant Tauber

Batterie	Oberleutnant Islitzer (15.11.1943–19.1.1944)
	Oberleutnant Metz (20.1.1944–10.5.1944)
	Leutnant Sellier (11.5.1944–30.6.1944)
	Oberleutnant Metz (1.7.1944–29.4.1945)

Offiziere / VB-Offz. Batt.   Oberleutnant Sellier
                              Leutnant von Klebelsberg
                              Leutnant Maier
                              Leutnant Reischl
                              Hauptwachtmeister Kufner
                              Oberleutnant Scholz
                              Leutnant Riedel (Leutnant Riedel war als VB der schweren
                              Divisions-Artillerie dem Bataillon zugeteilt)

Kriegsgliederung:

Die Kriegsgliederung des Hochgebirgsjäger-Bataillons 4 entspricht den Kriegsgliederungen des Hochgebirgsjäger-Bataillons 3 für die 1. bis 5. Kompanie.

Batterie: 4 Gebirgs-Geschütze 7,5 cm
Während der Einsätze wurde die Batterie durch Beutegeschütze zeitweise bis auf 8 Geschütze aufgestockt. Im Laufe des Einsatzes wurde die Batterie planmäßig durch einen Flakzug mit 4 x 2-cm-Flakgeschützen erweitert.

Troßeinheiten:

a) Gefechtstroß   592 Trag- und Zugtiere
                          8 Kettenkräder
                          4 Kräder
                          3 Pkw

b) Mot.-Troß   26 Lkw mit einer Tonnage von 63 to.

Personelle Gliederung: 23 Offiziere und 5 für IV a–c
                          196 Unteroffiziere
                          1.085 Mannschaften
                          426 Hilfswillige

Gesamtstärke des Bataillons: 1.730 Mann

Ausrüstung des Bataillons 955 Gewehre (Karabiner 98 k)
                          42 Gewehre mit Zielfernrohr
                          68 Gewehre mit Schießbecher
                          471 MPs
                          251 Pistolen (P 38)
                          51 lMG 42
                          8 sMG
                          16 mGrW

Bildteil
Hochgebirgsjäger-Bataillon 4

Eine Tragtierkompanie beim Marsch während der Ausbildung

Vorfeldbeobachtung mittels Scherenfernglas

Foto: Frhr. von Ruffin

*Am Monte Cairo. Die Personen von links: Ofw. Radacher, Unterarzt Dr. Schöpf,
Hauptmann Schönleben und Leutnant Mahr*

Der Pizzo Corno

Suchkommando der 4. Kompanie

Jäger der 4. Kompanie in Arpio

Eine Gruppe des 1. Zuges der 1. Kompanie

Ein Zug Gebirgsjäger auf dem Marsch in leichtem Gelände

Foto: Frhr. von Ruffin

In der Bataillons-Schlucht am Monte Cairo. Links Oberfähnrich Karl-Heinz Keck
und rechts Obergefreiter Sepp Bürger

Verlegung von Fernsprechleitungen

Allgemein

Ausbildung für den Kampf im Gebirge

Ende 1939 entstand in Fulpmes/Tirol durch die Gründung einer Heeres-Hochgebirgsschule die erste zentrale Stätte für die hochalpine Ausbildung bzw. Ausbildung von Gebirgstruppen am Berg. Hier wurden Soldaten und Heeresbergführer für die Gebirgstruppe der Wehrmacht auf den Kampf im Gebirge vorbereitet, wobei vornehmlich die Stubaier Alpen als Übungsgelände dienten. Später wurden Heeresbergführer auch an der Front ausgebildet.

Mit Befehl des OKH im Jahre 1942 verlegte eine Lehrgruppe der Hochgebirgsschule Fulpmes nach Mittenwald (Lager Luttensee). Anschließend wurde die Heeres-Hochgebirgsschule zur Gebirgsjägerschule aufgestockt. Der Schulstab befand sich in der Pionierkaserne Mittenwald. Die Lehrgruppe I (Schießschule für schwere Infanteriewaffen) war im Lager Luttensee und die Lehrgruppe II (Taktikschule) in der Jägerkaserne Mittenwald untergebracht. Die Lehrgruppe III (Hochgebirgsschule) verblieb in Fulpmes.

Gebirgsjägerschule Mittenwald

Eingang zum Lager Luttensee

Kommandeure der
Gebirgsjägerschule Mittenwald

Foto: Archiv Franz Thomas

Adolf Seitz

* 24.8.1891 München
† 10.11.1945 Heidelberg

Oberst Adolf Seitz

1.10.1911	Einjährig-Freiwilliger Kgl. Bayer. 3. Feld-Artillerie-Regiment „Prinz Leopold"
1.7.1912	Unteroffizier (überzählig)
30.9.1912	Offizier-Aspirant (Ernennung)
1.7.1913	Vize-Wachtmeister d.R.
4.8.1914	Kgl. Bayer. 9. Feld-Artillerie-Regiment (1916 verwundet)
27.11.1914	Leutnant d.R.
31.12.1914	Eisernes Kreuz 2. Klasse
9.6.1916	Eisernes Kreuz 1. Klasse
27.6.1916	Bayer. Luftschiffer-Ersatz-Abteilung
22.3.1917	Bayer. Feld-Luftschiffer-Abteilung 4
2.5.1917	Führer Bayer. Ballonzug 212
1.12.1917	mit Bayer. Ballonzug 212 zur Bayer. Feld-Luftschiffer-Artillerie 39
1918	wieder zur Feld-Artillerie, Verwundung
15.3.1918	Oberleutnant d.R.
13.11.1918	aus dem Heeresdienst (mit Wirkung zum 3.12.1918) entlassen
26.4.1919	Nachrichten-Offizier im Freikorps Landsberg, schwer verwundet
Mai 1929	Stahlhelmführer, Bezirksführer, dann Kompanie- und Bataillons-Führer im Stahlhelm
Oktober 1933	Eingliederung in die SA, Ausbildungsleiter der SA-Standarte Landsberg am Lech, Leitung der Schießschule Lechfeld bis 23.1.1935

1.5.1935	Hauptmann (E)
15.7.1936	Hauptmann, zu den aktiven Truppen-Offizieren überführt
15.4.1937	Chef 1. Kompanie/Gebirgsjäger-Regiment 100
20.4.1937	Major (mit Wirkung zum 1.4.1937)
12.10.1937	Stab/Gebirgsjäger-Regiment 99
5.7.1938	Kommandeur II. Bataillon/Gebirgsjäger-Regiment 99 (mit Wirkung zum 15.7.1938)
24.9.1939	Spange zum Eisernen Kreuz 2. Klasse
9.11.1939	Spange zum Eisernen Kreuz 1. Klasse
5.6.1940	Verwundung (erneut: 8.6.1940), Führer-Reserve, Ende Juni 1940 wieder zum Bataillon
5.8.1940	Ritterkreuz als Major und Kommandeur II. Bataillon/ Gebirgsjäger-Regiment 99
14.9.1940	Oberstleutnant (mit Wirkung zum 1.10.1940)
14.2.1941	Stab XXX. Armeekorps, Sachbearbeiter für Gebirgsfragen
24.4.1941	Führer-Reserve, Aufhebung seines Kommandos; Februar–August 1941 Berater in Gebirgsfragen bei rumänischer und bulgarischer Armee
20.8.1941	Verbindungsoffizier beim rumänischen Gebirgs-Korps
18.12.1941	Kommandeur Gebirgsjäger-Ersatz-Regiment 1
8.4.1942	Oberst (mit Wirkung zum 1.4.1942)
30.10.1942–1.10.1943	Kommandeur Gebirgsjägerschule Mittenwald
1.10.1943	Kommandeur Gebirgs-Stab Italien, Befehlshaber in der Operationszone Alpenvorland der Gruppe Witthöft
29.12.1943	Führer-Reserve der Heeresgruppe B (mit Wirkung zum 1.11.1943)
26.7.1944	stellvertretender Führer Jäger-Regiment 741
3.8.1944	Führer Jäger-Regiment 741
9.9.1944	Führer-Reserve Heeresgruppe C, gleichzeitig Kommandierung zum Kommando-Stab der Voralpenzone
29.12.1944	beim Reichsverteidigungs-Kommissar, Verbindungsoffizier und Inspekteur der Erkundungsstäbe
8.5.1945	amerikanische Kriegsgefangenschaft, Lazarett Cortina und Meran
10.11.1945	im Teil-Lazarett Czerny Heidelberg gestorben

Begründung zur Verleihung des Ritterkreuzes (Auszug):

```
In den Tagen vom 5.6.1940 bis 6.6.1940 hat Major Seitz, Stab II.
Bataillon/Gebirgsjäger-Regiment 99, beim Übergang über den Oise-
Aisne-Kanal, bei der Wegnahme des Brückenkopfs bei Pommiers und
bei der Eroberung der St. Amand-Ferme trotz eigener Verwundung und
starker Verluste seines Bataillons durch sein persönliches, unauf-
haltsames Vorreißen der ihm unterstellten Truppen den Schlüssel-
punkt der feindlichen Verteidigung gestürmt und die feindlichen
Stellungen endgültig durchbrochen. Er hat damit einen Erfolg er-
zwungen, der über den Rahmen seines Bataillons und Regiments hinaus
von entscheidender Bedeutung war.
```

Quelle: Bundesarchiv Zentralnachweisstelle Kornelimünster/ Militärarchiv Freiburg/Deutsche Dienststelle Berlin/Archiv Franz Thomas

Foto: Archiv Franz Thomas

Rudolf Ott

* 10.2.1905
† seit 22.11.1944 vermißt

Oberst (hier Oberstleutnant)
Rudolf Ott

10.1.1943	Deutsches Kreuz in Gold als Kommandeur Jäger-Regiment 228
1.5.1943	Oberst beim Stab Gebirgsjägerschule Mittenwald
1.10.1943	Kommandeur Gebirgsjägerschule Mittenwald

Quelle: Bundesarchiv Zentralnachweisstelle Kornelimünster/
Militärarchiv Freiburg/Deutsche Dienststelle Berlin/Archiv Franz Thomas

Oberst Franz Wilhelm Pfeiffer

Franz Wilhelm Pfeiffer

* 23.10.1907 München
† 20.11.1994 München

1.11.1924	Eintritt Minenwerfer-Kompanie / Infanterie-Regiment 19
1.11.1926	Oberschütze
1.8.1928	Gefreiter
1.3.1929	Unteroffizier
1.3.1931	Unterfeldwebel
4.5.1931	Heeres-Bergführer (Ernennung)
1.2.1932	Feldwebel
3.7.1934–25.7.1934	Unteroffizier-Lehrgang (München)
1.9.1934	Leutnant
1.9.1934	Minenwerfer-Kompanie / Infanterie-Regiment 21 (Nürnberg)
2.2.1935	Oberleutnant
1.3.1935–26.3.1935	stellvertr. Führer 14. (Panzer-Abwehr-)Kompanie / Infanterie-Regiment 21
27.3.1935	stellvertr. Führer Regiments-Nachrichten-Zug / Infanterie-Regiment 21
15.10.1935	Führer 13. (Minenwerfer-)Kompanie / Gebirgsjäger-Regiment 100
22.8.1936	Chef 13. (Minenwerfer-)Kompanie / Gebirgsjäger-Regiment 100
1.1.1938	Hauptmann
10.11.1938	Chef 14. (schwere) Kompanie / Gebirgsjäger-Regiment 100
17.11.1938–2.12.1938	Lehrer beim Lehrgang für Ausbilder am leichten Gebirgs-Infanterie-Geschütz 18 (Bad Reichenhall)
17.9.1939	Chef 14. Kompanie / Gebirgsjäger-Regiment 100, schwere Verwundung bei Hule bei Grodek
12.10.1939	Eisernes Kreuz 2. Klasse
26.2.1940–8.11.1940	Lehrer und Sachbearbeiter für Infanterie-Geschütze Gebirgs-Schießschule Glasenbach
1.3.1940	Eisernes Kreuz 1. Klasse
30.10.1940	Gebirgsjäger-Regiment 136 (Kirkenes)

20.11.1940–15.12.1940	Kompanie-Führer und Lehrgangs-Leiter für schwere Infanterie-Geschütze bei der 163. Gebirgs-Division (Lillehammer) / AOK Norwegen
6.1.1941	Lehrgangs-Leiter bei der 163. Gebirgs-Division; Aufstellung eines Ski-Bataillons
27.2.1941	Chef 6. Kompanie / Gebirgsjäger-Regiment 136
1.4.1941	Chef 15. Kompanie / Gebirgsjäger-Regiment 100
13.6.1941	Ritterkreuz als Hauptmann und Chef 15. Kompanie / Gebirgsjäger-Regiment 100
15.10.1941	Major
Februar 1942	Kommandeur II. Bataillon / Gebirgsjäger-Regiment 100
22.8.1942	leichte Verwundung
August 1942–5.11.1942	Führer Gebirgsjäger-Regiment 100
5.12.1942	Führer-Reserve OKH Heeresgruppe Nord
13.12.1942	Deutsches Kreuz in Gold als Major und Kommandeur II. Bataillon / Gebirgsjäger-Regiment 100
31.12.1942	Ärmelband Kreta
15.1.1943	Regiments-Führer Gebirgsjäger-Regiment 100, schwer verwundet
12.4.1943	Führer-Reserve OKH
2.6.1943	Gebirgsjäger-Ersatz-Bataillon 100 (Bad Reichenhall)
17.3.1943	Kommandeur 2. Regiment / Division Brandenburg
8.8.1943	Oberstleutnant
20.2.1944	Oberst
7.11.1944	Führer-Reserve OKH
23.11.1944–8.5.1945	Kommandeur Gebirgsjägerschule Mittenwald

Nennung im Wehrmachtbericht vom 2. Mai 1941:
„Bei den Kämpfen in Mazedonien und Thrazien haben sich der Major Esch, die Hauptleute Mayerhofer und Pfeiffer eines Gebirgsjäger-Regimentes [...] durch besondere Tapferkeit ausgezeichnet."

Begründung zur Verleihung des Ritterkreuzes (Auszug):

Bei dem Angriff auf den festungsartig mit stärksten Bunkern und unterirdischen Anlagen ausgebauten Eckpfeiler der griechischen Rupel-Paß-Stellung war Hauptmann Pfeiffer als Führer der schweren Bunkerbekämpfungswachen eingeteilt. Er hat seine Waffen in wirksamster Schußentfernung ungeachtet des feindlichen MG-Feuers vorgebracht und eingewiesen, dann in einer geradezu idealen Weise die Bunker, auf die die Artillerie sonst keine Wirkung hatte, zum Schweigen gebracht.
So kam es zu dem Erfolg der 11. Kompanie, sie konnte einen Bunker aufsprengen und die anderen zehn von außen besetzen und die Scharten verdämmen. Die Schlüsselstellung zum Angriff auf das Hauptwerk Arpaluki war damit in eigener Hand, damit die Möglichkeit, das Werk an der schwersten Stelle zu fassen.

Quelle: Bundesarchiv Zentralnachweisstelle Kornelimünster / Militärarchiv Freiburg / Deutsche Dienststelle Berlin / Archiv Franz Thomas

Die Heeres-Hochgebirgsschule Fulpmes in Tirol

Das Oberkommando des Heeres richtete 1939 in Fulpmes die erste Heeres-Hochgebirgsschule ein. An ihr sollten Heeresberg- und Skiführer ausgebildet werden. Die dort ausgebildeten Heeresbergführer gaben ihr Wissen und Können den Gebirgstruppen an der Front weiter. Die Schule befand sich im 1938 geschlossenen Schülerheim der Salesianer Don Boscos. In den Baracken des Reichsarbeitsdienstes waren die Büros und Unterkünfte der Stammkompanie sowie ein Raum für die alpine Ausrüstung und eine Bekleidungskammer untergebracht. Eine Baracke wurde als Stall mit Sattelkammer und Beschlagschmiede eingerichtet. Sie beherbergte etwa 40 bis 50 Pferde und Mulis, die mit der Kraftfahrzeugabteilung die Versorgung der Schutzhütten besorgte. Weiter gab es eine Waffen-, Schneider- und Schusterwerkstätte. Verpflegung kam aus der eigenen Küche. Die Stammkompanie bestand aus rund 80 bis 100 Mann, und die Gesamtzahl der Kursteilnehmer bzw. Auszubildende betrug jeweils 40 bis 50 Mann. Ausbilder waren ausnahmslos Heeresbergführer. Mehrere Kurse fanden im Sommer statt. Sie umfaßten Frühjahrsskilauf auf den Gletschern und Kletterkurse. Im Winter gab es Kurse in Gestalt von alpiner und taktischer Ausbildung im Gebirge. Die Lehrgänge selber fanden nach kurzer, meist theoretischer Einführung in Fulpmes, im hochalpinen Gelände um Schutzhütten der Ostalpen statt. Im Stubaital wurden vorwiegend die Franz-Senn-Hütte und die Dresdner Hütte sowie im Winter die Adolf-Pichler-Hütte als Ausgangslager benützt. Die Erfahrungen, die man an den alpinen und hochalpinen Geräten sammelte, waren richtungweisend und haben zum Teil noch heute Gültigkeit.

Quelle: Emerich Pittl, Fulpmes

Heeres-Hochgebirgsschule Fulpmes (Tirol)

Foto: Archiv Franz Thomas

Die Heeres-Hochgebirgsschule bereitet sich im Sommer 1941 auf Lehrtätigkeit im Winter vor: Behelfstarnanzüge werden anprobiert.

Die Ski werden weiß gestrichen.

Kommandeure der
Heeres-Hochgebirgsschule Fulpmes

(Paul Bauer, der ebenfalls Kommandeur der Heeres-Hochgebirgsschule Fulpmes gewesen ist, wurde bereits im Kapitel über das Hochgebirgsjäger-Bataillon 2 und im Kapitel über die Bergsteiger, die an dieser Schule stationiert waren, behandelt.)

Oberst Michael Lagger

Michael Lagger

† 1.3.1941 Straß / Zillertal

1.10.1935	Oberst (Stab 18. Armee-Korps).
bis 1938 / 39	Bataillons- und Ortskommandant des Kärntner Alpenjäger-bataillons Nr. 5 in Villach.
15.11.1939–1.3.1941	Erster Kommandeur der Heeres-Hochgebirgsschule Fulpmes
1.3.1941	bei einem Verkehrsunfall in der Nähe von Straß im Zillertal ums Leben gekommen

Quelle: Bundesarchiv Zentralnachweisstelle Kornelimünster /
Militärarchiv Freiburg / Deutsche Dienststelle Berlin / Archiv Franz Thomas

Foto: Archiv Franz Thomas

Oberst Hans von Schlebrügge

Hans Emil Franz Ludwig von Schlebrügge

* 1.5.1900 Kassel
† 26.4.1972 Pullach bei München

1917–1918	Teilnahme an den Schlachten: Vogesen, Elsaß, Somme und Flandern
10.9.1917	Eisernes Kreuz 2. Klasse
23.4.1918	Eisernes Kreuz 1. Klasse
8.6.1918	Leutnant (ohne Patent)
1921	Kampf gegen die Polenaufstände in Oberschlesien als Führer eines Freikorps, Verteidigung des eingeschlossenen Gleiwitz
1.8.1935–15.8.1935	Heeresbergführerlehrgang
1.9.1935	Oberleutnant d.R.
6.12.1935	Hauptmann, dem Gebirgsjäger-Regiment 100 zugeteilt
24.10.1936	Heeresbergführer
11.5.1939–21.5.1939	Lehrgangsleiter des 1. Heeresbergführer-Anwärter-Kurses im winterlichen Gebirge

21.5.1939–10.6.1940	Bataillons-Führer im Gebirgsjäger-Regiment 139
29.2.1940	Major
26.4.1940	Spange zum Eisernen Kreuz 2. Klasse
9.5.1940	Spange zum Eisernen Kreuz 1. Klasse
11.6.1940–22.9.1940	Kommandeur I. Bataillon/Gebirgsjäger-Regiment 138
20.6.1940	Ritterkreuz als Major und Chef 1. Kompanie/Gebirgsjäger-Regiment 139
23.9.1940–31.3.1941	Kdr. III. Bataillon/Gebirgsjäger-Regiment 139
10.11.1940	Narvikschild
23.4.1941–25.10.1941	Kommandeur Heeres-Hochgebirgsschule Fulpmes
26.10.1941–15.12.1941	Kommandeur Winter-Lehr-Abteilung der Heeres-Hochgebirgsschule Fulpmes/Einsatz im Operationsgebiet der Heeresgruppe Mitte
12.12.1941	Auftrag zur Aufstellung eines Ski-Bataillons
16.12.1941–7.9.1942	Kommandeur Ski-Bataillon Schlebrügge
13.1.1942	schwer verwundet (Unterschenkelschußbruch), Übergabe des Bataillons an Oberleutnant Erich Hett
14.1.1942–6.7.1942	Lazarettaufenthalte
20.3.1942	Oberstleutnant
7.9.1942–24.6.1943	Führer-Reserve OKH
25.6.1943–19.8.1943	Führer-Reserve Heeresgruppe Mitte, Sachbearbeiter für Winterfragen
8.9.1943	Oberst
20.8.1943–12.5.1944	Kommandeur Skijäger-Brigade 1
13.6.1944	Stab 1. Skijäger-Division
15.7.1944	Kommandeur Grenadier-Regiment 1125
22.7.1944	Kommandeur Gebirgsjäger-Brigade 139
13.5.1944–23.6.1944	Kommandeur Karpaten-Brigade Schlebrügge
Mai 1945	in der Steiermark in britische Gefangenschaft

Presseveröffentlichung zur Verleihung des Ritterkreuzes:
„Major von Schlebrügge hat mit seiner Kompanie von Hundalen aus gegen die schwedische Grenze ein dort stehendes norwegisches Bataillon angegriffen und dieses völlig aufgerieben. Erst dadurch kam die ganze Erzbahn bis zur schwedischen Grenze in deutsche Hand. Bei allen späteren Abwehrkämpfen hat er sich an den Brennpunkten der Gefechte durch hervorragende Tapferkeit und tatkräftige Führung der ihm unterstellten Einheiten ausgezeichnet."

Quelle: Bundesarchiv Zentralnachweisstelle Kornelimünster/
Militärarchiv Freiburg/Deutsche Dienststelle Berlin/Archiv Franz Thomas

19.8.1941: General der Infanterie Friedrich Olbricht beim Abschreiten der Front anläßlich einer Lehrer-Ausbildung der Heeres-Hochgebirgsschule Fulpmes. Hinter Olbricht geht Major von Schlebrügge.

9.7.1941: San-Rettungs-Übung im Gebiet des Hafelekar der Heeres-Hochgebirgsschule
Fulpmes. Links im Bild Major von Schlebrügge, in der Mitte Generalarzt Arthur Beltinger

Fotos dieser Doppelseite: Archiv Franz Thomas

19.8.1941: Major von Schlebrügge, Major Jahn und General Olbricht
während der Lehrer-Ausbildung an der Heeres-Hochgebirgsschule Fulpmes

Hauptmann Albert Gaum

Albert Gaum

* 15.10.1914 Kempten
† Juli 1978 Korsika

1.4.1933	Eintritt in die 2. Kompanie / 19. (Bayerisches) Infanterie-Regiment
18.12.1933	Unteroffizier
1.5.1934	Fahnenjunker
4.5.1934–21.12.1934	Infanterie-Schule München
22.9.1934	Fähnrich
17.12.1934	Oberfähnrich
20.4.1935	Leutnant
15.10.1935	Stab III. Bataillon / Gebirgsjäger-Regiment 100, Weltmeister im Militär-Patrouillen-Lauf in Zakopane
7.4.1936	Nachrichten-Offizier im Stab III. Bataillon / Gebirgsjäger-Regiment 100
10.12.1937	Heeresbergführeranwärter
22.4.1938–3.5.1938	Lehrgang bei der Gebirgs-Nachrichten-Abteilung 54
31.5.1938	Oberleutnant

27.10.1939	Eisernes Kreuz 2. Klasse
26.11.1939	Chef 11. Kompanie/Gebirgsjäger-Regiment 100
9.6.1940	Eisernes Kreuz 1. Klasse
18.3.1941	Hauptmann
13.6.1941	Ritterkreuz als Hauptmann und Chef 11. Kompanie/ Gebirgsjäger-Regiment 100
21.6.1941	mit Wirkung vom 9.6.1941 an die Heeres-Hochgebirgsschule Fulpmes versetzt
23.7.1941	Stabs-Offizier z.b.V. an der Heeres-Hochgebirgsschule Fulpmes
29.9.1941–21.5.1942:	Kommandeur Heeres-Hochgebirgsschule Fulpmes
16.8.1942	mit Wirkung vom 4.8.1942 zum Stab 10. Panzer-Division kommandiert
31.12.1942	zur Heeresgruppe Don unter gleichzeitiger Kommandierung zur 7. Panzer-Division
27.12.1943	mit Wirkung 10.10.1943 Kommandeur Grenadier-Bataillon 928
26.12.1944	als Führer III. Bataillon/Führer-Begleit-Brigade an der Westfront vermißt

Begründung zur Verleihung des Ritterkreuzes (Auszug):
„Hauptmann Gaum ist ein in Polen, im Westen und Südosten immer hochbewährter, ungemein tatkräftiger und entschlußfreudiger Kompanieführer, der durch die Erstürmung der ‚Werkgruppe Kelkaja‘ eine wesentliche Grundlage zum Durchbruch der Metaxaslinie westlich der Struma geschaffen hat."

Quelle: Bundesarchiv Zentralnachweisstelle Kornelimünster/
Militärarchiv Freiburg/Deutsche Dienststelle Berlin/Archiv Franz Thomas

Hauptmann Gaum setzte, nachdem ein Angriff gegen die Befestigungsgruppe Kelkaja in dem rasenden MG.- und Flakabwehrfeuer zusammengebrochen war, auf Grund persönlich durchgeführter Erkundung einen halben Zug seiner Kompanie zur Eröffnung eines Weges durch das Sperrsystem bis zum vordersten Bunker der Werkgruppe an. Es war dann ein entscheidender Entschluß des Hauptmanns Gaum, unter Ausnutzung des Erfolges dieses Spähtrupps sofort zum Angriff zu schreiten. An der Spitze seines zweiten Zuges riß er den Angriff im stärksten Abwehrfeuer gegen den ersten Bunker vor. Infolge der starken Verluste kam es nochmals zu einer ernsten Krise beim Angriff. Wieder war es Hauptmann Gaum, der sie durch seine klare, zielsichere Führung und sein tapferes persönliches Beispiel meisterte. Er führte zwei seiner Züge bis zum Gipfelbunker vor und setzte sie dort zur Wegnahme der noch kampffähigen Bunker an. Zwei Stunden später war das ganze Werk in der Hand des Angreifers. Damit war die erste entscheidende Bresche in die starke westliche Struma-Verteidigungsstellung geschlagen. — Hauptmann Albert Gaum wurde am 15. Oktober 1914 zu Kempten im Allgäu als Sohn eines Rentiers geboren. Er erlangte auf dem Gymnasium Kempten das Reifezeugnis und trat am 1. April 1933 als Schütze in das J.R. 19 ein. Nach seiner Beförderung zum Fähnrich wurde er am 1. April 1935 im Gebirgsjäger-Regiment 100 zum Leutnant und am 18. April 1941 zum Hauptmann befördert.

Zeitungsausschnitt (Quelle konnte nicht ermittelt werden) mit der Beschreibung jener militärischen Tat, die zur Verleihung des Ritterkreuzes an Hauptmann Gaum geführt hat.

179

Oberst Ludwig Delle-Karth

Ludwig Delle-Karth

* 26.7.1905 Gaming (Niederösterreich)

15.1.1923	Eintritt Alpenjäger-Regiment 12
1.2.1927	Leutnant
11.10.1928	Heeresbergführerkurs
19.10.1929	Heeresbergführergehilfe
7.7.1930	Heeresbergführer-Sommerkurs
1.2.1931	Oberleutnant, Absolvierung des Heeresbergführer-Winterkurses
16.10.1931	Heeresbergführerkurs
19.2.1933	Lehrer im Winteralpinkurs der Heeresschule Enns
2.7.1933	Lehrer im Heeresbergführer-Sommerkurs
1.11.1933	Heeresbergführer
1.1.1934	2. Kompanie/Alpenjäger-Regiment 12
2.10.1935	Adjutant II. Bataillon/Alpenjäger-Regiment 12
2.10.1936	Chef 4. Kompanie/Alpenjäger-Regiment 12
12.11.1936	kommandiert zum III. italienischen Alpini-Regiment in Pinerolo
25.6.1937	Hauptmann

28.8.1937	Alpinireferent 6. Divisions-Kommando
14.3.1938	Übernahme ins deutsche Heer
1.8.1938	Chef 3. Kompanie/Gebirgsjäger-Regiment 136
26.8.1939	Kommandeur Gebirgsjäger-Ersatz-Bataillon 136
24.2.1940	Kommanderr II. Bataillon/Gebirgsjäger-Ersatz-Regiment 136
19.3.1940	Kommandeur Radfahr-Bataillon 403/Gebirgsjäger-Ersatz-Regiment 136
22.6.1940	Eisernes Kreuz 2. Klasse
24.6.1940	Eisernes Kreuz 1. Klasse
1.10.1940	Major
2.1.1942	Deutsches Kreuz in Gold als Major und Kommandeur Radfahr-Bataillon 403/Gebirgsjäger-Ersatz-Regiment 136
2.6.1942–28.9.1942	Führer Ausbildungsstab für Hochgebirgstruppen
3.6.1942	kommandiert zum Ausbildungsstab für Hochgebirgstruppen
16.9.1942	kommandiert zur Heeres-Hochgebirgsschule Fulpmes
29.9.1942–1.10.1943	Kommandeur Heeres-Hochgebirgsschule Fulpmes
1.4.1943	Oberstleutnant
1.12.1943	Kommandeur Grenadier-Regiment 946
1.9.1944	Oberst
6.10.1944	Kommandeur des Wehrkreis-Unterführer-Lehrgangs XVIII
7.12.1944	Kommandeur Grenadier-Regiment 706

Quelle: Bundesarchiv Zentralnachweisstelle Kornelimünster/
Militärarchiv Freiburg/Deutsche Dienststelle Berlin/Archiv Franz Thomas

IM NAMEN DES FÜHRERS
UND OBERSTEN BEFEHLSHABERS
DER WEHRMACHT
VERLEIHE ICH
DEM
MAJOR
LUDWIG DELLE KARTH
KOMMANDEUR RDF. BTL. 403
DAS DEUTSCHE KREUZ
IN GOLD
HAUPTQUARTIER, DEN 6. JANUAR 1942
OBERKOMMANDO DES HEERES
GENERALFELDMARSCHALL

Oberstleutnant Karl Eisgruber

Karl Eisgruber

* 2.12.1905 Aichach
† 25.4.1980 Kempten

14.1.1924	Eintritt 10. Kompanie / 19. (Bayerisches) Infanterie-Regiment
1.2.1928	Gefreiter
28.8.1928	Unteroffizier-Anwärter
1.10.1928	Oberjäger
16.1.1929	XIX. Lehrgang Wunsdorf
1.10.1930	Unterfeldwebel
1.6.1931	Feldwebel
20.1.1935	Oberleutnant
15.10.1935	Führer 7. Kompanie / Gebirgsjäger-Regiment 99
20.4.1937	Hauptmann
10.11.1938	Chef 8. Kompanie / Gebirgsjäger-Regiment 99
26.8.1939	Chef 16. Kompanie / Gebirgsjäger-Regiment 99
25.10.1939	Eisernes Kreuz 2. Klasse
24.10.1940	Eisernes Kreuz 1. Klasse

1.8.1941	Führer II. Bataillon / Gebirgsjäger-Regiment 99
1.10.1941	Kommandeur Gebirgsjäger-Feldersatz-Bataillon 54
9.11.1941	Major
24.5.1942:	Deutsches Kreuz in Gold als Major und Kommandeur Gebirgsjäger-Feldersatz-Bataillon 54
29.8.1942–5.9.1942	Führer der Kampfgruppe Eisgruber im Hochkaukasus
23.12.1942	Führer Gebirgsjäger-Regiment 98
1.4.1943	Kommandeur Gebirgsjäger-Feldersatz-Bataillon 54
17.7.1943	Nennung im Ehrenblatt des Heeres als Major und Kommandeur Gebirgsjäger-Bataillon 54
5.11.1943	Führer-Reserve OKH
11.12.1943	mit Wirkung vom 15.9.1943 Kommandeur Lehrgruppe III / Gebirgsjäger-Schule Mittenwald (Heeres-Hochgebirgsschule Fulpmes), Heeresbergführer
31.8.1944	mit Wirkung vom 21.7.1944 mit der Führung des Gebirgsjäger-Regiments 98 beauftragt
1.12.1944	Kommandeur Gebirgsjäger-Regiment 98
15.2.1945	Oberstleutnant
9.5.1945	westalliierte Kriegsgefangenschaft (bis 1946)
1.6.1945	Ritterkreuz als Oberstleutnant und Kommandeur Gebirgsjäger-Regiment 98

Das Ritterkreuz wurde Eisgruber durch das AOK 6 aufgrund früherer Vorschläge mit Verfügung IIa vom 30.5. bzw. 1.6.1945 verliehen. Aufgrund des Ermächtigungserlasses war AOK 6 nicht verleihungsberechtigt, außerdem war ab 11.5. durch die Regierung Dönitz eine Verleihungssperre verfügt worden.

Über die Verleihung des Ritterkreuzes an Karl Eisgruber schreibt Franz Thomas in seinem Buch „Die Ritterkreuzträger der Deutschen Wehrmacht 1939–1945": „Die Verleihung des Ritterkreuzes muß als Würdigung der überragenden Leistungen Karl Eisgrubers in den Jahren 1943–1945 angesehen werden, denn nach der Waffentat von Troizkaja (Ehrenblatt) kamen noch weitere außergewöhnliche Beweise seiner persönlichen Tapferkeit und Kaltblütigkeit in jeder Lage hinzu."

Quelle: Bundesarchiv Zentralnachweisstelle Kornelimünster / Militärarchiv Freiburg / Deutsche Dienststelle Berlin / Archiv Franz Thomas

Einige Lehrer an der
Heeres-Hochgebirgsschule Fulpmes

Hauptmann Hans Daumiller

Hans Daumiller

* 19.8.1910 Kempten
† 12.1.1942 Roslawl / Ostfront

1934	Freiwilliger im Gebirgsjäger-Regiment 99
1.9.1936	Leutnant 1. Kompanie / Gebirgsjäger-Regiment 99
1.10.1938	Oberleutnant
3.1.1939	Adjutant I. Bataillon / Gebirgsjäger-Regiment 98
4.10.1939	Eisernes Kreuz 2. Klasse
18.10.1939	Stab I. Bataillon / Gebirgsjäger-Regiment 98
1.5.1940	Chef 11. Kompanie / Gebirgsjäger-Regiment 98
28.5.1940	Eisernes Kreuz 1. Klasse
29.9.1940	Ritterkreuz als Oberleutnant und Chef 11. Kompanie / Gebirgsjäger-Regiment 98
1.1.1942	Hauptmann
27.2.1941	Lehrer für Hochgebirgs- und Winterausbildung an der Heeres-Hochgebirgsschule Fulpmes
5.1.1942	Kompanie-Chef 1. Kompanie / Ski-Jagd-Bataillon Schlebrügge
11.1.1942	Beim Hantieren mit einer Maschinenpistole löste sich ein Schuß und traf Daumiller in den Unterleib. Franz Thomas gibt hierzu folgende Darstellung: „Bei der 1. Kompanie / Jagd-Bataillon I (Roslawl) durch Unfall verwundet. Am 12.1.1942 im Kriegslazarett Roslawl an den Folgen verstorben."

Quelle: Bundesarchiv Zentralnachweisstelle Kornelimünster /
Militärarchiv Freiburg / Deutsche Dienststelle Berlin / Archiv Franz Thomas

Gebirgs-Jäger-Regiment 98   Rgt.St.Qu., 2.10.1940

Regimentstagesbefehl Nr. 50

Der Führer und Oberste Befehlshaber hat am 29.9.1940
dem
Oberleutnant Daumiller, Chef 11./G.J.R. 98
das
Ritterkreuz des Eisernen Kreuzes

verliehen für die am 6.6.1940 selbständige und an der Spitze seiner
Kompanie erfolgte Wegnahme der zur Festung ausgebauten Ortschaft
Bethancourt am Aisne-Oise-Kanal, die für die Division und im besonderen für den linken Nachbarn von entscheidender Bedeutung war und
die infolge des sehr gewandten Ansatzes und der geschickten Durchführung bei ganz geringen eigenen Verlusten eine große Zahl zäh
verteidigender Franzosen samt ihren Offizieren als Gefangene er-
brachte.
Ich spreche dem vorbildlich tapferen Offizier, der sich bei allen
anderen Gelegenheiten gleich vorbildlich gezeigt hat, im Namen aller Soldaten des Regiments meine besten Glückwünsche aus.
Dieser Befehl ist allen Angehörigen des Regiments durch die Führer
der Einheiten bekanntzugeben.

Picker

Foto: Privat

Grabstelle von Hans Daumiller

Foto: Archiv Franz Thomas

Oberleutnant (hier Oberfeldwebel)
Johann Hengstler

Johann Friedrich Wilhelm Hengstler

* 11.7.1913 Öfingen/Baden
† 8.2.1998 Murnau

4.4.1935	Eintritt in die 17. Ausbildungs-Kompanie/Infanterie-Regiment München
1.4.1936	Oberjäger
15.10.1935–11.10.1937	3. Kompanie/Gebirgsjäger-Regiment 99
12.10.1937–15.9.1939	3. Kompanie/Gebirgsjäger-Regiment 98
14.12.1937	Heeresbergführer-Anwärter (Ernennung)
13.10.1939–10.1.1940	1. Kompanie/Gebirgsjäger-Ersatz-Bataillon 98, Mittenwald
1.11.1939	Eisernes Kreuz 2. Klasse
1.4.1940	Feldwebel
26.5.1940–13.7.1940	Marsch-Bataillon II (Meldung vom 14.7.1940: von 1. Kompanie/Gebirgsjäger-Feldersatz-Bataillon 54 in die 3. Kompanie/Gebirgsjäger-Regiment 98)
1.11.1940–14.3.1941	Kommando 1. Gebirgs-Division
15.3.1941–7.9.1941	3. Kompanie/Gebirgsjäger-Regiment 98
1.4.1941	Oberfeldwebel
20.7.1941	Eisernes Kreuz 1. Klasse
25.7.1941	Heeresbergführer (Ernennung)
7.8.1941	schwere Verwundung: Ellenbogendurchschuß rechter Arm
12.9.1941	Ritterkreuz als Oberfeldwebel und Zugführer 3. Kompanie/Gebirgsjäger-Regiment 98
8.8.1941–14.1.1942	Feld- und Heimatlazarett, ab 7.9.1941 der 1. Kompanie/Gebirgsjäger-Ersatz-Bataillon 98 zugeteilt
15.1.1942–19.6.1942	7. Kompanie/Gebirgsjäger-Ersatz-Bataillon 98, Garmisch
20.6.1942–24.9.1942	Schule I für Offizier-Anwärter der Infanterie in Dresden, Teilnahme am 10. Offizieranwärter-Lehrgang
1.9.1942	Fahnenjunker
26.9.1942	Leutnant
7.1.1943–4.4.1943	Hilfs-Offizier 2. Genesenden-Kompanie/Gebirgsjäger-Ersatz-Bataillon II./98

5.4.1943–24.8.1943	Genesenden-Kompanie II./98 zum Gebirgsjäger-Reserve-Regiment 1
15.8.1943–17.9.1943	Stab Einsatz-Regiment Schubert
18.9.1943–14.1.1944	Reserve-Gebirgsjäger-Bataillon 98
15.1.1944–31.3.1944	Lehr-Offizier an der Gebirgsjäger-Schule, Lehrgruppe II, Mittenwald
1.4.1944–10.8.1944	Lehr-Offizier an der Hochgebirgs-Kampfschule 1, Fulpmes
11.8.1944–10.10.1944	Gebirgsjäger-Schule, Lehrgruppe II, Mittenwald
11.10.1944–8.5.1945	Gebirgsjäger-Schule, Lehrgruppe II (Hochgebirgs-Kampfschule)
8.1.1945–8.2.1945	Front-Lehr-Kommando 1, Westalpen
15.2.1945–16.2.1945	Unternehmen „Himmelfahrt" Col du Midi (3.610 m)
23.3.1945	Oberleutnant
Bundeswehr	Lehrer und Ausbildungsleiter an der Kampftruppenschule IV

Begründung zur Verleihung des Ritterkreuzes (Auszug):
„Während der Schlacht von Podwysokoje hielt die 1. Gebirgs-Division in der Nacht vom 6./7.8.41 ihre erreichte Stellung. Die eingeschlossenen Russen versuchten verzweifelt, den um sie geschlossenen Ring zu sprengen. Einer ihrer Hauptstöße richtete sich gegen das I. Bataillon/Gebirgsjäger-Regiment 98. Bei der Abwehr des feindlichen Durchbruchversuches auf dem linken Flügel des Bataillons hat der bereits schwerverwundete Oberfeldwebel Hengstler nicht nur beispielhafte Tapferkeit gezeigt, sondern auch einen Kampferfolg erzielt, der für die Gesamtlage der Division von Bedeutung war. Nach Ausfall sämtlicher Offiziere hatte er die Führung der Kompanie übernommen."

Quelle: Bundesarchiv Zentralnachweisstelle Kornelimünster/
Militärarchiv Freiburg/Deutsche Dienststelle Berlin/Archiv Franz Thomas

Foto: Archiv Franz Thomas

Paul Gustav Jacob

* 4.2.1909 Leipzig
† 18.8.1979 Grainau / Oberbayern

*Major (hier Hauptmann)
Paul Gustav Jacob*

15.4.1935	3. MG-Ergänzungs-Kompanie, Sulzbach
1.11.1935	Oberjäger
10.2.1936	7. Kompanie / Gebirgsjäger-Regiment 99, Füssen
15.4.1936–24.4.1936	Heeresbergführer-Kurs, Winterkurs (Nebelhorn, Rappenseehütte)
15.7.1936–22.7.1936	Heeresbergführer-Kurs, Felskurs (Luitpoldhaus)
6.4.1937–16.4.1937	Heeresbergführer-Kurs, Winterkurs (Kenzenhütte, Lechtaler Alpen)
21.4.1937–30.4.1937	Heeresbergführer-Kurs, Winterkurs (Giebelhaus, Luitpoldhaus)
6.7.1937–16.7.1937	Heeresbergführer-Kurs, Felskurs (St. Bartholomä, Wimbachgries)
30.9.1937–5.10.1937	Heeresbergführer-Kurs, Eiskurs (Blaueishütte)
10.10.1937–20.10.1937	Heeresbergführer-Kurs, Eiskurs (Blaueishütte)
10.11.1938	8. Kompanie / Gebirgsjäger-Regiment 99
1.9.1939–21.9.1939	Gruppen- und Zugführer 8. Kompanie / Gebirgsjäger-Regiment 99
19.9.1939	Verwundung nördl. Lemberg: Granatsplitter rechte Hand
22.9.1939–12.11.1939	Reserve-Lazarett Przemysl und Wien, anschl. Urlaub
13.11.1939–8.1.1940	3. Kompanie / Gebirgsjäger-Ersatz-Bataillon 99, Sonthofen
24.11.1939	Eisernes Kreuz 2. Klasse
10.12.1939	Heeresbergführer (Ernennung)
1.1.1940	Feldwebel
9.1.1940–21.11.1940	Heeres-Hochgebirgsschule-Fulpmes (ab 1.5.1940: Lehr-Offizier)
24.5.1940	Offizier-Wahl durch Offizier-Korps / Heeres-Hochgebirgs-schule Fulpmes
25.6.1940	Leutnant d.R.
22.11.1940–8.6.1941	Inspektionschef der Heeres-Hochgebirgsschule Fulpmes

9.6.1941–14.9.1941	Zug-, dann Kompanie-Führer im III. Bataillon/ Gebirgsjäger-Regiment 139
1.8.1941	Eisernes Kreuz 1. Klasse
14.9.1941–21.3.1942	Verwundung, Reserve-Lazarett Innsbruck
13.6.1942	Oberleutnant d.R.
21.6.1942–6.10.1942	Lehr-Offizier an der Heeres-Hochgebirgsschule Fulpmes, Kommandierung zum Ausbildungsstab für Hochgebirgs-truppen
7.10.1942–12.12.1942	Chef 1. Lehr-Kompanie/Gebirgsjäger-Schule Mittenwald
13.12.1942–6.1.1943	z.b.V. Gebirgsjäger-Ersatz-Bataillon 98, Marsch-Bataillons-Führer
7.1.1943–14.4.1943	Chef 1. Kompanie/Jäger-Regiment 204, Führer I. Bataillon/ Jäger-Regiment 204
10.3.1943	Ritterkreuz als stellv. Führer I. Bataillon/Jäger-Regiment 204
30.4.1943	Hauptmann
6.9.1943–6.11.1943	z.b.V. Ski-Jäger-Brigade 1
7.11.1943–27.1.1944	Kommandeur Ski-Feld-Ersatz-Bataillon 1/1. Ski-Jäger-Brigade
11.12.1943	Versetzung zur Ski-Jäger-Brigade 1 zur Frontverwendung
16.4.1944	Verwundetenabzeichen in Gold
21.7.1944	Verwundung als Kommandeur II. Bataillon/ Ski-Jäger-Regiment 1
20.10.1944	Major
18.12.1944	Gebirgsjäger-Ersatz-Bataillon 100, Reichenhall

Quelle: Bundesarchiv Zentralnachweisstelle Kornelimünster/
Militärarchiv Freiburg/Deutsche Dienststelle Berlin/Archiv Franz Thomas

Berühmte Bergsteiger an der Heeres-Hochgebirgsschule Fulpmes

Peter Aschenbrenner

* 6.5.1902 Ebbs   † 25.1.1998 Kufstein

1928 Erstbesteigung der Chrisaturm-Südostkante (Kaisergebirge) mit F. Ploner. 1930 Erstbegehung der „Asche-Lucke" an der Fleischbank-Ostwand (Kaisergebirge) mit H. Lucke. 1930 Erstbegehung der Leuchsturm-Südwand (Kaisergebirge) mit H. Lucke und H. Jaquet. 1932 und 1934 am Nanga Parbat. 1953 bergsteigerischer Leiter der Nanga Parbat-Expedition, bei welcher Hermann Buhl den Gipfel erreichte. Aschenbrenner entwickelte an der Heeres-Hochgebirgsschule Fulpmes einen Eispickel mit leicht gebogener Haue und gekröpfter Hohlkehle, der eine verbesserte Handhabung erlaubte. Ein Schmied aus Fulpmes fertigte aus einer Blattfeder eines Eisenbahnwaggons das erste Exemplar dieses Eispickels in Handarbeit an.

Paul Bauer

* 29.12.1896 Kusel   † 9.1.1990 München

Pionier des Himalaya-Expeditionswesens. Seine bergsteigerischen Leistungen werden auf den nächsten Seiten gesondert beschrieben.

Otto Eidenschink

* 1.11.1911 München   † 6.11.2004

Erstbegehung der Eiger-Südost- und Totenkirchl-Westwand (Eidenschink-Peters-Führe).

Der von Peter Aschenbrenner entwickelte Eispickel

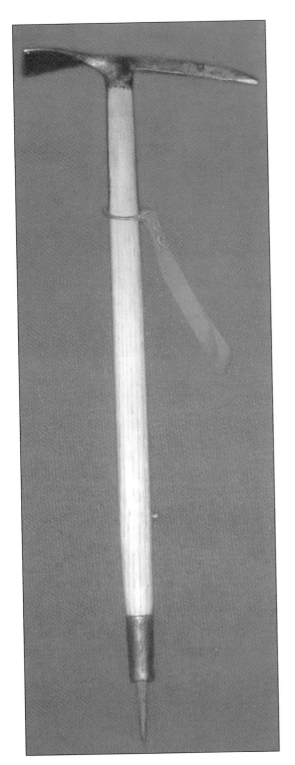

*Aschenbrenner-Eispickel
(Fulpmes) ohne Hohlkehlung*

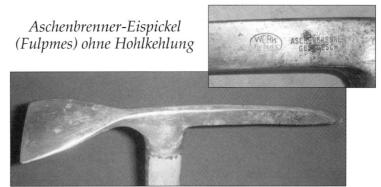

*Aschenbrenner-Führerpickel
(Stubai) mit Hohlkehlung*

*Passendes Lederzeug
und weiteres Zubehör*

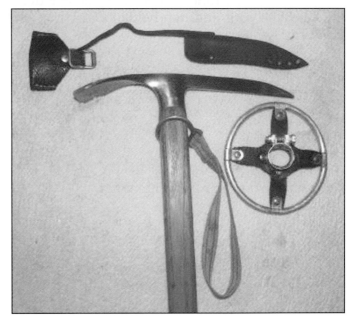

191

Hans Frenademetz

Erstbegehung der Martinswand (mit Auckenthaler), Praxmarkar-Nordwand, Öfelekopf-Südpfeiler, Goldkappel-Südwand.

Walter Frauenberger

* 5.3.1908   † 9.2.1958

Kaukasus, Gharwal, Himalaya. 1953 stellvertretender bergsteigerischer Leiter der Nanga Parbat-Expedition. Im Krieg Angehöriger der 2. Kompanie in dem von Paul Bauer geführten Hochgebirgs-Jäger-Bataillon 2.

Anderl Heckmair

* 12.10.1906 München   † 1.2.2005 Oberstdorf

1933 Erstbegehung der Grands-Charmoz-Nordwand (Montblanc-Gruppe) mit G. Kröner. 1938 Erstbesteiger der Eiger-Nordwand mit Ludwig Vörg und den beiden Österreichern Heinrich Harrer und Fritz Kasparek.

Hans Lucke

Seilpartner von Peter Aschenbrenner.

Toni Messner

Vor dem Zweiten Weltkrieg Gharwal, Himalaya, nachher im Karakorum am Broad-Peak.

Rudolf Peters

* 4.1.1913   † 5.12.2008

1934 Erstbegehung der Schüsselkar-Südostwand (Wettersteingebirge) mit R. Haringer. 1935 Erstbesteigung des Nordpfeilers der Grandes Jorasses (Montblanc-Gruppe) mit M. Meier. 1936 erste Winterbegehung der Schüsselkarspitze mit A. Göttner. 1943 Erstbegehung einer Route in der Westwand des Totenkirchls (Kaisergebirge) mit O. Eidenschink.

Kuno Rainer

* 1915   † 1993

Erstbegehung der Nordwestwand des Pflerscher Tribulauns. Erstbegehung der Direkten Nordwand der Lalidererspitze (mit Mathias Rebitsch), nach dem Zweiten Weltkrieg Nanga Parbat- und Broad-Peak-Expeditionen.

Mathias Rebitsch

* 11.8.1911 Brixlegg   † 10.3.1990 Innsbruck

1938 Teilnehmer an der Nanga Parbat-Expedition. 1946 Erstbegehung der Direkten Nordwand der Lalidererspitze (Karwendelgebirge). 1946 Erstbegehung der „Rebitschrisse" am Fleischbankpfeiler (Kaisergebirge) mit S. Spiegl. 1946 Erstbegehung der Fleischbank-Ostwand „Rebitsch-Spiegl-Route", mit S. Spiegl. Bei vier Kundfahrten in den Jahren 1956 bis 1965 konnte Rebitsch in den Anden von Nordwestargentinien auf Vulkangipfeln bis in 6.700 Metern Höhe Sonnenopferstätten der Inkas entdecken und bei Ausgrabungen wertvolle Fundstücke bergen.

Heini Sterzinger

† 28.2.1942 bei Malyschowka gefallen.

13.7.1941 Erstbegehung (mit Artur Treichl) der Ilmspitze durch die Westwand. 20.7.1941 Erstbegehung Kirchdach über den Nordwestpfeiler.

Franz Schmid

* 17.01.1905 Garmisch-Partenkirchen   † 18.9.1992 Neuhaus

1929 Erstbegehung der Laliderer-Nordwand (Karwendelgebirge) mit E. Krebs. Erstbegehung der Direkten Grubenkar-Nordwand. 1931 Erstdurchsteigung der Matterhorn-Nordwand. Franz Schmid erhält 1932 (zusammen mit seinem Bruder Toni) eine olympische Goldmedaille für die Durchsteigung der Matterhorn-Nordwand.

Franz Weinberger

* 16.1.1899   † 7.6.1970

1923 Erstbegehung der Predigtstuhl-Nordgipfel-Westwand mit Hans Fiechtl.

Nicht nur Bergsteiger, sondern auch bekannte Skifahrer waren an der Heeres-Hochgebirgsschule Fulpmes stationiert oder übten dort Lehrtätigkeiten aus. Hier seien besonders erwähnt: Hubert Hammerschmidt, Karl Novosansky, Peter Radacher und die beiden Mitglieder aus der Olympiamannschaft, Josl Gstrein und Fred Rössner. Einer der bekanntesten Skisportler an der Hochgebirgsschule war Günther Meergans. Er war 1937 und 1938 Deutscher- und Heeresskimeister in der Nordischen Kombination sowie Heeresskimeister der Mittelgebirgstruppen im Patrouillenlauf.

Quellen: Emerich Pittl, Fulpmes und Archiv und Museum im Haus des Alpinismus München

Foto: Ph. Bauer

Paul Bauer im Jahre 1936 bei der
Himalayaexpedition zum Siniolchu

Paul Bauer, Kommandeur des
Hochgebirgsjäger-Bataillons 2,
als Bergsteiger und Leiter
von Himalaya-Expeditionen

1922 Ab 1922 unternahm Bauer mit dem Fahrrad einige Westalpentouren. Mit der Eroberung des Monte Rosa und des Matterhorns sowie weiterer zwölf Viertausender sammelte er erste Bergerfahrungen.

1928 Erste deutsche Kaukasusexpedition, deren Leiter er war. Ersteigung der Dychtaukante.

1929 Leiter der Himalayaexpedition zum Kangchendzönga (8.597 m). Teilnehmer: Ernst Beigel, Julius Brenner, Karl von Kraus, Peter Aufschnaiter, Eugen Allwein, Wilhelm Fendt, Alexander Thoenes und Joachim Leupold. Kampf bis in 7.400 m Höhe vom 30. August bis 7. Oktober. Die Gruppe muß bei anhaltend schlechtem Wetter – dichter Schneefall setzt ein, der es unmöglich macht, weiterzugehen – umkehren.

1931 Leiter der Himalayaexpedition zum Kangchendzönga. Teilnehmer: Allwein, Aufschnaiter, Fendt, Leupold und Brenner (seine Begleiter von 1929), außerdem: Hans Hartmann, Hermann Schaller, Hans Pircher und Karl Wien. Auf 7.800 m Höhe mußten die Bergsteiger wegen Lawinengefahr vom Hauptgrat und einer unüberwindbaren 150 Meter hohen Eiswand zum zweiten Mal umkehren. Bei dieser Expedition ist am 9. August Hermann Schaller mit seinem Träger Pasang abgestürzt.

1932 Bauers Buch „Im Kampf um den Himalaya" erhielt beim Literaturwettbewerb im Rahmen der Olympischen Spiele in Los Angeles die Olympische Goldmedaille.

1934 Zusammen mit Fritz Bechtold gründet Paul Bauer die „Deutsche Himalaya-Stiftung".

1936 Paul Bauer leitet die Expedition in das östliche Himalayagebiet zum Siniolchu (6.891 m), die mit seiner erfolgreichen Besteigung endet. Teilnehmer: Karl Wien, Günther Hepp, Adolf Göttner.

1937 An dieser Expedition zum Nanga Parbat, deren Leiter Karl Wien war, nahm Bauer nicht teil. Für die toten Kameraden der Expedition von 1934, die Willy Merkl leitete, hat man eine Gedenktafel dabei: „Auf dem Grat des Nanga Parbat ruhen Willy Merkl, Willi Welzenbach, Ulrich Wieland und die Träger Gaylay Sherpa, Dakshi Sherpa, Nima Dorje Sherpa, Nima Taschi Sherpa, Nima Norbu Sherpa,

Pintso Norbu Sherpa. Sie starben im Unwetter in den Tagen vom 9. bis 15. Juli 1934. R.I.P." Karl Wiens Expedition endet jedoch auch mit einem tragischen Unglück. Beim Angriff auf den Gipfel sind sieben deutsche Bergsteiger (Karl Wien, Hans Hartmann, Adolf Göttner, Martin Pfeffer, Pert Fankhauser, Günther Hepp, Peter Müllritter) und neun Träger in Lager 4 auf 6.200 Metern Höhe in der Nacht vom 13. auf den 14. Juni von einer Lawine verschüttet worden. Paul Bauer, Fritz Bechtold und Karl von Kraus eilen mit einem Rettungstrupp von München aus zum Nanga Parbat, wo sie helfen, die toten Bergsteiger und Träger zu bergen, wobei Peter Müllritter und Adolf Göttner nicht gefunden werden konnten.

1938:   Leiter der Himalayaexpedition zum Nanga Parbat. Teilnehmer: Matthias Rebitsch, Hans Herbert Ruths, Ludwig Schmaderer, Dr. Bruno Balke, Rolf von Chlingensperg, Alfred Ebermann und Stefan Zuck. Von den „Alten" sind Fritz Bechtold und Dr. Ulrich Luft (der einzige Überlebende der Expedition von 1937) wieder dabei. Zum ersten Mal wurde die Versorgung einer Expedition aus der Luft erprobt. Alexander Thoenes, der schon 1929 am Kangchendzönga war, flog die Ju 52. Bei dieser Expedition finden Paul Bauer und Fritz Bechtold am 22. Juli 1938, nahe am Mohrenkopf, die Leichen von Willy Merkl und seines Trägers Gay Lay, die bei der Expedition im Jahre 1934 dort erfroren waren. In einem Grab im Firn betten Bauer und seine Männer die beiden zur ewigen Ruhe. Die Expedition bleibt im Schnee stecken und wird dann abgebrochen. Der 8.125 Meter hohe Nanga Parbat wurde erst am 3. Juli 1953 bei der „Willy-Merkl-Gedächtnisexpedition" durch den Österreicher Hermann Buhl im Alleingang bezwungen.

Quelle: Deutsche Himalaya-Stiftung „Paul Bauer. Wegbereiter für die Gipfelsiege von heute". Zusammengestellt aus Paul Bauers Bergbüchern und Expeditionsgeschichten: Ingelies Zimmermann. Steiger Verlag, Berwang/Tirol 1987.

Grabstätte von Paul Bauer. Die Inschrift auf dem Grabstein lautet:

PAUL BAUER
NOTAR a.D.   MAJOR d. RES.
* 29.12.1896 † 9.1.1990
TEILNEHMER BEIDER WELTKRIEGE
LEITER DER ERSTEN DEUTSCHEN
HIMALAYA-EXPEDITIONEN

Foto: Privat

*Fritz Bechtold 1932 bei der Hima-
layaexpedition zum Nanga Parbat*

Fritz Bechtold

* 15.1.1901 Trostberg
† 26.2.1961 Roth

Fritz Bechtold, der Bergkamerad von Paul Bauer, war Bergberater in der von Anton Mosandl geführten 4. Kompanie/Hochgebirgsjäger-Batailllon 1. Teilnehmer der Kaukasus-Kundfahrt 1929. Erste Durchquerung des Zentralkaukasus. Bechtold war im Jahr 1938 stellv. Expeditionsleiter bei der von Paul Bauer geführten Himalayaexpedition zum Nanga Parbat. Er war außerdem Teilnehmer an zwei weiteren Himalayaexpeditionen in den Jahren 1932 und 1934 unter dem Expeditionsleiter Willy Merkl. Bei der im Jahre 1938 von Paul Bauer geführten Expedition fand Fritz Bechtold am Mohrenkopf die halbverschneite gefrorene Leiche seine Jugendfreundes Willy Merkl, der am 13. Juli 1934 dort an Erschöpfung gestorben war. Neben Merkl befand sich auch die Leiche seines Trägers Gay Lay.

Foto: Privat

Fritz Bechtold im Jahr 1941

An dieser Stelle sei noch Hans Herbert Ruths erwähnt. Ruths gehörte ebenfalls Bauers Himalayaexpedition von 1938 an. In der 4. Kompanie/Hochgebirgsjäger-Bataillon 1 war er Führer des I. Zuges.

Das militärische Bergsteigen nach der Ausbildungsrichtlinie des OKH 1943

– Bilder von der Ausbildung im Gebirge –

Waagerecht den Fels hinauf

Mit vollständiger Ausrüstung an der Wand

Der Grat ist erreicht.

Ein Felsüberhang wird bezwungen.

Die Welt des Gebirgsjägers

Aufstieg zur Eisausbildung

Seilsicherung ist lebenswichtig.

Sicherung an der Eiswand

Aufstieg mit Steigbügeltechnik aus der Gletscherspalte

Schwierige Eisarbeit   *Krankentransport-Übung*

MG-Feuerstellung im Schnee

Vom Beobachtungspunkt aus wird die Ausbildung verfolgt.

Seilabfahrt durch den Gletscherbruch

Gefreiter Peter Aschenbrenner (vorn im Bild) erklärt, wie man feuchte Lappen um die Schuhe anfrieren läßt, um die Füße warm zu halten.

Zum Einlegen in das Soldbuch

Was der Soldat vom Kampf im Hochgebirge wissen muß

I. Geländeverhältnisse

1. Dein Einsatz für den Kampf verlangt größte Gründlichkeit in der Vorbereitung.
2. Gewöhne Dich an den langsameren Ablauf aller Bewegungen.
3. Beobachte beim Marsch größte Manneszucht und unterlasse alles überflüssige Sprechen, Rauchen, Abkürzen von Wegen oder Ablassen von Steinen.
4. Oberflächlichkeit und Unterschätzung alpiner Gefahren können für Dich vernichtende Folgen haben. Laß Dich daher von Kameraden mit alpiner Erfahrung beraten — auch wenn sie jünger sind als Du.
5. Laß Dich durch leicht gangbare Stellen im Fels nie dazu verleiten, von dem ausgesuchten oder schon erkundeten Anstieg oder Abstieg abzuweichen.
6. Sichere beim Bergabgehen das Tragtier durch Hemmstricke. Bergauf mach das Vorderzeug, bergab das Hinterzeug kurz.

II. Witterungsverhältnisse

1. Hüte Dich vor Überraschungen durch Gewitter, Regen, Schneesturm, Nebel und Kälte. Die Erscheinungsformen sind örtlich sehr verschieden und treten häufig unvermutet auf; daher einheimische Bevölkerung nach Wetterregeln und Wetterentwicklung fragen.
2. Schütze Dich vor Blitzgefahr. Meide daher bei Gewittern vor allem Grate und Gipfel.
3. Versuche mit allen Mitteln bei Witterungsumschlag die Orientierung zu behalten.
4. Kälte- und Regenschutz mußt Du ständig — auch bei kleinsten Märschen — in Deinem Rucksack mitführen.

III. Alpines Notzeichen

6 gleichartige Zeichen in einer Minute, Wiederholung nach Pause von einer Minute bis Antwort erfolgt.
Antwortzeichen: 3 Zeichen in einer Minute. Es können sichtbare oder hörbare Zeichen gegeben werden.

IV. Kampfweise des Gebirgsjägers

1. Du mußt mit Deiner Kraft auf dem Marsch und im Gefecht haushalten. Springe bergab schnell und lang, bergauf kurz und schnell. Anpirschen spart Dir Kräfte und Atem für den Nahkampf.
2. Bewege Dich auch im steilen Gelände stets gefechtsmäßig.
3. Schieße bergauf mit höherem Haltepunkt, bergab mit tieferem Haltepunkt.
4. Dem Einzelschützen und Zielfernrohrschützen kommt im Gebirge besondere Bedeutung zu. Übe Dich daher im Zielerkennen und in der Zielansprache, gib nur gezielte Schüsse ab. Bedenke, daß der Munitionsnachschub im Gebirge sehr schwierig ist und daß Du mit Deiner Munitionsausstattung haushalten mußt.
5. Im Nahkampf bist Du oft auf Dich selbst gestellt. Die Handgranate ist hier Deine bewährte Waffe; sei jedoch vorsichtig beim Wurf bergauf. (Gefahr des Zurückrollens.) Die Stielhandgranate ist hier besser als die Eihandgranate.

V. Kampfweise des Gruppenführers

1. Meist auf Dich selbst gestellt mußt Du Aufträge selbständig und aus eigener Kraft lösen.
2. Dein sicheres Führen, Dein kämpferisches alpines Können und ein enges Zusammenhalten der Gruppe werden Dir den Erfolg nie versagen.
3. Erleichtere den Angriff Deiner Gruppe durch Überschießen mit le. MG, flankierend oder überhöhend.
4. Passe Abstände und Zwischenräume der nachfolgenden Gruppe dem ständig wechselnden Gebirgsgelände an.
5. Das erfolgreiche Ausharren in der Verteidigung ist oft entscheidend für das Schicksal eines ganzen Stellungsabschnitts. Bedenke, daß die Örtlichkeit den Angreifer ermüdet und Dir Deine Stellung die günstigste Möglichkeit für einen Gegenstoß bietet.

VI. Besondere Gefahren des Winters

1. Deine größten Naturfeinde sind Lawinen und Wächten.
2. Größte Lawinengefahr findest Du im Winter und im Frühjahr. Auf Hängen unter 22° Neigung sind sie selten. Übe jedoch äußerste Vorsicht bei Grashängen!
3. Schneewächten findest Du auf der Windschattenseite an Bergrücken und Graten. Vorsicht beim Gehen im überwächteten Gelände!

Herausgegeben vom

Oberkommando der Heeresgruppe C

(O. B. Südwest)

Ausbildungsalltag im Alpenraum

Gut geschützt im behelfsmäßigen Unterstand

Abmarsch in Richtung Gebirge

Eine Feuerstellung am Waldrand

Nachtlager im Hochwald

Die Tragtiere sind unentbehrliche Begleiter.

Ausbildung am getarnten Geschütz

Noch ist es nur eine Übung.

Gebirgsjäger an einer 10,5-cm-Gebirgshaubitze 40

Foto: Bundesarchiv/146-1993-043-13/Kolb

Ein zweispänniger Troßwagen – wie aus vergangenen Zeiten – ist im Gebirge kaum zu ersetzen.

Das Wetter kann schnell umschlagen – es gilt, für alle Eventualitäten vorbereitet zu sein.

Die Antenne des Funkgerätes ist aufgebaut.

Essenfassen...

... und dann Nachtruhe

So bequeme Übergänge gibt es nicht immer.

Beobachtungsposten an der Baumgrenze

Letzte Verschnaufpause vor dem Aufstieg

Schießausbildung am Grat

Ohne ihn geht fast nichts

Teile eines Infanteriegeschützes werden auf ein Muli verlastet.

Die Versorgung im Hochkaukasus durch Tragtiere von Sommer bis Winter 1942

Von Alex Buchner

Die in langen Jahren bewährten Truppen-Maultiere waren schon zum Teil auf vielen Kriegsschauplätzen des Flachlandes eingesetzt worden. Entsprechend abgenutzt war auch ihr Gerät. Mit diesem gelichteten und abgekämpften Tierbestand mußte die Division in den Bergkrieg gehen. Die aus dem Land beigetriebenen Tiere konnten nie einen vollwertigen Ersatz darstellen. Sie waren unsicher auf den Bergpfaden, durften nicht durch zwei aufeinanderfolgende Marschtage überfordert werden und konnten nur die Hälfte einer normalen Tragtierlast übernehmen. Auch die fehlende Tragausrüstung ließ sich durch selbstgefertigte Traggestelle und alte Reitsättel nur ungenügend ersetzen. Doch es blieb – da Ersatz aus der Heimat kaum eintraf – kein anderer Ausweg. So zogen später, als die Maultierstaffeln durch Gelände, Wetter, Überbeanspruchung und Feind immer mehr zerrieben wurden, die kleinen geduldigen Panjepferde ihren schweren Weg. Sie wurden an einfachen Stricken geführt, und ihre meist sperrige Last wie Kisten, Kannen, Bretter, Säcke usw. war ebenso primitiv und notdürftig mit Stricken und Riemen festgebunden. Bei dieser mangelhaften Befestigung, die unterwegs vielfach brach und riß, und der oft unsachgemäßen Verlastung dauerten die normalen Marschzeiten häufig das Drei- bis Vierfache. Dem auf dem Fels und Stein sich rasch abnützenden Beschlag sollten zwar zwei Beschlagschmieden abhelfen, doch war dies meist aus Zeitmangel nicht möglich. Auch der Futterbedarf ließ sich nicht ausreichend decken. Die Tiere waren deshalb großteils nur auf das dürftige Berggras angewiesen und ohne Heu und Hafer letztlich nur noch klapperdürre, durch die ewigen Märsche abgeriebene Mähren. Die behelfsmäßigen, schlecht sitzenden Trag-gestelle riefen große eitrige Druckstellen hervor, deren Behandlung und Ausheilung ebenfalls mangels Zeit nicht möglich war. So blieben bei dem abnehmenden und schlechter werdenden Kräftezustand natürlich auch die Leistungen immer weiter hinter den Anforderungen zurück. Die Verwendung vieler erprobter Tagtierführer zur Nachschubregelung auf den einzelnen Stützpunkten brachte es mit sich, daß von den verbleibenden oft drei und vier hintereinandergekoppelte Tiere geführt werden mußten, was manche Unfälle verursachte. Auch bei den zahlreich eingestellten, aber unausgebildeten russischen Zivilisten und Kriegsgefangenen sank der Tierbestand durch ständige Abstürze auf den regenschlüpfrigen oder vereisten Steilpfaden weiter ab.

Wie sehr sich die Tierverluste – nicht zuletzt durch Feindeinwirkung – summierten, zeigen einige Angaben: Am 26. August verlor das II. Bataillon/Gebirgsjäger-Regiment 91 (II./91) im Archys-Tal durch Bomben elf Tragtiere. Am 28. August hatten die Nachschubstaffeln der Division zwölf Tierverluste durch Bomben. Am 28. August abends wurden bei einem Partisanenüberfall auf eine Tragtierkolonne im Bolschaja-Tal neun Tiere getötet. In den acht Kampftagen um die Südpässe gingen bei III./91 60 Tragtiere durch Erschöpfung zugrunde. Die Verluste der Kampfgruppe im Pechu-Tal betrugen in sieben Tagen 106 Tiere (Bombenangriffe). Mitte Oktober zählte das II./91 in zwei Tagen 83 Ausfälle. Eine Ende Oktober gegen die Hochpässe unterwegs befindliche Tragtierkolonne geriet in einen Schneesturm und verlor in 30stündigem Marsch 93 Tiere. Auf der besonders schwierig begehbaren „M"-Linie war mit einem täglichen Ausfall von 30 Tieren zu rechnen, die auf den schmalen Steigen niederbrachen oder in Schluchten und Abgründe stürzten.

Quelle: Dieser Artikel stammt aus dem Buch „Kampf im Gebirge. Erfahrungen und Erkenntnisse des Gebirgskrieges", München 1957. Der Autor hat sein Einverständnis zum Abdruck erteilt.

Mit schwerem Gerät über Stock und Stein immer weiter hinauf

Rast beim Aufstieg

Zwei Freunde

Schwer bepackter Helfer

Tragtierdenkmal bei der Edelweißkaserne in Mittenwald. Rechts einige der Anstecker zu den jährlichen Treffen der Gebirgstruppe in Mittenwald.

Die Abzeichen der Gebirgstruppen

Das Heeresbergführerabzeichen

*Tragebeispiel eines
Heeresbergführerabzeichens*

*Ernennungsurkunde für einen Leutnant
zum Heeresbergführeranwärter*

Der Edelweißring

Edelweißring. Im Blütenblatt unten ist die „1" der 1. Gebirgs-Division eingeprägt.

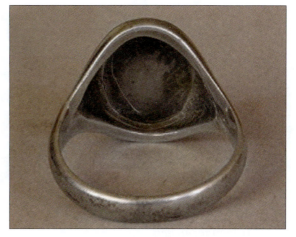

Rückseite des Edelweißringes

Edelweiß-Prägung und Silbergehaltsbezeichnung auf der Innenseite des Ringes

Urkunde über die Verleihung des Edelweißringes der 1. Gebirgs-Division in Anerkennung treuer Dienstleistung

227

Mützen- und Ärmelabzeichen der Gebirgsjäger

Das aus Metall gefertigte
Mützenabzeichen

Verschiedene Ausführungen
der Ärmelabzeichen, bei Offizieren
mit Silberfaden gestickt

Gebirgsjäger mit dem typischen Edelweiß
der Gebirgstruppe an der Feldmütze

Ein Leutnant mit dem Ärmelabzeichen der
Gebirgstruppe. Auf der Schirmmütze ist
zwischen dem Hoheitsabzeichen und dem
Kokardenkranz das kleine Edelweiß vor-
schriftsmäßig angebracht.

Abzeichen der Jägertruppe und der Skijäger

Das Mützen-
abzeichen der
Jägertruppe

Das Mützen-
abzeichen der
Skijäger

Bei den zwei Soldaten im Schützengraben
ist das Skijägerabzeichen auf der Feldmütze
zu sehen.

Das Ärmelabzeichen der
Jägertruppe in verschie-
denen Versionen

Das Ärmelabzeichen der
Skijäger. Ob es während
des Krieges noch zur
Verwendung kam, ist
nicht geklärt.

Soldat der Jägertruppe mit Mützen-
und Ärmelabzeichen

229

Mützen- und Ärmelabzeichen der
Gebirgsjäger der Waffen-SS

Das Mützenedelweiß der Gebirgstruppe der Waffen-SS in verschiedenen Ausführungen

Ärmelabzeichen der Gebirgsjäger der Waffen-SS und der Bergführer der Waffen-SS

Gebirgsjägeroffiziere der Waffen-SS mit dem Ärmelabzeichen der SS-Gebirgstruppen. Die zweite Person von links ist General Artur Phleps.

Abzeichen der Polizei-Berg- und Schiführer

Polizei-
Bergführerabzeichen

Polizei-
Schiführerabzeichen

Zum Vergleich: die heutige
Ausführung des Abzeichens für
Polizei-Bergführer in Bayern

Abzeichen der Gendarmerie-Alpinisten
und Gendarmerie-Hochalpinisten

Gendarmerie-Alpinist

Gendarmerie-Hochalpinist
(verschiedene Ausführungen)

Gedenkstätten der Gebirgstruppe

Gedenkstein für die Toten der 1. Ski-Jäger-Division bei Grainau

Gedenkstein für die Toten des Polizei-Gebirgsjäger-Regiments 18 bei Grainau, unten links das Abzeichen der Kameradschaft des Regiments

Ehrenmal der Gebirgstruppe bei Mittenwald

Nachwort

Neben Berichten von Angehörigen von Kameradschaften der Hochgebirgsjäger konnte auch auf Unterlagen aus staatlichen Archiven zurückgegriffen werden. Sodann konnte der Herausgeber der mehrteiligen Reihe über die Ritterkreuzträger aller Waffengattungen, Franz Thomas, zur Hilfeleistung gewonnen werden. Herrn Thomas möchte ich an dieser Stelle ganz besonders danken, daß er mir die Tür zu seinem überaus umfangreichen Foto- und Dokumentenarchiv ohne große Umstände ermöglicht hat.

Leider sind bereits einige Personen, die mir tatkräftig geholfen haben, im Laufe der Zeit verstorben. Sie haben mir mündlich und schriftlich ausdrücklich erlaubt, ihre Texte, die sie privat verfaßt oder bereits veröffentlicht hatten (z.B. im Mitteilungsblatt des Kameradenkreises der Gebirgstruppe „Die Gebirgstruppe"), hier erneut abzudrucken. Dies gilt auch für das von ihnen zur Verfügung gestellte Fotomaterial.

Diesem kleinen Personenkreis möchte ich Dank für seine unbürokratische Hilfe sagen: Franz Freiherr von Ruffin, Friedrich Bader, Alex Buchner, Paul Zimmermann und Prof. Alfred Richter. An Tatkraft bei der weiteren Beschaffung von Foto- und Dokumentenmaterial haben niemals nachgelassen: Frau Ph. Bauer, Prof. Hermann Delacher, Willy Merkle, Hans-Joachim Brehm, Matthias Schlosser, Alois E., Adolf Eberl, Fritz Binder, W. Schüssler, A. Fuchs, Emerich Pittl und Fritz Dreißigacker. Ich danke auch jenen Personen, die darauf bestanden haben, hier nicht genannt zu werden.

Als ergänzendes Fotomaterial wurden einige Bilder aus zeitgenössischer Literatur (also Veröffentlichungen in Literatur von vor 1945, z.B. „Schi-Jäger am Feind" von 1943), die zum Thema Gebirgstruppe erschienen sind, entnommen.

Abkürzungen

AOK	Armeeoberkommando	MP	Maschinenpistole
Ari	Artillerie	Nachr.	Nachrichten-
Ass.	Assistenz-	Ofw.	Oberfeldwebel
AVKo	Artillerieverbindungs-	Ogfr.	Obergefreiter
	kommando	Ojg.	Oberjäger
Batt.	Batterie	OKH	Oberkommando
bayer.	bayerisch		des Heeres
B-Stelle	Beobachtungsstelle	Oltn.	Oberleutnant
Fw.	Feldwebel	Ord.-Offz.	Ordonnanzoffizier
GD	Gebirgs-Division	Osch.	Oberschütze
Geb.Jäg.Rgt.	Gebirgsjäger-Regiment	Pak	Panzerabwehrkanone
Gfr.	Gefreiter	Pi.	Pionier
HJ	Hitler-Jugend	RAD	Reichsarbeitsdienst
HKL	Hauptkampflinie	SA	Sturmabteilung
Hptm.	Hauptmann	San.	Sanitäts-
Hochgeb.Jäg.Btl.	Hochgebirgsjäger-	sGrW	schwerer Granatwerfer
	Bataillon	sMG	schweres Maschinen-
HVP	Hauptverbandsplatz		gewehr
IG	Infanteriegeschütz	stellv.	stellvertretend
Jg.	Jäger	St.Qu.	Stabsquartier
kgl.	königlich	to.	Tonnen
Kp.	Kompanie	Uffz.	Unteroffizier
lMG	leichtes Maschinengewehr	VB	Vorgeschobener
Ltn.	Leutnant		Beobachter
mGrW	mittlere Granatwerfer	z.b.V.	zur besonderen
mot.	motorisiert		Verwendung

Literaturverzeichnis

Buchner, Alex: „Der Angriff der Kampfgruppe Eisgruber gegen den Maruchskoj-Paß im Hochkaukasus", „Die Versorgung im Hochkaukasus vom Sommer bis Winter 1942 durch Tragtiere". In: „Kampf im Gebirge. Erfahrungen und Erkenntnisse des Gebirgskrieges", München 1957.

Horstkotte, Alfred: „Von Berchtesgaden zum Kaukasus". In: „Die Gebirgstruppe". Mitteilungsblatt des Kameradenkreises der Gebirgstruppe, Heft 6/1992.

Richter, Alfred: „Hochgebirgsjäger im Kaukasus. Das Hochgebirgsjägerbataillon 2 (Bauer)", Privatdruck, Anif 1992.

Ruffin, Franz Freiherr von: „Gebirgsjäger vor Monte Cassino". In: „Die Gebirgstruppe". Mitteilungsblatt des Kameradenkreises der Gebirgstruppe, Heft 1/1986.

Sammet, Karl: „Geschichte des ehemaligen Hochgebirgsbataillons 1". In: „Die Gebirgstruppe". Mitteilungsblatt des Kameradenkreises der Gebirgstruppe, Heft 3/1990.

Schroeder, Karl: „Dort, wo der Adler haust – Geschichte des Hochgebirgs-Jäger-Bataillons 4", Owschlag 1989.

Thomas, Franz: „Die Ritterkreuzträger der Deutschen Wehrmacht 1939–1945" (Teil VI: Gebirgstruppe, Bd. 1 und 2), Osnabrück 1993.

Zimmermann, Paul: „Hochgeb.-Btl. 3 in den Abruzzen 1943/44". In: „Die Gebirgstruppe". Mitteilungsblatt des Kameradenkreises der Gebirgstruppe, Heft 6/1954.

Inhalt

Einführung . . . . .S.   5

Hochgebirgsjäger-Bataillon 1 . . . . .S.   8

Hochgebirgsjäger-Bataillon 2 . . . . .S. 59

Hochgebirgsjäger-Bataillon 3 . . . . .S. 112

Hochgebirgsjäger-Bataillon 4 . . . . .S. 143

Allgemein . . . . .S. 164

*Gebirgsjäger auf einer
zeitgenössischen Postkarte*

Die Wacht am Atlantik

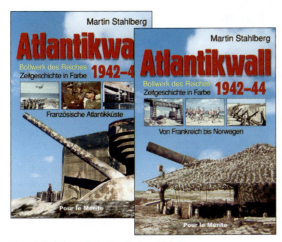

Band 1: Französische Atlantikküste

Band 2: Von Frankreich bis Norwegen

Beide Bände zusammen für nur € **45,80**

Martin Stahlberg
Atlantikwall 1942–44

Bollwerk des Reiches. Zeitgeschichte in Farbe. –Nach dem Sieg im Westen über Frankreich 1940 und dem Präventivschlag 1941 gegen Stalins angriffsbereite Rote Armee befand sich die Masse der deutschen Wehrmacht in einem harten Kampf in den Weiten Rußlands. Um der Gefahr einer alliierten Invasion im Westen zu begegnen, begann die Organisation Todt mit dem Bau eines gewaltigen Bollwerks am Meer, von der spanischen Grenze bis an die Küsten Norwegens. Zum Schutz des Reiches entstanden im Laufe der Jahre tiefgestaffelte Verteidigungsstellungen, gewaltige Bunkerwerke zur Deckung weittragender und schwerer Geschütze, Funkmeßanlagen zum Erfassen feindlicher Bomberströme, U-Bootbunker, Flak-Stellungen u.v.m. In diesen sensationellen Bildbänden werden niemals zuvor veröffentlichte zeitgenössische Farbfotos in gestochen scharfer Qualität von Bauten in Frankreich, Belgien, Holland, Dänemark und Norwegen gezeigt, die nicht nur alle Einzelheiten dieser Abwehrstellung Europas präsentieren, sondern auch Einblicke in den Alltag des einfachen Landsers bei seiner Wacht am Atlantik liefern. Man sieht zahlreiche Militärs und Politiker bei der Besichtigung einzelner Werke, so etwa Rüstungsminister Albert Speer oder SS-Obergruppenführer Sepp Dietrich. In einem ausführlichen Text werden die Entwicklungs- und Baugeschichte ebenso dargestellt wie die Bewährung der Wehranlagen im Kampfeinsatz. Jeder Band 160 S., durchgängig vierfarbig, geb. im Atlas-Großformat.   **je Band** € **25,95**

Fritjof Schaulen
Eichenlaubträger 1940–1945

Zeitgeschichte in Farbe. – Das 1813 erstmalig als preußische Kriegsauszeichnung gestiftete Eiserne Kreuz wurde 1939 erneuert und in seiner Erweiterung als „Ritterkreuz mit Eichenlaub" bis Kriegsende an insgesamt 882 Soldaten verliehen. Die dieses Ehrenzeichen erhielten, gelten 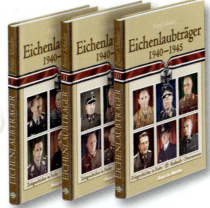 unter Militärhistorikern als die besten Soldaten ihrer Epoche. Von über 350 von ihnen liegen durch glückliche Umstände hochkarätige Farbfotos vor. Alle in dieser Trilogie abgebildeten Eichenlaubträger werden mit Kurzbiographien gewürdigt und in gestochen scharfen, meist unveröffentlichten farbigen Porträts gezeigt.

Band I
Abraham – Huppertz. – 160 S., durchgängig vierfarbig, geb. im Atlas-Großformat.   € **25,95**

Band II
Ihlefeld – Primozic. – 160 S., durchgängig vierfarbig, geb. im Atlas-Großformat.   € **25,95**

Band III
Radusch – Zwernemann. – 160 S., durchgängig vierfarbig, geb. im Atlas-Großformat.   € **25,95**

Die gesamte Trilogie zum Sonderpreis:
Alle drei Bände nur € **65,90** (Sie sparen € 11,95!)

Horst Schallert
Die Briefmarken des Dritten Reiches

Zeitgeschichte in Farbe. Band I: 1933–1943. Deutsches Reich, Großdeutsches Reich. – Eine fabelhafte Idee! Niemand braucht mehr die Lesebrille herauszunehmen, wenn er in diesem Farbbildband den Inhalt der künstlerisch meist wertvollen Briefmarken aus der NS-Zeit betrachten will. Groß (mehrfach so groß wie die Originale) und farbenfroh werden die herrlichen Marken über Bauwerke, Waffen, Persönlichkeiten, Großereignisse wie Messen und Reichsparteitage,  Jahrestage usw. vor uns ausgebreitet und – Marke für Marke – sachlich kommentiert und in ihren historischen Zusammenhang gestellt. Zudem werden die Marken thematisch in meist farbige Großfotos eingebettet, so daß mit den chronologisch geordneten Briefmarken und den dazugehörigen Fotos eine kleine illustrierte Geschichte des Dritten Reiches entsteht. 160 S., durchgängig farbig, geb. im Atlas-Großformat.   € **25,95**

Band II: 1944–1945. Großdeutsches Reich, Generalgouvernement, Böhmen und Mähren, Danzig, Feldpost
Im Fortsetzungsband werden neben den Marken der letzten Kriegsjahre auch die Postwertzeichen der angeschlossenen bzw. besetzten Gebiete sowie Sondermarken für Feldpostsendungen gezeigt. 160 S., durchgängig farbig, geb. im Atlas-Großformat.   € **25,95**

Gesamtausgabe: Die Briefmarken des Dritten Reiches. Band I und II nur € **45,80** (Sie sparen € 6,10)

REINHARD OLTMANN
KRIEG IM NORDEN
Die deutsche Wehrmacht
in Dänemark, Norwegen
und Finnland 1940–1945.
Zeitgeschichte in Farbe.
160 S. – durchgängig farbig – geb.
im Atlas-Großformat – € 25,95. –
Kriegsmarine, Gebirgsjäger, Luftwaffe und Infanterie im Einsatz.

FRITJOF SCHAULEN
DIE DEUTSCHE
MILITÄRELITE 1939–1945
Zeitgeschichte in Farbe.
160 S. – durchgängig farbig
– geb. im Atlas-Großformat
– € 25,95. – Bildband mit unveröffentlichten Farbfotos der
Oberbefehlshaber, von Heerfüh-
rern und Schwerter-Trägern.

PETER STOCKERT
DIE BRILLANTENTRÄ-
GER DER DEUTSCHEN
WEHRMACHT 1941–1945
Zeitgeschichte in Farbe.
176 S. – durchgängig farbig
– geb. im Atlas-Großformat –
€ 25,95. – Alle 27 Träger der
Brillanten werden in Wort und
Bild biographisch gewürdigt.

PETER STOCKERT
DIE DEUTSCHEN
GENERALFELD-
MARSCHÄLLE UND
GROSSADMIRALE
1936–1945
Zeitgeschichte in Farbe.
176 S. – durchgängig vierfar-
big – geb. im Atlas-Großfor-
mat – € 25,95.

MEINOLF REITZ
GROSSADMIRAL
KARL DÖNITZ
und die deutsche Kriegs-
marine. Zeitgeschichte
in Farbe.
160 S. – durchgängig farbig –
geb. im Atlas-Großformat –
€ 25,95. – Das Leben und Wir-
ken von Karl Dönitz in Bildern.

REINHARD GÜNZEL/
WILHELM WALTHER/
ULRICH K. WEGENER
GEHEIME KRIEGER
Drei deutsche Kommando-
verbände im Bild. KSK –
Brandenburger – GSG 9.
128 S. – durchgängig farbig.
– geb. im Atlas-Großformat –
€ 25,95.

WERNER HAUPT
KÖNIGSBERG, BRESLAU,
WIEN, BERLIN 1945
Der Bildbericht vom Ende
der Ostfront.
176 S. – farb. u. s/w. Abb. –
geb. im Atlas-Großformat –
€ 25,95. – Die letzte Kriegs-
phase in einem tief bewegenden
Bildband.

HERMANN NIEDERLEIG
MIT DER LEIB-
STANDARTE AM FEIND
Meine Fronteinsätze bei der
„Leibstandarte SS Adolf Hitler"
und der 25. Waffen-Grenadier-
Division der SS „Hunyadi".
192 S. – viele s/w. und farb.
Abb. – geb. im Großformat –
€ 24,–.

JAMES BACQUE
DER GEPLANTE TOD
Deutsche Kriegsgefangene in
amerikanischen und
französischen Lagern
1945–1946.
480 S. – viele s/w. Abb. – geb.
im Großformat – € 19,95. –
Ein entlarvendes Zeugnis über
„westliche Humanität".

JAMES BACQUE
VERSCHWIEGENE
SCHULD
Die alliierte Besatzungs-
politik nach 1945.
320 S. – gebunden im Großformat – € 19,95. – Die „Befreier" erschienen in Wahrheit
als selbsternannte Richter und
Henker.

HEINZ MAGENHEIMER
MOSKAU 1941
Entscheidungsschlacht
im Osten.
320 S. – zahlr. Abb. und Karten – geb. im Großformat –
€ 25,95. – Hochbrisante russische Akten ermöglichen eine
neue Bewertung der Schlacht
um Moskau 1941.

HEINZ MAGENHEIMER
STALINGRAD
Die große Kriegswende.
352 S. – viele teils farb. Abb.
– gebunden im Großformat.
– € 25,95. – Der Autor zeichnet die Beweggründe der Beteiligten nach und bettet das
„Schlachtfeld" in das gesamte
Kriegsgeschehen ein.

PATRICK J.
BUCHANAN
**CHURCHILL, HITLER
UND DER UNNÖTIGE
KRIEG**
**Wie Großbritannien sein
Empire und der Westen die
Welt verspielte.**
368 S. – viele s/w. Abb. – geb.
im Großformat – € 25,95.

WERNER MASER
DER WORTBRUCH
**Hitler, Stalin und
der Zweite Weltkrieg.**
480 S. – viele s/w. Abb. – geb.
im Großformat. – € 24,80. –
Der Autor belegt detailliert die
Planungen Stalins für einen
Erstschlag gegen das Deutsche
Reich.

OTTO WILL
**TAGEBUCH EINES
OSTFRONT-KÄMPFERS**
**Mit der 5. Panzerdivision
im Einsatz 1941–1945.**
320 S. – viele s/w. Abb. – geb.
im Großformat – € 25,95. –
Ein authentisches und packen-
des Zeugnis von den Brennpunkten der Ostfront.

KURT PFÖTSCH
DIE HÖLLE VON KURSK
**SS-Grenadiere 1943
im Kampf.**
256 S. – s/w. Abb. – geb. im
Großformat – € 25,95. –
Grenadiere im Unternehmen
„Zitadelle", dem deutschen
Angriff auf den Frontbogen
von Kursk.

FRANZ W. SEIDLER
**VERBRECHEN AN
DER WEHRMACHT**
**Kriegsgreuel der
Roten Armee.**
704 S. – viele s/w. Abb. – geb.
im Großformat – € 24,80.
– Unzählige grausamste Ver-
brechen der Roten Armee an
deutschen Soldaten.

FRANZ W. SEIDLER
DEUTSCHE OPFER
Alliierte Täter 1945.
336 S. – viele s/w. Abb., geb.
im Großformat – € 25,95. –
Dies ist ein Buch für Leser mit
starken Nerven. Mißhandlun-
gen bis zum Tode und Ver-
gewaltigungen waren an der
Tagesordnung.

FRANZ W. SEIDLER
**DAS RECHT IN
SIEGERHAND**
**Die 13 Nürnberger Prozesse
1945–1949.**
368 S. – farb. Bildteil, geb. im
Großformat – € 25,95. – An-
gesichts ihrer Untaten spricht der
Autor den Alliierten das Recht
ab, über Deutsche zu urteilen.

FRANZ W. SEIDLER
**DEUTSCHER
VOLKSSTURM**
Das letzte Aufgebot 1944/45.
416 S. – viele s/w. Abb. – geb.
im Großformat – € 25,95. –
Der renommierte Historiker
beschreibt Aufstellung, Or-
ganisation, Ausbildung und
Führung des Volkssturms.

ROLF MICHAELIS
**UNIFORMABZEICHEN
DER WAFFEN-SS**
**Schulterklappen, Kragen-
spiegel, Armschilde, Ärmel-
streifen.**
76 S. – viele farb. u. s/w. Abb. –
geb. im Atlas-Großformat –
€ 22,80. – Rund 300 farbige Abbildungen nebst Erläuterungen.

MICHAEL REYNOLDS
EIN GEGNER WIE STAHL
**Das I. SS-Panzerkorps
in der Normandie 1944.**
304 S. – viele s/w. Abb. im
Großformat – € 25,95. – Der
britische Generalmajor schildert
den Kampf der „Leibstandarte SS
Adolf Hitler" und der Division
„Hitlerjugend" in der Normandie.

WILHELM TIEKE
**TRAGÖDIE UM
DIE TREUE**
**Kampf und Untergang des
III. (germ.) SS-Panzer-Korps.**
248 S. – viele s/w. Abb., geb.
im Großformat – € 22,80. –
Von Rußland über das Balti-
kum und Pommern bis in den
Endkampf um Berlin.

E.-G. KRÄTSCHMER
**DIE RITTERKREUZ-
TRÄGER DER WAFFEN-SS**
832 S. – viele s/w. Abb. – geb.
im Großformat – € 49,80. –
Im Zweiten Weltkrieg wurden
465 Soldaten der Waffen-SS
mit dem Ritterkreuz ausgezeichnet. Dieses Werk stellt
jeden einzelnen von ihnen vor.

Verlag für Militärgeschichte

WALTER POST
**WEHRMACHT
UND HOLOCAUST**
**War das Heer 1941 an
„Judenaktionen" beteiligt?**
336 S. – zahlreiche s/w. Fotos
und Karten – geb. im Großformat – € 25,95. – Eine spektakuläre Studie zur Ehrenrettung der Wehrmacht!

LÉON DEGRELLE
DIE VERLORENE LEGION
**Die Wallonische Legion und
die SS-Division „Wallonien"
im Kampf.**
544 S. – viele s/w. und farb. Abb. –
geb. im Großformat – € 29,80.
– Der verzweifelte Kampf der
wallonischen Freiwilligen wird
hier mitreißend geschildert.

HROWE H. SAUNDERS
DER VERRATENE SIEG
**Die alliierte Invasion in der
Normandie 1944 und ihre
Hintergründe.**
352 S. – viele Abb. – geb. im
Großformat – € 25,95. – Am
D-Day setzten die Alliierten
alles auf eine Karte. Die Geschichte der Invasion.

VIKTOR SUWOROW
**MARSCHALL
GEORGI SCHUKOW**
Lebensweg über Leichen.
352 S. – viele s/w. Abb. – geb.
im Großformat – € 25,95. –
Der russische Historiker fördert Fakten zutage, die dem
aalglatten Karrieristen die Maske vom Gesicht reißen.

VIKTOR SUWOROW
**STALINS
VERHINDERTER
ERSTSCHLAG**
**Hitler erstickt die
Weltrevolution.**
352 S. – s/w. Abb. – geb. im
Großformat – € 25,95. – Hitlers Präventivschlag rettete Europa vor dem Bolschewismus.

VIKTOR SUWOROW
DER EISBRECHER
Hitler in Stalins Kalkül.
512 S. – s/w. Abb. und Karten
– gebunden im Großformat –
€ 24,80. – Der russische Autor
wurde als Insider zum Kronzeugen für die systematischen
Kriegspläne Stalins gegen das
Deutsche Reich.

VIKTOR SUWOROW
DER TAG M
**Stalin mobilisiert zum
Angriff auf Deutschland.**
356 S. – s/w. Abb. – geb. im
Großformat – € 24,80. – Suworow unterscheidet zwei Stufen: erstens die heimliche Vorbereitung für den Angriffs-Tag,
zweitens die Mobilmachung.

V. SUWOROW/
D. CHMELNIZKI (HRSG.)
ÜBERFALL AUF EUROPA
**Plante die Sowjetunion 1941
einen Angriffskrieg?**
**Neun russische Historiker
belasten Stalin.**
320 S. – zahlr. s/w. Abbildungen und Karten – geb. im
Großformat – € 25,95.

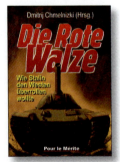

D. CHMELNIZKI (HRSG.)
DIE ROTE WALZE
**Wie Stalin den Westen überrollen wollte. Zehn
internationale Historiker
belasten die Sowjetunion.**
288 S. – s/w. Abb. – geb. im
Großformat – € 25,95. – Beweise für Stalins Erstschlagsplan.

RÜDIGER W.A. FRANZ
**KAMPFAUFTRAG:
„BEWÄHRUNG"**
**Das SS-Fallschirmjäger-
Bataillon 500/600
1943–1944.**
384 S. – viele s/w. Abb. – geb.
im Großformat – € 25,95.
– Die Einsätze einer Bewährungseinheit der Waffen-SS.

NIKOLAUS V. PRERADOVICH
**DIE GENERALE
DER WAFFEN-SS**
288 S. – viele s/w. Porträtfotos – geb. im Großformat
– € 25,95. – Die rund 100
höchsten Waffen-SS-Führer
stellt das vorliegende Nachschlagewerk in Text und Bild
in Einzelbiographien vor.

PETER SCHUSTER
(HRSG.)
**SS-STURMBANNFÜHRER
HELMUT SCHREIBER**
**Hitlerjugend-Führer, Ritterkreuzträger, Träger der
Nahkampfspange in Gold.
Zeitgeschichte in Bildern.**
160 S. – s/w. Abb. – geb. im
Atlas-Großformat – € 22,80.